W0224650

Stefan Gottschling

Lexikon der Wortwelten

Stefan Gottschling

Lexikon der Wortwelten

Das So-geht's-Buch für bildhaftes Schreiben

SG V

VERLAG

www.sgv-verlag.de

Bibliografische Information Der Deutschen Bibliothek

Die Deutsche Bibliothek verzeichnet diese Publikation in der Deutschen Nationalbibliografie; detaillierte bibliografische Daten sind im Internet unter http://dnb.ddb.de abrufbar.

2. Auflage 2008

Satz: SGV Verlag

Druck und Verarbeitung: Druckhaus Köppl und Schönfelder oHG, Augsburg

Autor: Stefan Gottschling

Redaktion: Tobias Schlegel, Christine Schneider

Umschlaggestaltung und Abbildungen: SGV Verlag

Printed in Germany

ISBN 978-3-9811027-3-4

So-geht´s-Bücher: Wissen einfach umsetzbar

So-geht's-Bücher sind etwas Besonderes. Jedes Buch ist so konzipiert, dass Sie seine Inhalte schnell umsetzen können. Keine graue Theorie, sondern konkretes Wissen mit der Theorie, die für eine gelungene Umsetzung nötig ist.

Fundgrube für praktische Ideen

Gleichzeitig finden Sie in So-geht's-Büchern viele praktische Ideen. Immer wieder werden Sie auf Dinge stoßen, die Sie sofort ausprobieren oder übernehmen wollen. Und damit kein nützlicher Gedanke verloren geht, haben wir in jedem Buch einen breiten Rand gelassen. Hier ist Platz für all Ihre Anmerkungen und Ideen.

Machen Sie mit ...

So-geht's-Bücher laden zum Mitmachen ein. Der breite Rand ist als schnelle Leseleiste konzipiert und bringt Inhalte schnell und präzise auf den Punkt. Hier notieren Sie auch einfach alles, was Ihnen zum Thema einfällt und was Ihre tägliche Arbeit verbessert.
Deshalb empfehlen wir übrigens für Firmen So-geht's-Bücher „in höherer Dosierung": Jeder Mitarbeiter sollte eines haben, damit im Team keine Idee verloren geht. Fragen Sie einfach nach unseren Mengenangeboten.

Ein Buch mit Schnellstraßen

Egal wie viel Zeit Sie haben: So-geht's-Bücher bieten immer praktischen Nutzen. Die Randbemerkungen sind wie Schnellstraßen: Sie erlauben Ihnen innerhalb Ihres Zeitkontingents die Kapitelinhalte zu erarbeiten. So konstruieren Sie ein Wissensnetz. Und neue Informationen bleiben in diesem Netz schneller hängen.

Doch nicht nur Randbemerkungen helfen bei der schnellen Erfassung der Inhalte. Auch Kapitelstartseiten, Randsymbole und Zusammenfassungen zeigen Ihnen, wo wichtige Aspekte stehen. Sie geben Orientierung und helfen beim schnellen Aufbau Ihres Wissensnetzes zu einem Thema.

Klare und einfache Sprache

Zu guter Letzt noch ein Wort über die Sprache Ihres So-geht's-Buches: Wir achten ganz besonders darauf, dass Ihnen ein Thema in klarer und einfacher Sprache präsentiert wird. Nach dem Leitspruch: „Der Schreiber muss sich plagen und nicht der Leser" wollen wir Ihnen auch komplexe Inhalte einfach vermitteln.

Viel Spaß beim Lesen!

Ihr

Stefan Gottschling

Vorab eine kleine Gebrauchsanweisung

Liebe Leserin,

lieber Leser,

dieses Buch ist – wie der Name schon sagt – ein So-geht's-Buch. Das bedeutet für Sie: In kürzester Zeit können Sie prägnante und fundierte Informationen aufnehmen. Ein Leitsystem aus Symbolen führt Sie auf „Schnellstraßen" durch das Buch. So finden Sie gezielt die Stellen, die für Sie Wichtiges enthalten.

Das sind Ihre Wegweiser:

Ihre Notizen

Dieses Symbol sagt: Hier ist genügend Platz für alles, was Ihnen zum Thema einfällt. Notieren Sie einfach alle Ideen und Anmerkungen auf dem breiten Rand Ihres So-geht's-Buches. Hineinschreiben ausdrücklich erwünscht!

Zusammenfassung

Hier sind die wichtigsten Punkte aus dem Kapitel noch einmal zusammengefasst. Die Zusammenfassungen dienen Ihnen auch als Schnell-Leseleiste. So können Sie in kürzester Zeit die Inhalte erfassen und bearbeiten.

Praxistipp

Jetzt wird es praktisch: Die Glühbirne zeigt Ihnen, wo Sie konkrete Ansatzpunkte finden, die Sie sofort anwenden können. Legen Sie Ihr So-geht's-Buch einfach neben sich auf den Schreibtisch und arbeiten Sie parallel an Ihren Texten.

Übung / Beispiel

Dieses Buch ist voller Beispiele aus der Praxis. Das Häkchensymbol zeigt Ihnen sofort, wo Sie diese Beispiele finden. Gleichzeitig fordert es Sie an dieser Stelle auf, eigene Beispiele zu suchen und die jeweilige Wortwelt auf Ihren Kontext zu übertragen.

Marginalien

Zahlreiche kurze Sätze auf dem Rand des Buches erläutern die wesentlichen Punkte des Textes. Gemeinsam mit den Zusammenfassungen fügen sie sich zu einer Schnell-Leseleiste zusammen. So lassen sich die wichtigsten Inhalte mit wenig Zeitaufwand lesen und bearbeiten.

Das sind Ihre Themen

Das sind Ihre Themen

Vorwort
– oder warum dieses kleine Lexikon entstand

Es gibt Schreibtechniken, die regen besonders starke Bilder im Kopf des Lesers an und lenken die Gedanken in ganz neue Richtungen. Die Wucht der Sprache wird deutlich, wenn einer „Feuer fängt“, „die Ruhe vor dem Sturm bewahrt“ oder schlicht und einfach der nächsten Präsentation „entgegenhungert“. Da führt ein Wort in neue Assoziationen hinein, knüpft neue Verbindungen und stellt neue Bezüge her.

Wenn Sie also „Feuer fangen“ oder „darauf brennen“, die nächsten Seiten zu lesen, bringen Sie nicht nur ein Sprachbild „ins Leben“, sondern neue Sinnzusammenhänge auf die sprachliche Bühne. Und um diese Bühne zu gestalten, wartet eine riesige Auswahl von bildhaften Wörtern und Redewendungen auf Sie. Wir haben sie nach Thema gegliedert und nennen sie Wortwelten. Diese Wort-Bild-Welten sind die Kulissen des großen Worttheaters, die Hintergrundbilder des Wortkinos.

Wenn wir nach einer Krise unsere Firma endlich wieder „in ruhige Gewässer steuern“, nach harter Verhandlung „die Segel streichen“ oder in den Geschäften „Flaute“ herrscht, bewegen wir uns zum Beispiel in der Wortwelt der Seefahrt.

Sprachbilder gebrauchen wir ständig, meist ohne es überhaupt zu bemerken. In meinen Texterseminaren machten wir sie dann erstmals unter dem Begriff „Wortwelten“ zum Thema. Und dann tauchte schon die Frage nach einem Lexikon der Wortwelten auf. Wo man Wörter und Wendungen nachschlagen könne und man Hinweise bekäme, in welche Richtung sich ein Text mit einer Wortwelt bewegt.

Hier ist nun dieses kleine Lexikon der Wortwelten. Es erhebt keinen Anspruch auf Vollständigkeit und wurde nicht für die germanistische Wissenschaft geschrieben. Es soll einfach Texter, Autoren, Redenschreiber, Journalisten und sonstige „Vielschreiber“ unterstützen. Es soll neue Gedanken vermitteln, auf Ideen bringen und immer wieder zum bewussten Umgang mit der Sprache animieren.

Und es soll Spaß machen! Den wünsche ich Ihnen beim Lesen, Stöbern und Schreiben mit Ihrem Lexikon,

Ihr

Stefan Gottschling

Wie dieses Lexikon funktioniert ...

Was Ihr Lexikon liefert ...

Ihr Lexikon der Wortwelten liefert bildhafte Wörter und Wendungen nach Thema sortiert. Es ist kein klassisches Wörterbuch der Redensarten, das Bedeutung und Herkunft erklärt. In solchen Nachschlagewerken finden Sie zum Beispiel für „auf den Hund gekommen“ erst einmal die Bedeutung „verelenden, zugrunde gehen, moralisch sinken“, dann die Herkunft: „Auf den Boden mittelalterlicher Geldtruhen war ein Hund gemalt. Wenn man ihn sah, war einfach kein Geld mehr da.“

„Ein dicker Hund“, „auf den Hund kommen“, „leiden wie ein Hund“, „bekannt wie ein bunter Hund“ – das und noch viel mehr finden Sie im Lexikon der Wortwelten. Denn hier haben wir Sprachbilder für Sie gesammelt und thematisch geordnet. Die Wendung „auf den Hund kommen“ erscheint also gemeinsam mit anderen tierischen Wörtern und Wendungen unter der Überschrift „Hund und Katz“ in der Wortwelt „Tiere“. Der „Hafen der Ehe“ erscheint im Kapitel „Seefahrt“, nicht unter dem Oberthema „Zwischenmenschliches“.

Wie Sie mit Ihrem Lexikon arbeiten ...

Die Systematik des Lexikonteils soll Ihnen das Nachschlagen bzw. Wiederfinden bestimmter Wendungen so einfach wie möglich machen. Die Wortwelten sind alphabetisch sortiert. Von „Der menschliche Körper“ bis „Zu Tisch“. Außerdem geben die jeweiligen Schlüsselbilder zum Thema Orientierung beim Durchblättern. Zu jedem Thema gibt es eine gesonderte Überblicksseite mit wichtigen Wendungen. Sie sind durch den grauen Hintergrund gekennzeichnet. So finden Sie auf einen Blick eine Auswahl an Sprachbildern, ohne erst den gesamten lexikalischen Abschnitt lesen zu müssen.

Zur Schreibung

Natürlich müsste man jede Wendung in Anführungs- und Schlusszeichen setzen. Aber damit würden wir Ihnen „einen Bärendienst erweisen". Denn dieses Buch wimmelt von Wendungen und würde im lexikalischen Teil oder in den nicht ganz ernstgemeinten Einführungen dadurch einfach unübersichtlich. Deshalb setzen wir Anführungs- und Schlusszeichen nur sparsam ein, um Ihre Aufmerksamkeit auf bestimmte Sprachbilder zu lenken oder einzelne Wendungen bewusst „ins Bild zu setzen".

Nicht ganz ernst gemeint ...

... sind die „Anschreiber" der einzelnen Wortwelten. Wir haben einfach mit viel Spaß die verschiedenen Metaphern verdichtet. So entstehen Sprachbilder, die mächtig übertrieben sind – und die wie ein Bilder-Puzzle erscheinen. Wir wünschen wir Ihnen viel Freude mit diesen oft überladenen Einstiegsbildchen.

Kapitel 1

Eine Erklärung der Wortwelten und erste Regeln für ihren Gebrauch ...

Was erwartet Sie in diesem Lexikon? Was sind Metaphern? Warum Wortwelten? Und welche Regeln gelten für den Text? Das erste Kapitel liefert Antworten: Es definiert, worum es geht, und erklärt, wie und wann Sie Wortwelten einsetzen sollten – und wann nicht. Denn gerade weil das Spiel mit Sprachbildern so reizvoll ist, erfordert ihr Einsatz viel Fingerspitzengefühl.

Wortwelten: Was sie sind und was sie tun ...

Sprachbilder, Sprichwörter, Redensarten: Was ist nun was?

Wortwelten sind nach Themen sortierte Sprachbilder.

Wenn „die rechte Hand des Generals am Fuß des Berges den Kopf der Expedition trifft" – dann wirkt dieser Satz nicht nur überladen, die genannten Sprachbilder haben auch eines gemeinsam: In Ihrem neuen Lexikon gehören sie in die Wortwelt „Der menschliche Körper". Denn dieses Buch liefert thematisch geordnete Sprachbilder, um das Kino im Kopf Ihrer Leser anzuregen. Zu diesen Sprachbildern gehören bildhafte Wörter („der Kopf", verstanden als Anführer wie in „Kopf der Expedition"), aber auch Redewendungen („das hat Hand und Fuß") und manchmal so genannte sprichwörtliche Redensarten oder Sprichwörter („Morgenstund hat Gold im Mund!").

Sprachbild, bildhafter Ausdruck, Redewendung, sprichwörtliche Redensart und Sprichwort: Diese Begriffe tauchen auch in der Literatur auf, wenn man sich mit unserem Thema beschäftigt. Was ist nun was?

Sprachbild, Redewendung, Sprichwort: Was ist was?

Wenn in der Werbung neue Sterne am Autohimmel auftauchen, ist das noch keine Redewendung, noch keine sprichwörtliche Redensart und auch kein Sprichwort. Es ist einfach Dichters oder Werbers Freiheit, eine Metapher zu verwenden und eine bildhafte Übertragung vorzunehmen. Gar keinen Spielraum gibt es bei stehenden Wendungen. Denn das sind feste Wortverbindungen, deren Bestandteile nur zum Teil oder gar nicht ausgetauscht werden können. Da hat etwas „Hand und Fuß" – nicht Fuß und Hand. Die Wissenschaft, die sich mit all den hier und im Folgenden genannten Bauteilen der Sprache beschäftigt, nennt man übrigens Idiomatik oder Phraseologie.

Auf den Weg in Richtung Sprichwort geraten bildhafte Ausdrücke, wenn sie oft genug wiederholt werden. Und wenn sie jeder versteht – sogar, wenn die ursprüngliche Bildbedeutung verloren gegangen ist. Wie bei „durch die Lappen gehen" (ein Begriff aus der Treibjagd, bei der man

Waldstücke durch an Seile gebundene Lappen aus Stoff eingrenzte, um das Wild „drin“ zu halten). Solche immer wieder gebrauchten Bauteile der Sprache sind sprichwörtliche Redensarten oder Redewendungen. Sie sind noch keine starren Sprichwörter und im Satz flexibel.

Und Sprichwörter? Das sind erst einmal ganze Sätze. Feststehend. Immer. Meist drücken sie mit moralischem Zeigefinger im weitesten Sinne eine Lebenserfahrung aus. So wie: „Man soll den Tag nicht vor dem Abend loben …“

Warum Metaphern für dieses Lexikon so wichtig sind

Metaphern lassen neue Sinnzusammenhänge entstehen.

Hinter vielen Sprachbildern und Redewendungen dieses Lexikons der Wortwelten verbirgt sich eine rhetorische Stilfigur: die Metapher. Dabei ist wichtig: Metaphern tauchen nicht in jedem Ausdruck auf, den wir für Sie gesammelt haben. Doch wenn sie auftauchen, haben sie eine besondere Funktion. Sie sind der Königsweg des bildhaften Schreibens und bringen unglaublich viel Spannung in einen Text. Deshalb beschäftigen wir uns noch intensiver mit dieser Stilfigur.

Was ist nun eine Metapher? Vereinfacht gesagt: Zwei Begriffe oder – weiter gefasst – zwei Themenbereiche, die auf den ersten Blick nichts miteinander zu tun haben, begegnen sich in einem Satz oder in einer Wendung. Und nun geraten sie in einen neuen Zusammenhang. Die Wortbedeutungen schieben sich übereinander und vorher Getrenntes verbindet sich zu etwas Neuem: So entstehen der Hafen der Ehe, der Fuß des Berges, das Luftschiff …

Definition Metapher

Me|ta|pher bildlicher Ausdruck, z. B. Stimmungsbarometer, Schaukelpolitik, „aus der Taufe heben“ statt „gründen“ [<griech. metaphora „Übertragung, bildlicher Ausdruck“, zu metaphorein, metapherein „woandershin tragen“, <meta „nach … hin“ und pherein „tragen“]
Aus: BERTELSMANN Wörterbuch der deutschen Sprache

Wie spannende Sprachbilder entstehen ...

Metaphern sind „zweideutig".

Ein Begriff wird also laut Definition „woandershin getragen". In einen neuen Sinnzusammenhang. Und weil Metaphern zwei Themen in neue Zusammenhänge stellen, sind sie oft „zweideutig". Würde man die Begriffe „wörtlich" nehmen, wären sie falsch. So hat der Fuß des Berges keine Zehen, keine Ferse oder Sohle. Der Hafen der Ehe weder Kaimauer, Trockendock noch Hafenmeisterbüro.

Obwohl: Gerade im Hafen der Ehe können die Wellen ganz schön hochschlagen. Und so manche (alte) Fregatte ging hier vor Anker und war froh, dass sie diesen speziellen Hafen noch erreicht hatte.

Das reizvolle an solchen „Bildspielereien" im Kopf: Metaphern fordern dazu auf, Ähnlichkeiten zu konstruieren. Eine Bedeutungsübertragung findet statt. Denn eine Wendung oder ein Wort wird aus einem bestehenden Zusammenhang genommen und in einem neuen Zusammenhang verwendet.

Jede Wortwelt lässt uns die Welt durch eine andere Brille sehen.

Nutzen wir Wortwelten, sehen wir wie durch eine andere Brille. Die Ehe durch die Hafenbrille, den Berg durch die Brille der menschlichen Anatomie und unsere sportliche Leistungsfähigkeit durch die Brille der Musik, wenn wir nach dem anstrengenden Fünf-Kilometer-Lauf einmal wieder „aus dem letzten Loch pfeifen."

So überwinden Sie Schreibblockaden und vermitteln komplexe Sachverhalte spielerisch.

Hat man eine der zahlreichen Brillen aufgesetzt, entdeckt man, wie viele Bilder oder Vergleiche sich in mancher Wortwelt finden lassen: Bleiben Sie „auf Kurs", wenn's „in den Klippen der Konjunktur" einmal „stürmisch" wird, damit Ihre besten Kunden nicht „über Bord gehen". Man entdeckt ein spannendes und kreatives Werkzeug, um Schreibblockaden zu überwinden. Man entdeckt atemberaubende Bilder, die schlagartig Unbekanntes durch die richtige Metapher bewusst machen können. Man entdeckt einen spannenden Weg, um komplexe Zusammenhänge spielerisch zu vermitteln, und wir entdecken oft unfreiwillig Komisches, das uns herzhaft lachen lässt.

Zusammenfassung

Zusammengefasst: Metaphern spielen in der Kommunikation eine bedeutende Rolle. Denn wir benutzen sie auch, um neue Situationen besser zu verstehen und durch die Analogieschlüsse ins Bekannte bislang Fremdes und Unvertrautes leichter zu erfassen. Wen wundert es also, dass auch die Kognitionswissenschaft und die Gehirnforschung sich mit Metaphern beschäftigen.

Metaphern sind Schnellstraßen ins Gehirn des Lesers.

Unser Gehirn braucht und nutzt solche Brücken ins Bekannte, um Unbekanntes schnell zu verstehen. Dies ist die große Leistung solcher Sprachbilder, und das ist der Grund, warum sie in Marketingtexten und im Journalismus so wichtig sind – und letztendlich auch einer der Gründe für dieses Lexikon. Metaphern sind Schnellstraßen ins Gehirn des Lesers.

Aber entdecken Sie selbst, wie viele Wege hier auf uns warten ...

Kleiner Nachsatz:
Wie Metaphern funktionieren, darauf hat schon Aristoteles in seiner „Poetik“ hingewiesen:

Definition nach Aristoteles.

„Eine Metapher ist die Übertragung eines Wortes (das somit in uneigentlicher Bedeutung verwendet wird), und zwar entweder von der Gattung auf die Art oder von der Art auf die Gattung oder von einer Art auf eine andere oder nach den Regeln der Analogie.“
Aristoteles: Poetik. Kapitel 21 [1457b]. Reclam: Ditzingen. (Hrsg. und Übers. Manfred Fuhrmann, 1982)

Eine für heutige Begriffe weitgefasste Definition. Doch ein Teil, die Metapher „nach den Regeln der Analogie“, entspricht etwa unserem modernen Begriff von Metapher.

Wie Sie mit Wortwelten richtig umgehen ...

Warum Bildersprache viel Fingerspitzengefühl erfordert

Wie Sie mit Wortwelten Regie führen und starke Bilder in den Kopf Ihrer Leser setzen.

Wenn der Film im Kopfkino Ihres Lesers nun „anläuft“, sollten Sie jedoch auch ein paar Regeln beachten. So schön diese sprachlichen Bildwelten sind: Sie sind gleichzeitig mit Vorsicht zu genießen. Wer solche Kulissen für seine Produkt-Inszenierung nutzt, braucht viel Fingerspitzengefühl. Allzu schnell wird aus starken Sprachbildern bemühte „Wortturnerei“, unfreiwillige Komik oder man fällt auf einige ganz typische Fehlerteufel herein. Hier sind vier Regeln, die Sie davor schützen.

Regel Nr. 1: Bilder müssen stimmig sein ...

Vorsicht vor schiefen Bildern!

Hüten Sie sich vor Bildfehlern im Kopfkino der Leser. Und die entstehen, wenn ein Text schiefe oder unstimmige Bilder aufbaut. Wenn „die rechte Hand des Kommandeurs über den Hof geht“ hat der Kommandeur hoffentlich noch alle Gliedmaßen bei sich und nur seinen Adjutanten geschickt.

Auch der Kapitän, der das Schiff sicher durchs Riff führt, sollte besser nicht als jemand auftreten, der den Dingen gern auf den Grund geht. Das ist zwar eine schöne Metapher für Charakterzüge eines gewissenhaften Menschen – in diesem Fall jedoch verkehrt sie ein positives Bild in ein negatives. Denn der tiefe Grund des Meeres ist ja der Platz wo wir uns ein Schiff gerade nicht vorstellen wollen. Je tiefer Sie sich in eine Wortwelt begeben, desto größer ist die Gefahr, sich dort zu verirren.

So wäre ein Slogan wie der Folgende mit Sicherheit gut für einen Lacher. Ob das allerdings im Sinne des Erfinders ist, sei einmal dahingestellt:

Hautfreund – die gesichtsreinigende Hautcreme ist für reine, schöne Haut ausschlaggebend.

„Ausschlag gebend“? Schade, wenn die positiven Wirkungen einer Hautcreme hier per Wortakrobatik wieder ins Gegenteil verkehrt werden.

Ein Tierbild in Schieflage zeigt das nächste Beispiel:

Ein gut dressierter Wachhund trägt auch zu Ihrer Sicherheit bei. Er hat den richtigen Riecher für Gefahren und ungebetene Besucher. Alles was er tut, hat Hand und Fuß.

Hoppla! Die wenigsten Menschen wollen, dass ihr Hund Hände und Füße hat. Was so gut mit dem richtigen Riecher beginnt, endet hier wieder mit einem falschen Bild.

Regel Nr. 2: Bleiben Sie in einer Welt!

Sie sollten Wortwelten nicht mischen.

Eine eiserne Regel: Mischen Sie nicht. Zu viele Wort-Bild-Welten im Text richten ein heilloses Durcheinander im Kopf des Lesers an. So können Sie nicht „mit Volldampf Richtung sicheren Hafen steuern, um an die Pole-Position zu kommen“, denn die Wortwelten Seefahrt und Motorsport passen nicht zusammen. Ganz besonders gilt das, wenn unterschiedliche Welten in einem Satz auftauchen. Übrigens ist manchmal auch Vorsicht angebracht, wenn man in einer Wortwelt bleibt. Denn ein wenig komisch klingt das schon, wenn Sie am Fuß des Berges den Kopf der Expedition treffen.

Regel Nr. 3: Trotzen Sie der Anziehungskraft und halten Sie Bilder nicht zu lange!

Setzen Sie Wortwelten wohl dosiert und ganz gezielt ein.

Wer erst einmal den Einstieg in eine Wortwelt gefunden hat, stößt schnell auf viele neue Wortspiele und gewitzte Formulierungen. Wortwelten machen Spaß – sie verleiten aber auch zu allzu verspielten Texten. Wohin das führt, haben wir versucht, Ihnen mit den Anschreibern der Kapitel deutlich zu machen.

Denn irgendwann muss auch Ihr Angebot wieder genannt sein. Nutzen Sie dieses Lexikon, um es gekonnt ins Bild zu setzen und ihm neuen Glanz zu verleihen. Doch halten Sie Ihre Bilder nicht zu lange.

Besonders für den Verkaufstext gilt: Gehen Sie sparsam mit Metaphern um! Zu viele davon und Ihr Text wird

„zu poetisch“. Wenn Ihr Werbeleser in Bildern schwelgt, kann es schwierig werden, ihn wieder auf den Boden der verkäuferischen Tatsachen zurückzuholen. Eine Faustregel: Wenn ein Satz mit Metapher geschrieben wurde, sollte ein Satz ohne Metapher folgen. Weniger ist mehr ...

Regel Nr. 4: Konstruieren Sie nicht mit Gewalt!

Sprachbilder dürfen nicht „aufgesetzt“ wirken.

Manchmal scheint eine Wortwelt beim Schreiben zum Greifen nahe – aber wir erreichen sie nicht. Versuchen Sie nicht zwanghaft eine Wortwelt zu konstruieren. So etwas ist von vornherein zum Scheitern verurteilt – und wirkt durch schiefe Bilder eher peinlich. Schaffen Sie keine Wortbilder „um jeden Preis“. Die Grundlage verständlicher Texte sind Botschaften, die mit einfachen Worten und im Klartext vermittelt werden. Wenn dies unterstützt mit starken Sprachbildern gelingt: hervorragend. Wenn nicht, bleibt für den Texter immer noch die Verpflichtung „im Kopf des Lesers“ anzukommen.

Zusammenfassung

Auf einen Blick:
1. Hüten Sie sich vor Bildfehlern im Kopfkino!
2. Vermischen Sie Wortwelten nicht!
3. Halten Sie Bilder nicht zu lange!
4. Konstruieren Sie nicht „um jeden Preis“!

Ihre Notizen:

....

....

Wozu Wortwelten?

Was sie tun und wie man sie strategisch nutzt, um Texten mehr Kraft zu verleihen

Steigern Sie die Aufmerksamkeit Ihrer Leser.

Dieses Lexikon der Wortwelten liefert thematisch geordnete Sprachbilder. Solche Wort-Bild-Welten können Brücken ins Unbekannte schlagen, das Bildergehirn Ihres Lesers aktivieren und sein „Kino im Kopf" einschalten. Ihr Text wirkt. Er bekommt eine eigentümliche Faszination, fesselt den Leser. In vielen Texten ist dies ein wichtiges Mittel, um die Aufmerksamkeit eines Lesers schnell „hochzufahren". Besonders in der Werbung oder einer Rede. Können wir hier doch unsere Leser nicht langsam fesseln wie im Roman, wo wir über viele Seiten Handlungsstränge und Spannungsbögen aufbauen.

Wortwelten sind ein wirksames Mittel gegen Schreibblockaden!

Wortwelten sind Ideenspeicher für Bildersprache.

Da sitzt man nun als Schreibender. Zum Schreiben verdonnert oder ins Schreiben verliebt – und der Einstieg will einfach nicht gelingen. Es fehlt die zündende Idee, der Gedanke, der Kopf, Bauch und Hand beflügelt, nun wohlgesetzte Worte aufs Papier zu bringen. Nutzen Sie Wortwelten einfach wie einen Ideenspeicher für Bildersprache. Blättern Sie durch Ihr Lexikon, lesen Sie sich fest, schmunzeln Sie und überlegen Sie dabei, welches Bild, welche Übertragung sich nun für Ihre Texte eignet …

Wortwelten geben Oberthemen vor …

Starke Bilder zeigen schnell, worum es geht.

Ein Motto, ein Oberthema, ein griffiges Bild, um im Texteinstieg schnell zu vermitteln, worum es geht. Auch das leisten Wortwelten. So präsentierte der Oberbürgermeister des baden-württembergischen Ortes Horb am Ende einer Amtsperiode zur Wahl das „Horber Logbuch" und leitet es mit folgenden Worten ein:

Beispiel

„Auf Schiffen werden die wichtigsten Ereignisse und Stationen stichwortartig in einem Logbuch festgehalten. Auch eine Stadt muss ‚seetüchtig' sein, um nicht nur in ruhigen Zeiten zu bestehen, sondern genauso gut Stürme unbeschadet

überstehen zu können. Dabei kommt es auf eine qualifizierte und hoch motivierte Mannschaft an. Und das Team am Steuer muss das Ziel kennen und sich über den Kurs einig sein."

Wie viel langweiliger wäre es gewesen, nur „Rechenschaftsbericht" darüber zu schreiben. Und wie spannend präsentiert sich diese Auflistung bürgermeisterlicher und städtischer Aktivitäten in der Wortwelt der Seefahrt. Mit all den Bildern, die schon in diesem kurzen ersten Absatz ausgelöst werden: Kurs halten, seetüchtig, die Mannschaft, Stürme überstehen ... kein Job für einen, der nur Buchhalter sein will!

Wortwelten machen Headlines stärker und führen an Themen heran

Starke Sprachbilder gehören nach vorn.

Brücken ins Unbekannte. Das haben Sie oben schon einmal gelesen. Natürlich gehören starke Bilder, die solche Brücken bauen, im Text weit nach vorn. In den Anschreiber, in eine Einleitung oder sofort in die werbliche Überschrift. Ob „Fels in der Brandung", „Premiere für den neuen Toyota" oder „Schlussverkauf geht in die letzte Runde": Hier werden Nutzen sehr schnell ins Bild gebracht und Leser aktiviert.

Wortwelten ergänzen Bilder

Holen Sie den Leser dort ab, wo er gedanklich gerade ist!

Verstärken Sie die Wirkung von Bildern durch die Sprache. Das hat manchmal einen ganz besonderen Reiz. Kostproben davon erhielten wir alle 2006 im Jahr der Fußball-Weltmeisterschaft. Da wurden Fußballmotive mit Fußballersprache gekoppelt: Wer neue Mitarbeiter suchte, schrieb „Kommen Sie ins Team", verwendete Begriffe wie „zusammenspielen" oder „Steilvorlage geben". In Segeljahren werden wir zu Fotografien maritimer Motive sprachlich „den Kurs halten", „auf den Wellen des Erfolgs segeln" oder „an Bord kommen". Wir werden alle „an einem Strang ziehen", während wir in Fußballjahren „im selben Team spielen".

Wortwelten runden Texte ab

Verwenden Sie Wortwelten sparsam. Aber wenn schon, dann verwenden Sie Wortwelten so, dass sie die größtmögliche Wirkung erreichen. Wer also mit den starken Bildern einer Wortwelt in seinen Text eingestiegen ist, sollte überlegen, ob er ein Bild dieser Wortwelt nicht auch im Ausstieg nutzen kann, um seinen Text abzurunden.

Praxistipp: Eine kleine Dosieranleitung

Wortwelten eignen sich

- für Anschreiber, Headlines und um an ein Thema heranzuführen,
- am Ende eines längeren Textes, um an Ihr Einstiegsbild derselben Wortwelt anzuschließen und so einen Beitrag abzurunden,
- um ein Oberthema abzustecken. So heißt zur Wahlzeit der Rechenschaftsbericht des Bürgermeisters „Logbuch" und greift das Thema Seefahrt in Einführung, Überschriften und dem ein oder anderen Anschreiber auf,
- als spannende Ergänzung zu den Bildern einer Broschüre oder eines Prospekts.

Praxistipp: Wofür sich Wortwelten eignen.

Ihre Notizen:

....

....

Kapitel 2

Der menschliche Körper

„Wer hat beim Wahlkampf die Nase vorn?“

„Sensation: Kopfmensch entscheidet aus dem Bauch heraus.“

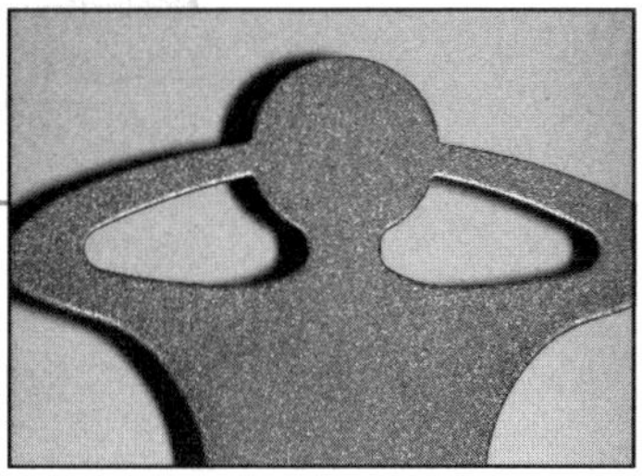

Zum Einstieg ...

Haben Sie schon einmal jemandem Hals- und Beinbruch gewünscht? Oder etwas auf Herz und Nieren geprüft? Sich den Mund fusselig geredet und Ihrem Gegenüber Honig ums Maul geschmiert? All das gehört textlich in die Wortwelt „Körper“. Bewahren Sie also einen kühlen Kopf, wenn Sie knochentrockene Inhalte mit einem Augenzwinkern greifbar machen.

Erklärung

Hören Sie auf Ihren Bauch!

Sie selbst haben es in der Hand, ob die Leser ein Auge auf Ihre Texte werfen. Zeigen Sie, dass Sie das Texten im Blut haben: Mit etwas Fingerspitzengefühl werden aus knochentrockenen Inhalten Texte, die Ihren Lesern den Kopf verdrehen.

Tonlage

Nur allzu menschlich

So geben Sie Ihren Botschaften einen Körper.

Abstrakte Dinge erhalten in dieser Wortwelt einen Körper. Sie werden dadurch greifbar, realer und erhalten menschliche Züge. Ein Kontrollausschuss überprüft die Abteilung? „Den Mitarbeitern wird auf die Finger geschaut" macht eher deutlich, was Sache ist. Zustände, Charakterzüge und auch Aktionen lassen sich mit Begriffen des menschlichen Körpers besonders klar und bildhaft darstellen. Die Wortwelt Körper steht für eine sehr leicht verständliche Sprache. Damit bringen Sie alles schnell auf den Punkt. Der Leser spürt sozusagen am eigenen Leib, worum es geht.

Wenn die Körperschaft den Kopf verliert

Wörter aus der Welt des Körpers machen Inhalte „persönlich".

Ein Effekt der körperbetonten Sprache ist, dass sie sehr personalisierend wirkt. Gruppen werden in den Wortbildern zu einer Person. So kämpfen Konkurrenz-Unternehmen Kopf an Kopf – und eben nicht Köpfe an Köpfe. In dieser

Wortwelt endet alles an genau einem Körper. Dies kann bestimmte Sachverhalte vereinfachen und sie klarer darstellen.

Beispiele aus Literatur und Presse

„Das Auge des Gesetzes wacht."
Schiller, Das Lied von der Glocke

Körperbilder in Texten sind keine Erfindung der Neuzeit. Selbst Schiller oder Nietzsche nutzten sie.

„Unsere Meinungen: Die Haut, in der wir gesehen werden wollen."
Friedrich Nietzsche

„Wenn die Ankündigung schon so stark an die Nieren geht, muss der Film ja sagenhaft schaurig sein."

„Wir grüßen alle, die ihrer Genesung entgegenfiebern."

„Dem Kandidaten auf den Zahn fühlen und offene Fragen klären – das sind die wesentlichen Aspekte, warum zum Assessment-Center neben Tests und Übungen auch Gesprächselemente gehören."

Es „menschelt" auch in so manchem Fachmagazin. Wie zum Beispiel in der November-Ausgabe 2007 der „Insight".

Beispiele

DRUCKTECHNOLOGIE
Neuer Kristall macht Druckern Beine

Quelle: PC Magazin, 6/07, S. 8.

Mit Bauchgefühl und Dreistigkeit

Quelle: Insight, 11/07, S. 24.

Quelle: Insight, 5/07, S. 36.

Wörter und Wendungen

Bei diesen Wörtern brauchen Sie sich nicht die „Haare zu raufen".

Kopf: Mit dem Kopf durch die Wand, Kopf und Kragen riskieren, sich einen Kopf machen, Köpfe rollen, einen kühlen Kopf bewahren, Kopf an Kopf, Kopf der Mannschaft, etw. im Kopf haben, nur die Arbeit im Kopf haben, ein Dach über dem Kopf haben, der Fisch stinkt vom Kopf her, Flausen im Kopf haben, jmdm. fällt die Decke auf den Kopf, jmdn. vor den Kopf stoßen, sich etw. aus dem Kopf schlagen, sich etw. durch den Kopf gehen lassen, sich den Kopf zerbrechen, den Kopf hinhalten, etw. auf den Kopf stellen, jmdm. den Kopf waschen, jmdm. den Kopf verdrehen, den Kopf hängen lassen, etw. im Kopf behalten, von Kopf bis Fuß, jmdm. nicht aus dem Kopf gehen, den Kopf kosten, einen eigenen Kopf haben, etw. schießt jmdm. durch den Kopf, Kopf aus der Schlinge ziehen, jmdm. raucht der Kopf, vor den Kopf gestoßen, Kopfschmerzen bereiten, den Kopf hoch tragen, sich auf den Kopf stellen, über jmds. Kopf hinweg, alles steht Kopf, Hals über Kopf, jmdm. etw. an den Kopf werfen, Dickkopf, Feuerkopf, Kopfmensch, Kindskopf, Hitzkopf

Haare: Haare auf den Zähnen haben, mit Haut und Haaren, sich die Haare raufen, sich aufs Haar gleichen, jmdm. stehen die Haare zu Berge, kein Haar krümmen, jmdm. sträuben sich die Haare, sich in die Haare kriegen, um ein Haar / um Haaresbreite, ein Haar in der Suppe finden, jmdm. die Haare vom Kopf

Wichtige Wendungen auf einen Blick:

Kopf

Kopf und Kragen riskieren	Köpfe rollen	einen kühlen Kopf bewahren
Kindskopf	Hitzkopf	vor den Kopf gestoßen
alles steht Kopf	Hals über Kopf	mit dem Kopf durch die Wand

Nerven

die Nerven behalten	die Nerven verlieren	Nerven wie Drahtseile

5 Sinne

im Auge behalten	jmdm. auf der Nase herumtanzen	der Gefahr ins Auge sehen

Haar

kein gutes Haar an jmdm. lassen	um ein Haar	eine Gelegenheit beim Schopfe packen

Mund, Nase, Lippen

einen Wunsch von den Lippen ablesen	an der Nase herumführen	jmdm. etw. in den Mund legen
den Mund zu voll nehmen	kein Blatt vor den Mund nehmen	sich an die eigene Nase fassen

Zähne

jmdm. auf den Zahn fühlen	sich die Zähne an etw. ausbeißen	die Zähne zusammenbeißen
Zähne zeigen	der Zahn der Zeit	einen Zahn zulegen

fressen, an einem Haar hängen, Haare lassen (müssen), etw. an den Haaren herbeiziehen, eine Gelegenheit beim Schopfe packen, kein gutes Haar an jmdm. lassen, etw. ist zum Haare ausraufen, graue Haare wachsen lassen, keiner Fliege ein Haar krümmen

Nervenstark durch den nächsten Text.

Nerven: Die Nerven behalten, Nerven wie Drahtseile, mit den Nerven am Ende sein, den Nerv der Zeit treffen, jmdm. auf die Nerven gehen, die Nerven verlieren, keinen Nerv für etw. haben, die Nerven liegen blank, Nervensäge, nervtötend, jmdm. den letzten Nerv rauben, Nerven zeigen, Nervenkrieg, Nervenbündel

Finger: Die Finger im Spiel haben, etw. brennt auf den Nägeln, jmdm. auf die Finger schauen, die Finger in die Wunde legen, es juckt in den Fingern, sich die Finger wund schreiben, sich etw. aus den Fingern saugen, jmdm. auf die Finger klopfen, die Finger von etw. lassen, etw. zerrinnt zwischen den Fingern, sich an etw. die Finger verbrennen, lange Finger machen, keinen Finger krumm machen, etwas mit spitzen Fingern anfassen, Fingerzeig, Langfinger, Daumenregel, Fingerspitzengefühl

Hand: Jmdm. die Hand reichen, Hand in Hand, die Hände in den Schoß legen, in die Hände spucken, etw. im Handstreich erobern, mit einem Handschlag besiegeln, etw. in der Hand haben, die Karten in der Hand haben, etw. in der Hinterhand haben, im Handumdrehen, keinen Handschlag tun, etw. von der Hand weisen, aus zweiter Hand, die Hand über jmdn. halten, jmds. rechte Hand sein, etw. in die Hand nehmen, ein glückliches Händchen haben, etw. zur Hand haben, von langer Hand geplant, mit leichter Hand, jmdm. freie Hand lassen, die

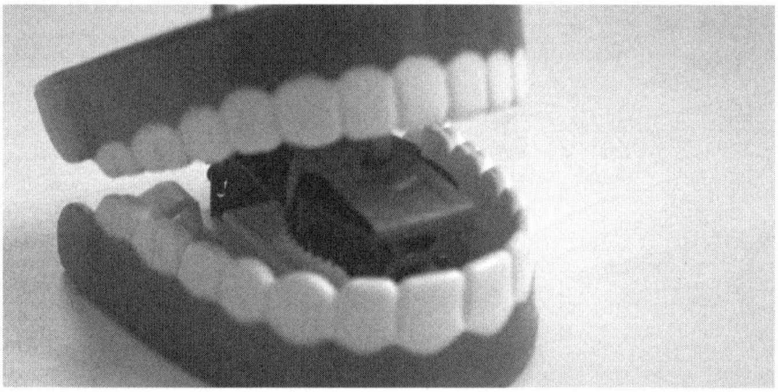

Hand ins Feuer legen, Hand aufs Herz, aus erster Hand, die Hand nicht vor den Augen sehen, um die Hand anhalten, die Hand aufhalten, hinter vorgehaltener Hand, wie von Geisterhand, keine Hand rühren, etw. geht leicht von der Hand, die Fäden in der Hand halten, etw. hat Hand und Fuß, etw. liegt auf der Hand, jmdm. aus der Hand fressen, alle Trümpfe in der Hand haben, sich die Hände schmutzig machen, handfest, wie von Zauberhand, zwei linke Hände haben

Augen: Augenzwinkern, Augenschmaus, Augenweide, Augenmerk, Stielaugen machen, Augenmaß, etw. wie seinen Augapfel hüten, jmdm. / etw. ins Auge schauen, ins Auge fallen, auf etw. ein Auge werfen, ein Auge zudrücken, jmdm. schöne Augen machen, sich die Augen reiben, die Augen verdrehen, der Gefahr ins Auge sehen, schwarz vor Augen werden, etw. im Auge behalten, den Dingen ins Auge sehen, unter vier Augen, seinen Augen nicht trauen, mit eigenen Augen sehen, jmdm. nicht mehr unter die Augen treten können, die Augen für immer schließen, jmdm. die Augen öffnen, ein Auge für etw. haben, Augen machen, jmdn. / etw. aus den Augen verlieren, etw. vor Augen

führen, etw. mit anderen Augen sehen, das Auge des Gesetzes, wie die Faust aufs Auge, Dorn im Auge, sich etw. vor Augen halten, auf Augenhöhe, mit einem blauen Auge davonkommen

Körper: Etw. geht ins Blut, etw. im Blut haben, blaues Blut, Blut geleckt haben, das Blut steigt zu Kopf, in Fleisch und Blut übergehen, das Blut kocht in den Adern, jmdm. aus der Seele sprechen, die Seele baumeln lassen, etwas liegt jmdm. auf der Seele, eine treue Seele, eine Seele von Mensch, Balsam für die Seele, sich die Seele aus dem Leib schreien, jmdm. den Bauch pinseln, mit Leib und Seele, Löcher in den Bauch fragen, aus dem Bauch heraus entscheiden, Schmetterlinge im Bauch, Waschbrettbauch, knochentrocken, Leibspeise, Körperschaft

„Schau mir in die Augen, Kleines!"

Mund: Einen Wunsch von den Lippen ablesen, mit offenem Mund dastehen, den Mund zu voll nehmen, jmdm. etw. in den Mund legen, nicht auf den Mund gefallen sein, kein Blatt vor

Noch mehr Körper-Bilder.

den Mund nehmen, jmdm. über den Mund fahren, den Mund wässrig machen, Honig ums Maul schmieren, jmdm. läuft das Wasser im Mund zusammen, sich den Mund fusselig reden, jmdm. an den Lippen hängen, sich das Maul über jmdn. zerreißen, da bleibt einem die Spucke weg

Nase: Etw. direkt vor der Nase haben, die Nase rümpfen, jmdm. etw. auf die Nase binden / unter die Nase reiben, jmdm. auf der Nase herumtanzen, jmdn. an der Nase herumführen, die Tür vor der Nase zuschlagen, die Nase zu tief ins Glas stecken, sich an die eigene Nase fassen, jmdm. etw. vor

der Nase wegschnappen, überall seine Nase hineinstecken, sich eine goldene Nase verdienen, den richtigen Riecher haben, immer der Nase nach, die Nase hoch tragen, die Nase vorn haben, Naseweis, hochnäsig

Zähne: Einen Zahn draufhaben, einen Zahn zulegen, die Zähne zusammenbeißen, sich die Zähne an etw. ausbeißen, der Zahn der Zeit, etw. / jmdm. auf den Zahn fühlen, die Zähne zeigen, bis an die Zähne bewaffnet

Magen: Etw. schlägt jmdm. auf den Magen, sich den Magen vollschlagen, jmdm. dreht sich der Magen um, der Magen knurrt, etw. liegt wie Blei im Magen, jmdm. schnürt sich der Magen zusammen

Herz: Jmdm. blutet das Herz, ein Herz aus Gold haben, das Herz zerreißen, ein Herz brechen, sein Herz verschenken, ein Herz aus Stein haben, jmdm. sein Herz ausschütten, das Herz schlägt bis zum Hals, das Herz am rechten Fleck haben, etw. auf Herz und Nieren prüfen, jmdm. ans Herz wachsen, jmdm. etw. ans Herz legen, es wird einem warm ums Herz, ein Herz für etw. haben, das Herz höher schlagen lassen, jmdm. bleibt das Herz stehen, das Herz rutscht in die Hose, etw. (nicht) übers Herz bringen, ein Herz und eine Seele sein, etw. auf dem Herzen haben, etw. geht ans Herz

Andere Organe: Frei von der Leber weg, jmdm. ist eine Laus über die Leber gelaufen, etw. geht an die Nieren

Hals, Schulter, Rücken: Aus vollem Hals, etw. kostet den Hals, Hals über Kopf, einen Frosch im Hals haben, etw. vom Hals halten / haben, das Wasser steht bis zum Hals, sich etw. vom Hals schaffen, etw. in den falschen Hals kriegen, etw. hängt jmdm. zum Hals heraus, einen dicken Hals bekommen, einen langen Hals machen, Wendehals, halsstarrig, die kalte Schulter zeigen, etw. auf die leichte Schulter nehmen, ohne Rückgrat, starkes Rückgrat, mit dem Rücken zur Wand stehen, den Rücken freihaben, jmdm. den Rücken stärken, jmdm. in den Rücken fallen, etw. / jmdm. den Rücken zukehren, sich den Rücken krumm machen

Gliedmaßen: Jmdn. auf den Arm nehmen, Hals- und Beinbruch wünschen, in die Knie zwingen, die Ellenbogen ausfahren, sich die Beine in den Bauch stehen, ein Bein stellen, mit dem linken Bein aufgestanden sein, mit einem Bein in etw. stehen, einen Klotz am Bein haben, sich kein Bein ausreißen, weiche Knie bekommen, übers Knie legen, Ellenbogen-Gesellschaft, beinhart, auf jmdn. stehen, etw. auf die Beine stellen, jmdm. unter die Arme greifen, die Beine unter den Arm nehmen, die Beine in die Hand nehmen, auf großem Fuß leben

Schreiben Sie jetzt einfach „frei von der Leber weg“ einen Text mit Sprachbildern dieser Wortwelt.

Wer auf großem Fuß lebt, hat nicht unbedingt große Füße

Warum sagt man „auf großem Fuß leben"?

Die Redensart „auf großem Fuß leben" meint die Art und Weise bzw. in welchen Verhältnissen jemand lebt. Und es gibt sie nicht nur im Deutschen. Die Franzosen sagen zum Beispiel „vivre sur un grand pied".

Wie so viele Redewendungen stammt auch „auf großem Fuß leben" aus dem Mittelalter. Da es im 14. Jahrhundert unter Adeligen „in" war, lange, spitze Schuhe zu tragen, galt die Größe der Schuhe als Maßstab für Eleganz, Ansehen und Macht eines Menschen. Je länger der Schuh, desto höher der gesellschaftliche Rang. Es gab regelrechte Maßeinheiten: Der Schuh eines Fürsten war 2,5 Fuß lang, der eines hohen Barons 2 Fuß, der eines Ritters nur noch 1,5 Fuß.

Wer also auf „großem Fuß" bzw. „großem Schuh" lebte, gehörte eindeutig zu den Reichen und konnte sich einen hohen Lebensstandard leisten.

Ihre Notizen:

....

....

Kapitel 3

Nadel, Faden und Werkstatt

„Machtmissbrauch zieht sich wie ein roter Faden durch die Geschichte."

„Mit der Umsatzrendite von 9,7 Prozent ist Agfa auf Tuchfühlung mit der angestrebten zweistelligen Umsatzrendite gekommen."

„Finanzministerin Dagmar Ziegler (SPD) gestand am Mittwoch ein, dass bei Koalitionsbeginn wegen des Zeitdrucks vieles mit heißer Nadel gestrickt worden sei."

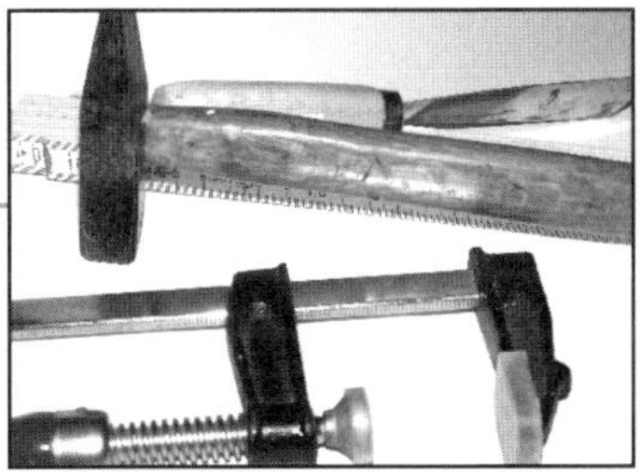

Zum Einstieg ...

Verflixt und zugenäht: Das hat bestimmt jeder schon einmal gedacht. Damit befinden wir uns auch schon mitten in einer Wortwelt, die Sie mit Begriffen des Nähens, Strickens und Handwerkens auf Tuchfühlung bringt. Wie Sie diese Wendungen geschickt in Ihre Texte einfädeln, erfahren Sie auf den nächsten Seiten – garantiert ohne Haken und Ösen.

Erklärung

Von Nahtstellen und Konjunkturschrauben

Mal dezent anschaulich, mal handfest und voller Tatendrang: Die Wortwelt „Nadel, Faden und Werkstatt".

Fast so alt wie das Handwerk selbst ist auch die Wortwelt „Faden, Nadel und Werkstatt". Mittlerweile ist das Netz der Handwerks-Metaphern dicht gesponnen und fest mit unserem Sprachgebrauch verwoben. Oft denken wir gar nicht mehr daran, dass ein „nahtloser Übergang" auch eine zweite, ganz wörtliche Bedeutung haben kann. Auch Konjunkturschrauben oder Nahtstellen hielten längst Einzug in Wirtschafts-Nachrichten und Co.

Tonlage

Ärmel hochkrempeln und loslegen

Auch Ihre Texte vertragen „Werkstatt-Atmosphäre".

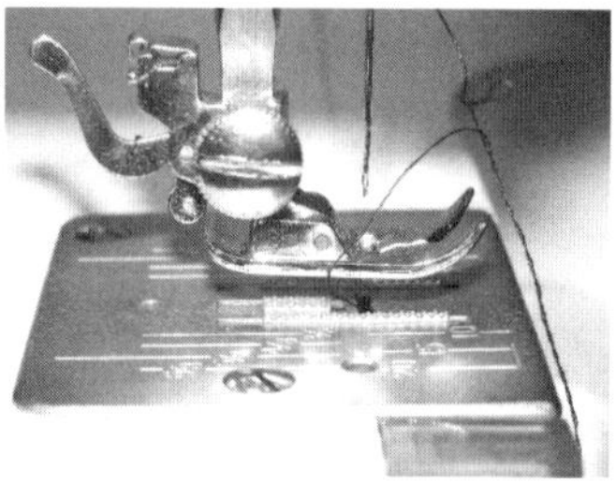

Wendungen aus der Wortwelt „Faden, Nadel und Werkstatt" haben sehr unterschiedliche Tonlagen. Die Bereiche Stricken und Nähen wirken sehr anschaulich. Sie zeigen im weitesten Sinne Verbindungen auch unterschiedlichster Elemente an. Oft wird die Redewendung gar nicht bewusst als solche wahrgenommen. Oder denken Sie bei dem sprichwörtlichen roten Faden tatsächlich an ein rotes Garn? Wendungen aus dem „Werkstatt-Milieu" dagegen wirken handfest und stecken voller Tatendrang. Wenn die Schrauben fester angezogen werden, klingt das nach Ärmel hochkrempeln und loslegen.

Beispiele aus der Literatur

Die Axt im Haus zu haben, hat schon Schiller empfohlen.

„Die Axt im Haus erspart den Zimmermann."
Schiller, Wilhelm Tell

„(...) eine schöne, seidne Stimme, ein süßes Gespinst der

sonnigsten Töne, und meine Seele ward darin verstrickt (...)."
Heinrich Heine, Ideen – das Buch Le Grand

Beispiele

„Das Buch ist die Axt für das gefrorene Meer in uns."
Franz Kafka

Hier ging der Feuerwehr ein Kalb ins Netz

Quelle: Bild München, 19.11.07, S.6.

Haie gehen den Panthern ins Netz

rainerdebüt Larry Mitchell feiert mit dem 3:0-Sieg gestern Abend gegen den Tabellen-Dr

Einstand als neuer Augsburger Trainer

Nein, hier geht es nicht um eine tierische Verfolgungsjagd im Zoo, sondern um Eishockey. Das Team der Augsburger Panther hat gegen das Team der Kölner Haie gewonnen. Zugegeben: Etwas schief ist das Bild schon. Oder haben Sie schon einmal gehört, dass Panther mit Netzen auf die Jagd gehen? Gemeint ist hier wohl das Netz im Tor.

Quelle: Augsburger Allgemeine, 15.12.07, S. 17.

mend als unabhängige Informationsquelle.

Eng verflochten

Quelle: Insight, 10/07, S. 10.

Strumpfhersteller Kunert muss neue Löcher stopfen

Umsatzeinbruch durch Lieferengpässe –

Quelle: Handelsblatt, 18.06.07, S. 6.

Wörter und Wendungen

Ein „nahtloser Übergang“ zum Lexikonteil – voller Wendungen aus Werkstatt und Handwerk.

Stricken: Eine Masche haben, die neueste Masche, einfach gestrickt sein, sich in etwas verstricken, mit heißer Nadel gestrickt, ein Strickmuster entdecken

Nähen: Mit Haken und Ösen, aus dem Schneider sein, verflixt und zugenäht, nahtloser Übergang, ein dichtes Netz aus …, ein Netz spinnen, fest mit etw. verwoben sein, doppelt genäht hält besser, aus allen Nähten platzen, aus dem Nähkästchen plaudern, etw. einfädeln, etw. zusammenflicken, Nahtstelle, etw. ist Flickwerk

Faden: Fadenscheinig, Ariadnefaden, Seemannsgarn, jmdn. umgarnen, roter Faden, den Faden verlieren, mir reißt der Geduldsfaden, nach Strich und Faden, den Faden wieder aufnehmen, am seidenen Faden hängen, die Fäden ziehen, versponnen sein, verfilzte Strukturen, auf Tuchfühlung gehen, etw. ist ein rotes Tuch für jmdn.

Nadel: Sticheleien, mit heißer Nadel gestrickt, die Nadel im Heuhaufen suchen, eine Nadel fallen hören, wie auf Nadeln sitzen, durch das Nadelöhr

In der Werkstatt: Unter den Hammer kommen, zwischen Amboss und Hammer geraten, jmdm. etw. einhämmern, hammerhart, behämmert, jmdm. zeigen wo der Hammer hängt, ungehobelter Klotz, die Schrauben fester anziehen, an der

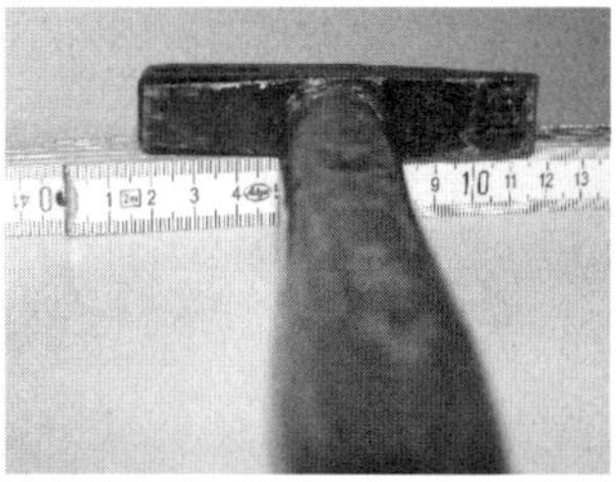

Konjunkturschraube drehen, sein Handwerk verstehen, jmdm. ins Handwerk pfuschen, jmdm. das Handwerk legen, eine Schraube locker haben, Daumenschrauben ansetzen, Dünnbrettbohrer, Schreckschraube, Pläne schmieden, etw. aufmöbeln

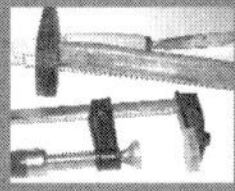

Wichtige Wendungen auf einen Blick:

Stricken

die neueste Masche	einfach gestrickt sein	sich in etw. verstricken
ein Strickmuster entdecken	mit heißer Nadel gestrickt	eine Masche haben
die Nadel im Heuhaufen	eine Nadel fallen hören	wie auf Nadeln sitzen
Nadelöhr	Sticheleien	Nahtstelle
doppelt genäht hält besser		

Schön eingefädelt

der rote Faden	etwas einfädeln	nach Strich und Faden
die Fäden ziehen	am seidenen Faden hängen	der Geduldsfaden
aus allen Nähten platzen	aus dem Nähkästchen plaudern	den Faden wieder aufnehmen
den Faden verlieren	ein Netz aus ...	auf Tuchfühlung gehen
Seemannsgarn		

„fadenscheinige“ Verben

etw. zusammenflicken	mit etw. verwoben sein	jmdn. umgarnen

In der Werkstatt

einhämmern	jmdm. ins Handwerk pfuschen	sein Handwerk verstehen
die Schrauben fester anziehen	an der Konjunkturschraube drehen	Daumenschrauben ansetzen
hammerhart	etwas aufmöbeln	Pläne schmieden
Schreckschraube	behämmert sein	etw. kommt unter den Hammer
etw. hat einen Haken	jmd. ist ein ungehobelter Klotz	jmdm. zeigen, wo der Hammer hängt

Persönliches aus dem Schatzkästchen

Warum plaudert man „aus dem Nähkästchen“?

Wenn jemand aus dem Nähkästchen plaudert, findet er schnell Gehör. Denn dann gibt er spannende Dinge aus seinem Privatleben wieder.

Um den neuesten Klatsch auszutauschen, trafen sich früher vornehme Damen in einem gediegenen Umfeld zum Nähen. Das Nähkästchen für die Strick- und Häkelutensilien war immer dabei. Eine gelegentliche Zweckentfremdung kam daher ganz gelegen: Da ein Mann nie in ein Nähkästchen schauen würde, galt es als ideales Versteck für geheimnisvolle (Liebes-)Briefe und persönliche Schätze. Bereits Theodor Fontanes Romanfigur Effi Briest griff auf diesen Trick zurück. Sie versteckte dort die Briefe ihres heimlichen Liebhabers. Das Nähkästchen ist so zum Symbol für alles Persönliche und Private geworden.

Praxistipp Nadel, Faden und Werkstatt

Praxistipp: Wichtig, wenn Sie mit dieser Wortwelt Ihre Texte „aufmöbeln“.

Natürlich kann man nicht nur in der Textilbranche auf Tuchfühlung gehen. Die Wortwelt „Nadel, Faden und Werkstatt“ passt zu vielen Themen. Überall dort, wo etwas sprichwörtlich miteinander verwoben wird oder sich ein roter Faden findet, können die Handwerks-Wörter sehr gut verwendet werden. Sie verbinden oder machen Texte „handfest“. Aber übertreiben Sie nicht. Sonst geht der positive Effekt verloren. Gerade wenn etwas geschraubt wirkt oder dem Leser eingehämmert wird, kann der Text sogar aggressiv wirken.

Gerade diese Wortwelt ist besonders geeignet, um etwa komplizierte technische Prozesse (be-)greifbar zu machen.

Kapitel 4

Farben und Malen

„Schwarzmarkt sieht Rot."

„Grauer Fußball-Alltag: Ballack bleibt blass."

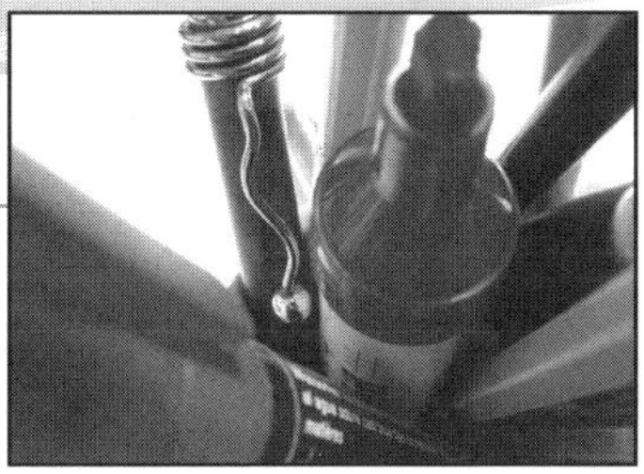

Zum Einstieg ...

Wenn Sie im Text die Welt durch die rosa Brille sehen, einfach mal blaumachen und den grauen Alltag verlassen, dann nutzen Sie die Wortwelt der Farben und der Malerei. Malerische Wortlandschaften erwarten Sie hier mit den schönsten Schattierungen und Mustern. Bekennen Sie also auch in Ihren Texten Farbe.

Erklärung

Kräftige Farben für Ihren Text

Jetzt wird es bunt mit der Wortwelt „Farben und Malen“.

Diese Wortwelt bringt Farbe in Ihre Sätze, denn mit ihr können Sie düstere Bilder zeichnen oder helle Stimmungen hervorrufen. Zusätzlich umgibt diese Wortwelt ein Hauch von Kunst. Verpassen Sie Ihrem Text also ein paar Farbtupfer und tun Sie etwas gegen den grauen Alltag Ihrer Leser. Doch passen Sie auf, dass Ihr Text nicht allzu künstlich wirkt.

Tonlage

Wortbilder malen

In dieser Wortwelt sind die Worte Ihr „Malkasten“.

Wenn Sie einen Text mit dieser Farbpalette bearbeiten, ändert sich der Hintergrund Ihres Textes. Sie erzeugen eine Atmosphäre, eine Stimmung. Die Wahl der Farbe beeinflusst dabei die Aussage des Bildes. Ob dunkel oder hell gibt dem Bild eine ganz andere Bedeutung. In der Wortmalerei sind die Worte Ihre Farbtöne. Und genau wie beim Malen passen manche Farben und Worte nicht gut zusammen, während andere perfekt miteinander harmonieren.

Rot wie die Liebe?

Auch für Texte gilt: Manche Farben passen einfach nicht zusammen.

Farben sind mit Vorsicht zu genießen – denn sie erwecken zum Teil sehr unterschiedliche Emotionen und Assoziationen beim Leser. Ein Beispiel: Viele Menschen verbinden mit der Farbe Rot Begriffe wie Liebe und Leidenschaft. Für andere wiederum ist die Farbe aber wortwörtlich ein rotes Tuch. Wenn sie rotsehen, denken sie an Blut, Wut und Zorn. Auch zwischen Kulturkreisen bestehen Unterschiede in der Bedeutung von Farben. In Japan beispielsweise ist weiße Kleidung ein Ausdruck von Trauer.

Beispiele aus Literatur und Presse

„Nun gehn die grau'sten Wege in das Grün hinein, die Winterwolke drückt nicht mehr die Fenster ein, des Himmels blaue Blume grüßt herein."
Max Dauthendey

Poetisch, aber nicht immer geeignet für den Gebrauchstext: Beispiele aus der Literatur.

„Zu diesem kam auch Justus, des Doktor Fausts und der schönen Helena Sohn, der selbst ein bildschöner Mensch war."
Gustav Schwab

Beispiele

„Blutrot über grauen Weiden schwimmt der Mond."
Arno Holz

Quelle: Instyle, Oktober 2007, S. 214.

Quelle: Cosmopolitan, Dezember 2007, S. 147.

Quelle: Cosmopolitan, Dezember 2007, S. 228.

Quelle: Der Spiegel, 50/2007, S. 58.

Wörter und Wendungen

Entdecken Sie die ganze Farbpalette in Ihrem Lexikon.

Farbspielereien

Rot: Rotsehen, ein rotes Tuch, etw. durch die rosa Brille sehen, knallrot werden, den roten Teppich ausrollen, die rote Liste, etw. rot anstreichen, der rote Faden, blutrot, rote Zahlen schreiben

Grau: Grau in grau, grauer Alltag, nachts sind alle Katzen grau, graue Eminenz, eine graue Maus, graue Theorie, die grauen Zellen

Blau: Blaumachen, blau sein, ins Blaue hinein, das Blaue vom Himmel versprechen, ins Blaue fahren, blaues Blut haben, ein blaues Wunder erleben, mit einem blauen Auge davonkommen, blauer Dunst, blauäugig, einen blauen Brief bekommen

Gelb: Gelb vor Neid sein, das Gelbe vom Ei, gelber Engel

Schwarz-weiß: Schwarz-weiß-Denken, schwarz auf weiß, schwarzsehen, schwarzmalen, schwarzarbeiten, schwarzfahren, Schwarzmarkt, Schwarzmalerei, warten bis man schwarz wird, Dunkelziffer, eine weiße Weste haben, sich weißwaschen, sich reinwaschen, jmdn. zur Weißglut treiben, blass bleiben, keinen blassen Schimmer haben

Grün: Mit etw. oder jmdm. nicht grün sein, jmdn. grün und blau schlagen, grünes Licht geben, auf keinen grünen Zweig kommen, grüne Neune, im grünen Bereich sein, grünes Licht haben, grünes Licht geben, einen grünen Daumen haben, grüne Welle, Grünschnabel, dasselbe in Grün, grün hinter den Ohren

Farbkleckse: Farbe bekennen, Farbe ins Spiel bringen,

etw. in den dunkelsten / leuchtendsten Farben malen

Zeichnen und Malen: Etw. hat sich abgezeichnet, gezeichnet sein von etw., einen Schlussstrich ziehen, etwas ausradieren, etw. unterstreichen, den Teufel an die Wand malen, dick auftragen, Abstriche machen, sich ein Bild von etw. machen, sich etw. in den

Wichtige Wendungen auf einen Blick:

Zeichnen

einen Schlussstrich ziehen	etw. unterstreichen	Abstriche machen

Malen

bauchpinseln	malerisch	in den schönsten Farben ausmalen

Bildhaft

bildhübsch	Bilderbuch-Beispiel	auf der Bildfläche erscheinen
jmdn. ins Bild setzen	ein gutes Bild abgeben	von der Bildfläche verschwinden
sich ein Bild von etw. machen	im Bilde sein	gezeichnet sein
sein blaues Wunder erleben		

Farbspielereien

sich etw. in den schönsten Farben ausmalen	grünes Licht geben	ein rotes Tuch
Farbe bekennen	eine weiße Weste haben	im grünen Bereich
ins Blaue hinein	Farbe ins Spiel bringen	der rote Faden
graue Theorie	die grauen Zellen	das Gelbe vom Ei
sein blaues Wunder erleben		

Farbkleckse

Facetten	Muster	Dunkelziffer
Schwarzmarkt	Schwarzmalerei	blauäugig
Palette	blutrot	blaumachen

schönsten Farben ausmalen, vom Tode gezeichnet sein, etw. geht jmdm. gegen den Strich, ein Strich in der Landschaft sein, bauchpinseln, ein gutes Bild abgeben, von der Bildfläche verschwinden, auf der Bildfläche erscheinen, ein Bild von etw. sein, im Bilde sein, jmdn. ins Bild setzen, vordergründig, hintergründig, Palette, bildschön, bildhübsch, Bilderbuch-Beispiel, Einfaltspinsel

Kurioses aus der Welt der Farben

Warum sagt man eigentlich „das ist dasselbe in Grün"?

Woher stammt die Redensart „dasselbe in Grün sein"?

Die Redensart meint, dass zwei Dinge auf den ersten Blick identisch sind und sich kaum voneinander unterscheiden lassen. Aber warum grün? Wir haben einmal recherchiert und eine sehr überraschende Erklärung gefunden: Der Ausdruck kommt überhaupt nicht, wie es zunächst scheint, aus der Malerei.

Vielmehr stammt er aus der Frühzeit der Automobilbranche, als Opel 1924 den Kleinwagen „Laubfrosch" produzierte. Wie der Name auch vermuten lässt, war dieses Auto grün. Allerdings war dieses Fahrzeug nichts Neues auf dem Markt, sondern eher eine Kopie des französischen Citröen 5CV, der bereits 1921 vom Band lief. Nur war dieser gelb und der Opel eben nur „dasselbe in Grün".

Kapitel 5

Militär

„Konzernchef unter Beschuss."

„Bundesregierung verpulvert Steuermillionen."

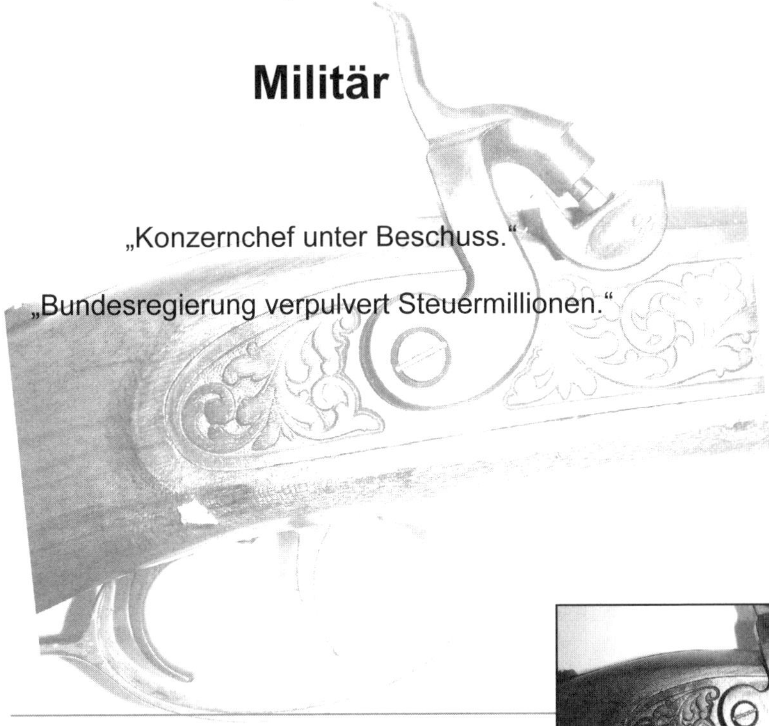

Zum Einstieg …

Stillgestanden und zugehört! Mit der militärischen Wortwelt können Sie nicht nur Text-Kadetten den Marsch blasen. Wir nutzen sie, wenn wir Konkurrenten attackieren, das Ziel anvisieren und in den Kampf ziehen. Was manchmal auch dazu führt, dass wir auf verlorenem Posten ausharren oder in einem Stellungskrieg gefangen sind. Sie sehen: Der Schuss kann auch nach hinten losgehen.

Erklärung

Hier wird scharf geschossen …

Eine „angriffslustige" Wortwelt.

Eine scharfe Waffe ist die Wortwelt rund um das Militär. Denn mit dieser Wortwelt geben Sie mehr als nur einen Warnschuss ab. Ob Sie nun eine Marschrichtung vorgeben, verbal zum Angriff blasen, oder mit scharfen Worten auf Ihre Konkurrenz losgehen: Die folgenden Seiten geben Ihnen einen kleinen Einblick in diese ebenso bombastische wie gefährliche Wortwelt. Egal, welche Geschütze Sie nun auffahren: Behalten Sie dabei stets Ihre Aussage im Visier!

Tonlage

Texte mit Kampfgeist

Hier ist größte Vorsicht geboten. Ein Text wirkt schnell aggressiv und schießt dann am Ziel vorbei oder über das Ziel hinaus.

Alle Mann in Deckung! Wenn Sie sich an diese Wortwelt wagen, müssen Sie eines bedenken: Sie sitzen auf einem Pulverfass. Das bedeutet: Begriffe aus dem Militär wirken

schnell sehr aggressiv auf Ihren Leser, auch wenn Sie „nur" ein Ziel anvisieren, mit Argumenten um sich schlagen oder in Deckung gehen. Auf der anderen Seite können Sie mit Wendungen und Wörtern aus dem Militär Ihrem Text viel Elan und Kampfgeist verleihen.

Beispiele aus Literatur und Presse

So klingt die Wortwelt „Militär“ in der Praxis.

„Der geschickte Journalist hat eine Waffe: das Totschweigen – und von dieser Waffe macht er oft genug Gebrauch.“
Kurt Tucholsky

„Energieausweis: Schon mal auf Vorrat bunkern?“
Süddeutsche Zeitung

„Werder (…) gab die Partie aus der Hand. Nachdem Danijel Gataric einen ersten Warnschuss abgeben hatte (36.), erzielte Tobias Schäper kurz darauf den schmeichelhaften Ausgleich (42.).“

Beispiele

„Im Fadenkreuz der EU: Die Brüsseler Kommission prüft, ob ARD und ZDF ihre Gebühren sauber verwenden. Die Sender haben keine gute Antwort darauf.“
Die Zeit

Pistole an der Schläfe
RTL und RTL 2 wehren sich gegen Oettinge

Quelle: Süddeutsche Zeitung, 12./13.01.08, S. 21.

`Klingt wie aus dem Polizeibericht, ist aber bildlich gemeint.`

Mehr Wumms für Ihr Tagesgeld!

Quelle: Werbebrief von Cortal Consors, 13.12.07.

Deckung hinter Statuten
Im deutschen Milram-Team ist für Kronzeugen kein Platz

Quelle: Süddeutsche Zeitung, 11.01.08, S. 29.

Wörter und Wendungen

In Deckung! Hier kommen die Wörter und Wendungen aus dem Militär.

Scharfe Waffen: Etw. ist zum Schießen, unter Beschuss geraten, jmdn. unter Beschuss nehmen, mit Vorwürfen bombardieren, jmdn. abschießen, seine

eigenen Waffen einsetzen, die Waffen der Frauen, (nicht) die Flinte ins Korn werfen, Munition verschossen, Warnschuss abgeben, auf der Abschussliste stehen, hochexplosives Material, Schuss geht nach hinten los, die Bombe zünden, die Bombe platzen lassen, jmdn. mit etw. torpedieren, hieb- und stichfest, jmdn. mit den eigenen Waffen schlagen, in die Höhe schießen, jmdm. eine schießen, ins Kraut schießen, mit Kanonen auf Spatzen schießen, aus der Hüfte schießen, einen Bock schießen, jmdn. in den Wind schießen, etw. schießt durch den Kopf, jmdn. auf den Mond schießen, gut in Schuss sein, Schuss in den Ofen, weit weg / weit ab vom Schuss, jmdn. aus der Schusslinie nehmen, in die Schusslinie geraten, etw. in Schuss halten, Schuss ins Schwarze, außer Schussweite sein, wie eine Bombe einschlagen, schweres Geschütz auffahren, jmdm. Schützenhilfe leisten, etw. verpulvern, keinen Schuss Pulver wert sein, wie aus der Pistole geschossen, die Pistole auf die Brust setzen, unter aller Kanone, jmdn. über den Haufen schießen

Vorwärts marsch! Eine Armee von ..., in Reih und Glied, im Gleichschritt, den Marschbefehl geben, jmdm. in die Parade fahren, die Marschrichtung vorgeben, aus der Reihe tanzen, jmdm. den Marsch blasen, auf dem Vormarsch sein, eine Glanzparade hinlegen, Paradebeispiel, Durchhalteparolen, jmdn. in Marsch setzen, im Anmarsch sein

In Deckung gehen: Hinter etw. verschanzen, etw. bunkern, zum Rückzug zwingen, das Feld räumen, jmdm. das Feld überlassen, die Waffen strecken, volle Deckung, Rückendeckung haben, sein Pulver verschossen haben, einkesseln, sein Pulver trocken halten

Kampfbereit und gefährlich: Um jmdn. kämpfen, gegen Windmühlen kämpfen,

Wichtige Wendungen auf einen Blick:

Unter Beschuss

jmdn. unter Beschuss nehmen	mit Vorwürfen bombardieren	jmdn. abschießen
mit den eigenen Waffen schlagen	Munition verschießen	einen Warnschuss abgeben
auf der Abschussliste stehen	der Schuss geht nach hinten los	die Bombe platzen lassen
weit weg vom Schuss	in die Schusslinie geraten	außer Schussweite
einschlagen wie eine Bombe	schweres Geschütz auffahren	etw. verpulvern

Vorwärts, marsch!

eine Armee von …	im Gleichschritt	den Marschbefehl geben
die Marschrichtung vorgeben	auf dem Vormarsch	

In Deckung gehen

sich hinter etw. verschanzen	jmdm. das Feld überlassen	Rückendeckung geben
das Feld räumen		

Kampfbereit

um etw. / jmdn. kämpfen	etw. in Angriff nehmen	im Visier haben
eine Großoffensive starten	in neue Märkte vorstoßen	jmdn. aus dem Feld schlagen
jmdm. den Kampf ansagen	ein Argument erschlagen	im Fadenkreuz
Strategie	Volltreffer	Durchhalteparolen
Abschusskandidat		

So ziehen Sie gegen die Konkurrenz ins Feld. Aber Vorsicht: Wenn sich die Fronten verhärten und zurückgeschossen wird.

auf verlorenem Posten kämpfen, Gräben aufreißen, etw. in Angriff nehmen, Stellung beziehen, Stellung halten, im Visier (der Anklage), ins Visier geraten, mit offenem Visier kämpfen, jmdn. im Visier haben, (sich) Grabenkämpfe liefern, Großoffensive starten, volle Attacke, die Nächte um die Ohren schlagen, in neue Märkte vorstoßen, jmdn. aus dem Feld schlagen, das Feld beherrschen, etw. ins Feld führen, gegen jmdn. zu Felde ziehen, das Feld behaupten, ein neues Feld besetzen, jmdm. das Feld streitig machen, das Feld räumen, jmdm. das Feld überlassen, das Visier herunterlassen, aussehen wie auf dem Schlachtfeld, jmdm. / etw. den Kampf ansagen, aufs Korn nehmen, ein Argument erschlagen, Totschlagargument, Killerphrase, Strategie, gegen jmdn. Front machen, Schießbudenfigur, im Fadenkreuz, mit dem Feuer spielen, Öl ins Feuer gießen, zwischen zwei Feuer geraten, Lunte riechen, die Lunte ans Pulverfass legen, auf der Abschussliste stehen, für jmdn. durchs Feuer gehen, an vorderster Front, die Fronten verhärten sich, auf einem Pulverfass sitzen, der Funke im Pulverfass, Volltreffer, bombensicher, Bombenerfolg, Bombengeschäft, ABC-Schützen, Abschusskandidat, bombig

Eine 08/15-Redewendung

Warum sagt man „08/15"?

08/15-Schuhe, 08/15-Papier, 08/15-Essen: Wenn etwas so gewöhnlich ist, dass es langweilt, sagen viele: „Das ist ja 08/15." 08/15 ließe sich ganz einfach mit „stinknormal" übersetzen.

Im Ersten Weltkrieg wurde der Begriff allerdings ganz anders assoziiert. Dort war das im Jahre 1908 entwickelte Maschinengewehr LMG 08/15 eng mit militärischem Drill verbunden. Soldaten mussten alle Einzelteile des Gewehrs bis zum Überdruss auswendig lernen und im Schlaf herunterbeten können. So war LMG 08/15 nicht nur das Standardgewehr des Ersten Weltkrieges, sondern wurde im Zweiten Weltkrieg auch zum geflügelten Wort für etwas Überdrüssiges oder für veraltete Massenware. Schließlich verbreitete sich der Begriff in den 50er Jahren wesentlich

durch die Romantrilogie „08/15“ von Hans Helmut Kirst. Er schildert darin das Leben eines jungen Wehrmachtssoldaten während des Krieges und im Nachkriegsdeutschland. Der Ausdruck hielt Einzug in den alltäglichen Sprachgebrauch, so dass wir heute gar nicht mehr über diese 08/15-Redewendung nachdenken.

Praxistipp Militär

Wenn Sie angriffslustig erscheinen wollen, dann sind Sie in dieser Wortwelt natürlich genau richtig. Bestens geeignet also, wenn sich Ihre Botschaft an einen Konkurrenten richtet: Zeigen Sie sich dann ruhig kampfbereit. Sprechen Sie aber Ihre Kunden an, überlassen Sie das Feld besser anderen Wortwelten. Denn Begriffe aus dem Militär setzen Ihren Leser unter Druck und das ist schlecht für jede Art von Werbung oder freundliche Korrespondenz.

Praxistipp: Nicht für jedes Ziel geeignet.

Ihre Notizen:

....

....

Kapitel 6

Musik

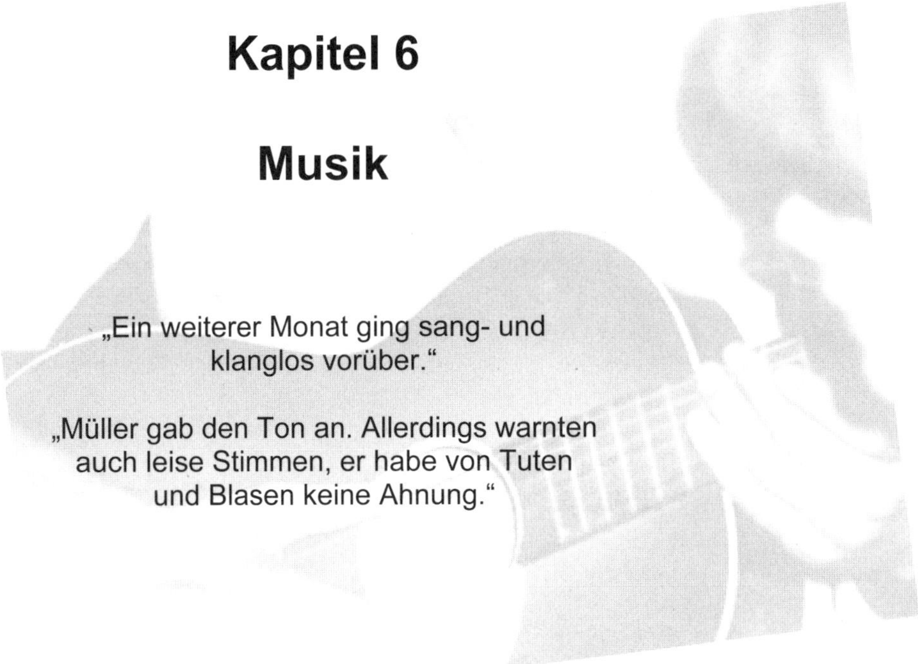

„Ein weiterer Monat ging sang- und klanglos vorüber."

„Müller gab den Ton an. Allerdings warnten auch leise Stimmen, er habe von Tuten und Blasen keine Ahnung."

Zum Einstieg …

Der Ton macht die Musik. Ganz ähnlich wie bei professionellen Texten. Stimmt die Tonalität nicht, kommt der Text aus dem Rhythmus und Misstöne entstehen. Wie Sie den Takt halten und mit Ihrem Text die erste Geige spielen, lesen Sie in diesem Kapitel.

Erklärung

Hier spielt die Musik!

Mit dieser Wortwelt klingen Produkte und Dienstleistungen besonders gut.

Jetzt können Sie große Töne spucken! Allgemein hat die Wortwelt der Musik zwei Arten von Tonalitäten: verstimmt oder harmonisch. Sie können jemandem den Marsch blasen oder ihn in den höchsten Tönen loben. Sie können aus dem letzten Loch pfeifen oder die erste Geige spielen. Doch was immer Sie auch in dieser Wortwelt tun: Wörter und Wendungen aus der Wortwelt Musik verleihen Ihren Texten einen ganz besonderen Klang.

Tonlage

Richtig dirigieren!

Zwischen taktlos und taktvoll liegen nur wenige Buchstaben. Achten Sie darauf, dass Ihr Text harmonisch klingt.

Wie bei einem Orchester müssen hier viele wohlklingende

Sprachbilder in Einklang gebracht werden. Ihr Ziel: ein harmonischer Gesamteindruck. Auch wenn Redewendungen für sich allein wirken – im Zusammenspiel entstehen schnell Misstöne. Zwischen „die erste Geige spielen“ und etwas „vergeigen“ liegen oft nur wenige Worte.

Beispiele aus Literatur und Presse

„Es war taktlos, von diesen Dingen zu sprechen, aber das ist mein Unglück, ich bin zuweilen, taktlos, und jetzt bin

ich sehr aufgeregt …“
Eduard von Keyserling, Am Südhang

Beispiele

„Ich muss den Saiten meines Gemütes jeden Tag einige Stunden Ruhe gönnen und sie dadurch gleichsam immer wieder aufziehen, damit sie den rechten Ton und Anklang behalten …“
Willibald Alexis, Ruhe ist die erste Bürgerpflicht

„Ich musste andere Saiten aufziehen.“
Albert von Chamisso, Peter Schlemihls wundersame Geschichte

Handball-Europacup
Der Klang der Niederlage
Als erstes

Quelle: Sueddeutsche.de, 14.01.08, www.sueddeutsche.de/sport/weitere/artikel/370/104266/

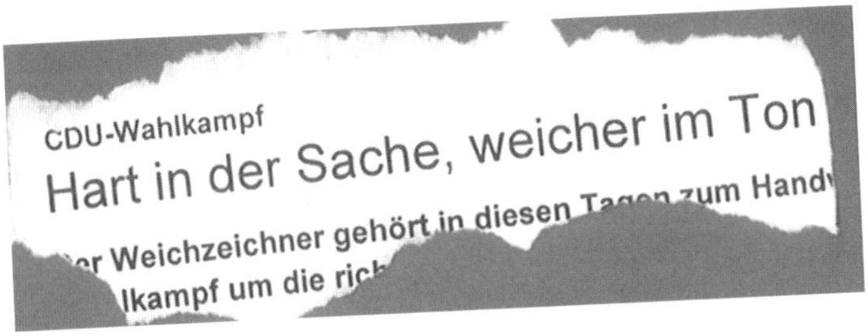
CDU-Wahlkampf
Hart in der Sache, weicher im Ton
Weichzeichner gehört in diesen
lkampf um die

Quelle: Sueddeutsche.de, 15.01.08, www.sueddeutsche.de/deutschland/artikel/841/152455/

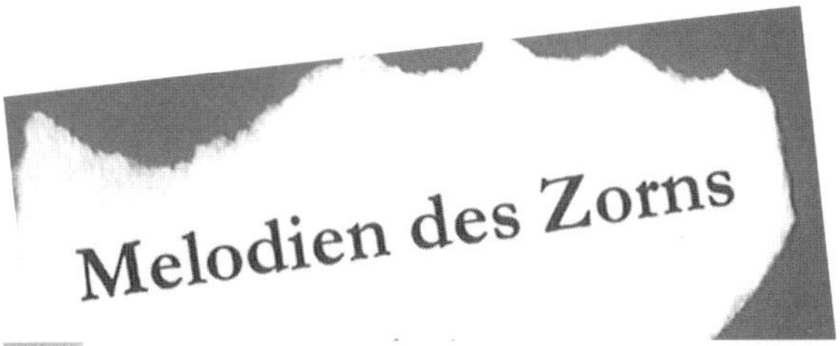
Melodien des Zorns

Quelle: Die Zeit, 14/2002, www.zeit.de/2002/14/Melodien_des_Zorns

MAUT
Die Kassen klingeln

Quelle: Focus, 50/2007, S. 22.

Wörter und Wendungen

Hier spielt die Musik!

Tonangebend: Den Ton angeben, den richtigen Ton treffen, die erste Geige spielen, auf die Pauke hauen,

jmdm. den Marsch blasen, auf etw. pfeifen, den Takt angeben, andere Saiten aufziehen, große Töne spucken, in den höchsten Tönen loben, anstimmen, dirigieren, den Takt halten, im Brustton der Überzeugung, nach jmds. Pfeife tanzen, jmdm. die Meinung geigen, eine Standpauke halten, jmdm. die Flötentöne beibringen

Aus dem Takt geraten: Etwas vergeigen, etw. geht flöten, aus dem Rhythmus kommen, nicht den richtigen Rhythmus haben, aus dem letzten Loch pfeifen, taktlos sein, flöten, schräge Töne, verstimmt, im Ton vergreifen, keinen Ton herausbringen, jmdn. verpfeifen, Misstöne, von Tuten und Blasen keine Ahnung haben, keine Opern quatschen, jmdn. aus dem Takt bringen

Zwischen Harmonie und Dissonanz: Harmonisch, das ist Musik in meinen Ohren, im Einklang sein, im Gleichklang sein, Worte wie Musik, etw. ist in Moll / Dur, auf Moll gestimmt sein, Anklang finden, es ist immer dasselbe Lied, das Ende vom Lied, einen guten Klang haben, sang- und klanglos, piano, den richtigen Ton treffen, einen anderen Ton anschlagen, Zukunftsmusik, zum guten Ton gehören

Klänge in Chor und Orchester: Der Ton macht die Musik, Arien singen, die zweite Geige spielen, hier spielt die Musik, von etwas ein Lied singen können, ein Loblied auf jmdn. singen, die Spatzen pfeifen es von den Dächern, ein paar Takte reden, etw. einpauken, mit Pauken und Trompeten, ins selbe Horn blasen, Rhythmus im Blut haben, die Werbetrommel rühren, zusammentrommeln, Paukenschlag, Pfeife, Trommelfeuer, dirigieren, anstimmen

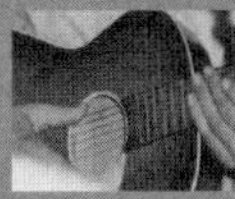

Wichtige Wendungen auf einen Blick:

tonangebend

die erste Geige spielen	auf die Pauke hauen	den Takt angeben
große Töne spucken	jmdm. Flötentöne beibringen	im Brustton der Überzeugung
etw. dirigieren	nach jmds. Pfeife tanzen	etw. anstimmen

vergeigt

aus dem Takt geraten	etw. vergeigen	aus dem Rhythmus kommen
taktlos sein	schräge Töne	im Ton vergreifen

Harmonie

das ist Musik in meinen Ohren	im Einklang sein	Worte wie Musik
Anklang finden	zum guten Ton gehören	einen guten Klang haben
harmonisch		

Dissonanzen

sang- und klanglos	verpfeifen	einen anderen Ton anschlagen
verstimmt	Misstöne	

In Chor und Orchester

der Ton macht die Musik	Kassen klingeln lassen	hier spielt die Musik
mit Pauken und Trompeten	ein Loblied singen auf ...	die Werbetrommel rühren
zusammentrommeln	Paukenschlag	Trommelfeuer
ins selbe Horn blasen	Zukunftsmusik	von etw. ein Lied singen können

Dümmer als dumm

Warum sagt man „von Tuten und Blasen keine Ahnung haben“?

„Du hast von Tuten und Blasen keine Ahnung!“ ist so ziemlich das Unschmeichelhafteste, was man gesagt bekommen kann. Denn dieser Ausdruck ist der Superlativ von „keine Ahnung haben“.

Ihren Ursprung hat die Redewendung im Mittelalter. Damals wurden Nachtwächter auf Patrouille geschickt, die zu jeder vollen Stunde in ihr Horn blasen mussten. Es war eine der am schlechtesten bezahlten Arbeiten – und das zu Recht: Denn mehr als laufen und ins Horn blasen musste so ein Nachtwächter nicht tun. Mittelalterliche Beschäftigungstherapie also. Und wer nicht einmal dieser einfachen Tätigkeit gewachsen war, konnte wahrscheinlich gar nichts und war gesellschaftlich diskreditiert. Er hatte im wahrsten Sinne des Wortes von „Tuten und Blasen keine Ahnung“.

Von verstimmt bis harmonisch bietet die Musik Wendungen für alle Textarten.

Praxistipp Musik

Ein klarer Vorteil der Wortwelt „Musik“: Sie signalisiert erst einmal Zusammenspiel, Harmonie, Gleichklang. Für ein Orchester gilt: Das Ganze ist mehr als die Summe seiner Teile. Mit musikalischen Sprachbildern heben Sie nicht nur einzelne Instrumente hervor, sondern das Kopfkino des Lesers kontrastiert sie oft zum Orchester. Und hier können Sprachbilder in zwei Richtungen wirken: Harmonisch oder disharmonisch.

Kapitel 7

Religion

„Chefkoch kommt in Teufels Küche."

„Muss der Außenminister zu Kreuze kriechen?"

„1200 Moto-Cross-Fans pilgern zum Fichtenring."

Zum Einstieg ...

Teuflisch gut texten? Für viele bleibt das ein frommer Wunsch. Denn es ist einfach ein Kreuz mit den richtigen Worten. Der eine redet mit Engelszungen auf seine Kunden ein, der andere betet seine Argumente einfach so herunter. Ein Dritter will auf Teufel komm raus zum Abschluss kommen und macht seinen Zuhörern richtig die Hölle heiß. Diese Wortwelt zeigt, welche Sprachbilder jeweils dazu passen.

Erklärung

Himmel oder Hölle?

Engelchen und Teufelchen: Die Welt der Religion hat zwei ganz gegensätzliche Ausprägungen.

Mit den Worten ist es manchmal ein Kreuz. Und wie immer steckt der Teufel im Detail. Achten Sie beim Einsatz dieser Wortwelt genau darauf, welche Richtung Sie mit Ihren Texten einschlagen und wen Sie ansprechen. Sollten Ihre Texte „teuflisch“ gut sein oder wollen Ihre Leser eher „himmlische“ Texte lesen?

Tonlage

Mal frech, mal brav

Der Ton dieser Wortwelt kann sehr unterschiedlich sein. Zwischen Himmel hoch jauchzend und fuchsteufelswild ist alles denkbar. Je nachdem, ob Sie Ihre Wendungen eher

aus Teufels Küche wählen oder mit Engelszungen Ihren Leser überzeugen wollen: Ihr Text wirkt jedes Mal anders. Mal frech, mal brav.

Bleiben Sie glaubhaft!

Hier kommt es auf Kleinigkeiten an: Gläubige oder Gläubiger?

Ein spezieller Fall sind Redewendungen um das Verb „glauben“. Hier kommt es schnell zu missverständlichen Aussagen. Muss jemand daran glauben oder dran glauben (sterben)? Gläubiger oder Gläubige – abkassieren oder beten? Vorsicht: Hier kommen Sie unglaublich schnell in Teufels Küche!

Beispiele aus Literatur und Presse

Beispiele zwischen Himmel und Hölle.

„Ihr seid doch auch verteufelt arm.“
Johann Wolfgang Goethe, Satyros oder Der vergötterte Waldteufel

„Ermüdet mag der Wanderer einen Dom bemerken, die Schönheit ihm fast engelsgleich entgegenfliegen, des Münsters Himmelssehnsucht jeden Pilger stärken!“
Theodor Däubler, Das Nordlicht

„Die Seele jeder Ordnung ist ein großer Papierkorb.“
Kurt Tucholsky

„Da befürchtet wurde, Joschka Fischer müsse um der Freundschaft zwischen Deutschland und den USA im übertragenen Sinne zu Kreuze kriechen, zerstreute der Außenminister dies mit dem Hinweis, dass dies kein Gang nach Canossa werde …“

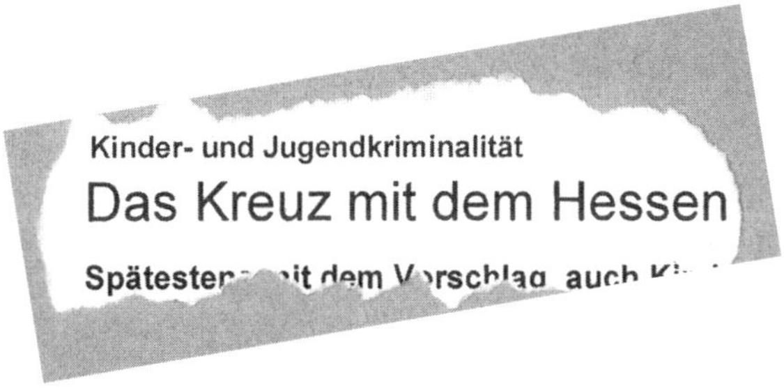
Kinder- und Jugendkriminalität
Das Kreuz mit dem Hessen

Quelle: Sueddeutsche.de, 14.01.08, www.sueddeutsche.de/deutschland/artikel/669/152283/

Deutsche Standards
Der Urlaub ist heilig
Von Christoph Hus

Quelle: FAZ, 30.06.07, S. C5.

HAUSRATVERSICHERUNGEN
DER TEUFEL STECKT IM DETAIL
Hausratversicherungen sind landläufig populär. Doch mancher Vertrag

Quelle: Unicum Beruf, 6/07, S. 33.

Wörter und Wendungen

Hier sind viele Wörter und Wendungen zwischen Himmel und Hölle.

Himmlisch: Jmdn. in den Himmel loben, dem Himmel sei Dank, der Himmel auf Erden, über Gott und die Welt reden, aus heiterem Himmel, die Sterne vom Himmel holen, etw. schreit zum Himmel, etw. stinkt zum Himmel, dich schickt der Himmel, Himmel noch mal, der Himmel öffnet seine Schleusen, es ist noch kein Meister vom Himmel gefallen, jmdn. / etw. in den Himmel heben, um Himmels Willen, ein Geschenk des Himmels, im siebten Himmel sein, die Engel im Himmel singen hören, das Blaue vom Himmel versprechen, himmelhoch jauchzend, das weiß nur der Himmel, himmlisch, Himmelangst, Himmelfahrtskommando, himmelweit, aus allen Wolken fallen, etw. mit Engelsgeduld ertragen, mit Engelszungen reden, göttlich, gottverlassene Gegend, eine Gabe Gottes, dein Wort in Gottes Ohr, von Gott verlassen sein, zwei Herren dienen, das mögen die Götter wissen, ein Bild für die Götter, etw. hoch und heilig versprechen, die heilige Kuh schlachten, Götterspeise, engelsgleich

Teuflisch: Den Teufel an die Wand malen, mit dem Teufel im Bunde, etw. fürchten wie der Teufel das Weihwasser, teuflisch gut, verteufelt schwer, in (drei) Teufels Namen, der Teufel steckt im Detail, etw. verteufeln, eine (Bau-)Sünde, auf Teufel komm raus, in Teufels Küche kommen, etw. müsste mit dem Teufel zugehen, es ist die Hölle los, es ist der Teufel los, wenn man vom Teufel spricht, jmdm. die Hölle heiß machen, jmdn. zur Hölle wünschen, jmdm. das Leben zur Hölle machen, durch die Hölle gehen, Teufelskerl, teuflisch gut, Satansbraten, Fehlerteufel, fuchsteufelswild, Teufelskreis, Höllenlärm, jmdn. soll der Teufel holen, jmdn. reitet der Teufel, sich den Teufel um etw. scheren, den Teufel tun,

Wichtige Wendungen auf einen Blick:

Himmlische Wörter

aus heiterem Himmel	etw. schickt der Himmel	wie im Himmel
ein Geschenk des Himmels	Himmelfahrtskommando	himmelweit

Engelsgleich

mit Engelsgeduld	mit Engelszungen reden	die Hände in Umschuld waschen

Teuflisch gut

verteufelt	auf Teufel komm raus	eine (Bau-) Sünde
in Teufels Küche kommen	etw. geht mit dem Teufel zu	eine Sünde wert sein
Teufelskerl	dem Untergang geweiht	Himmel und Hölle in Bewegung setzen
eine Heidenangst	Teufelskreis	Höllenlärm
Fehlerteufel	Satansbraten	durch die Hölle gehen

Bibelfest

ein Buch mit sieben Siegeln	Gang nach Canossa	von Pontius zu Pilatus
vom Saulus zum Paulus	ein biblisches Alter haben	die zehn Gebote des Textens
Moralpredigt	Heiligenschein	pilgern
göttlich	über den Jordan gehen	den ersten Stein werfen

Kreuze, Kirchenmäuse und mehr

die Kirche im Dorf lassen	etw. herunterbeten	etw. einweihen
Ja und Amen sagen	zu Kreuze kriechen	drei Kreuze machen

den Teufel mit Beelzebub austreiben, einen Pferdefuß haben

Zwischen Himmel und Hölle: Dem Untergang geweiht, Himmel und Hölle in Bewegung setzen, Licht am Ende des Tunnels, einen Heidenspaß haben, eine Heidenangst haben, die Hände in Unschuld waschen, die Feuertaufe bestehen

Viele Wörter und Wendungen gehen auf biblische Gleichnisse zurück.

Biblisch: Ein Buch mit sieben Siegeln, aus Wasser Wein machen, ein salomonisches Urteil, Gang nach Canossa, von Pontius zu Pilatus, vom Saulus zum Paulus, Sodom und Gomorrha, ein Kainsmal tragen, ein Uriasbrief, um das goldene Kalb tanzen, im Schweiße seines Angesichts, den Judaslohn bekommen, sicher wie in Abrahams Schoß, über den Jordan gehen, den ersten Stein werfen, ein biblisches Alter haben, alt wie Methusalem, Moralapostel, etw. feiert Auferstehung, pilgern, Heiligenschein, pharisäerhaft

Gott auf Erden / Beten / Kirche: Arm wie eine Kirchenmaus, die Kirche im Dorf lassen, an etw. glauben, jmdn. daran glauben lassen, eine (Moral-) Predigt halten, auf die Knie gehen, zu etwas „Ja und Amen“ sagen, etwas absegnen, den Schein wahren, drei Kreuze machen, zu Kreuze kriechen, es ist ein Kreuz mit etwas, etw. einweihen, jmdn. beweihräuchern, sein Kreuz auf sich nehmen, der Haussegen hängt schief, ein wahrer Segen, seinen Segen zu etw. geben, das Zeitliche segnen, sicher wie das Amen in der Kirche, im guten Glauben, etw. herunterbeten, göttlich, Gläubiger, einer Sache Glauben schenken, jmdm. etwas glauben machen, dran glauben müssen, der Zweck heiligt die Mittel

Drei Kreuze machen

Die Fahrprüfung ist bestanden oder das Haus fertig gebaut. Ein arbeitsreiches Projekt, bei dem man viel Nerven gelassen hat, ist endlich geschafft. Da macht man erst einmal drei Kreuze. Aber warum eigentlich?

Warum machen wir „drei Kreuze", wenn etwas Schlimmes überstanden ist?

Es hat etwas mit dem Bekreuzigen der Christen zu tun. Wenn etwas Bedeutendes passiert oder etwas Schlimmes vorüber ist, segnet sich der Christ mit dem Kreuzzeichen und bekennt sich so zu Gott. Das Bekreuzigen verdeutlicht also – im übertragenen Sinne – das Überstehen oder Bewältigen einer großen Aufgabe. Und weil die Zahl drei die Dreifaltigkeit symbolisiert und alle guten Dinge auch drei sind, machen wir eben drei Kreuze (Stirn, Mund, Herz).

Praxistipp Religion

Bei dieser Wortwelt ist in vielerlei Hinsicht Vorsicht geboten. Nicht nur, dass Himmel und Hölle sich nicht besonders gut miteinander vertragen. Religion kann ein sehr sensibles Thema sein. Längst nicht jede Zielgruppe wird zu religiösen Wortspielen „Ja" und „Amen" sagen. Einen eleganten Mittelweg zu finden, kann dabei verteufelt schwer sein. Bevor Sie also im Nachhinein den Gang nach Canossa antreten müssen, lassen Sie besser die Kirche im Dorf.

„Himmlisch" kann's werden, wenn Sie etwas in den höchsten Tönen loben wollen: Ein Menü, einen Konzertbesuch. Alles was den „Teufel" ins Spiel bringt, verleiht Texten oft Würze und passt zu frechen Produkten oder Ereignissen.

Praxistipp: Vorsicht bei dieser Wortwelt ...

Ihre Notizen:

....

....

Kapitel 8

Seefahrt

„Der Fels in der Brandung."
Slogan einer bekannten Versicherung

„Es ist Zeit, Segel zu setzen zu den Sternen."
Astronom und Autor Carl Sagan

Zum Einstieg ...

Die Welt der Seefahrer birgt so manchen Wortschatz, an dem wir uns gerne bereichern. Im Alltag tauchen oft genug Begriffe aus dieser Wortwelt auf: So steuern wir durch die Klippen der Konjunktur, sprechen bei Webseiten über Navigation oder laufen in den Hafen der Ehe ein.

Erklärung

Volle Kraft voraus!

Die Wortwelt „Seefahrt“: Voller Wendungen, die Ihre Unternehmenskommunikation stärker machen.

Eine Wortwelt, die von Seebären und Landratten gleichermaßen genutzt wird. Besonders gerne zeigen Unternehmen

– bildlich gesprochen – mit dieser Wortwelt Flagge. Ob in der Werbung, in der Kundenansprache oder intern: Die einstige Welt der Seefahrer ist längst in den Sprachgebrauch von Firmenbossen, Marketingstrategen und in die betriebliche Kommunikation aufgenommen. Wirkt diese Wortwelt doch besonders stark, um Ziele, Bedürfnisse und Ängste der Unternehmen auszudrücken.

Tonlage

Schwerer Seegang oder ruhiges Wasser?

Der Seefahrer-Wortschatz schweißt zusammen.

Wie bei jeder Wortwelt gilt auch hier: Achten Sie auf stimmige und eindeutige Bilder. Wenn wir alle im selben Boot sitzen, ist auch jeder Teil der Mannschaft. Deshalb eignet sich diese Wortwelt besonders gut, um Teamorientierung auszudrücken und auf Gemeinsamkeiten hinzuweisen. Bilder der Seefahrt sind klar, jedem geläufig und oft romantisch verklärt. Deshalb wirken sie auch besonders stark. Im Positiven, wie im Negativen.

Beispiele aus Literatur und Presse

„Wir Hamburger lassen keinen von uns über Bord gehen."
Max Warburg, Gründer der „Hamburgischen Brücke" vor über 90 Jahren

„Doch anscheinend ist Arroganz im ÖR-Bereich genetisch verankert."
Handelsblatt (Donnerstag, 09.11.2006)

„So will ich, obgleich es mein Herz zerreißt, untertauchen in die schmerzlichen Erinnerungen meines Lebens …"
Iduna Gräfin H. H., Fanny Lewald

Das Horber Logbuch: Die Aufgaben eines Bürgermeisters vor der Kulisse der Seefahrt neu inszeniert.

Auf Schiffen werden die wichtigsten Ereignisse und Stationen stichwortartig in einem Logbuch festgehalten. Auch eine Stadt muss „seetüchtig" sein, um nicht nur in ruhigen Zeiten zu bestehen, sondern genauso gut Stürme unbeschadet überstehen zu können. Dabei kommt es auf eine qualifizierte und hoch motivierte Mannschaft an. Und das Team am Steuer muss das Ziel kennen und sich über den Kurs einig sein.

Um in diesem Sinne unsere Heimatstadt Horb am Neckar mit allen Stadtteilen „seetüchtig", sprich: zukunftsfähig zu machen, kam es mir vor allem darauf an, die Finanzsituation der Stadt zu verbessern, die Verwaltung zu modernisieren und die Bürger für eine aktive Mitwirkung zu begeistern.

Ein herzliches Danke an die Stadt Horb am Neckar und an den Oberbürgermeister Herrn Michael Theurer.

L O G B U C H

Quelle: Süddeutsche Zeitung Magazin, 11.01.08, S. 19.

VOLLE KRAFT VORAUS
Noch ist die Kernfusion zu komplizie

Quelle: Welt Kompakt, 08.11.07, S. 5.

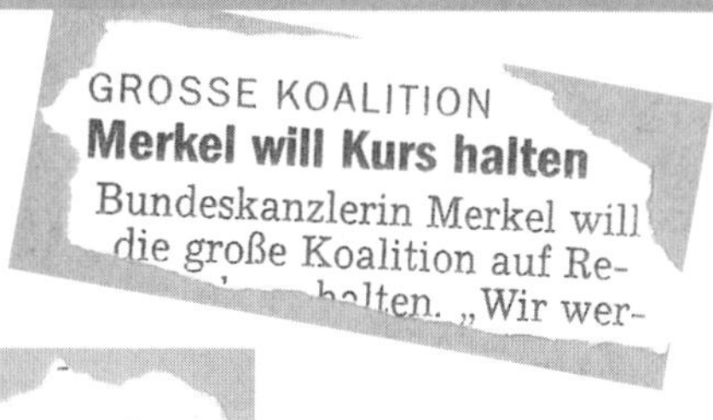
GROSSE KOALITION
Merkel will Kurs halten
Bundeskanzlerin Merkel will die große Koalition auf Re- halten. „Wir wer-

Quelle: FAZ, 14.06.06, Seite R4.

Rettungsanker des Bildungsbürgers

Wörter und Wendungen

Willkommen im „Hafen" der Wörter und Wendungen.

Im Hafen: Sicherer Hafen, Flaggschiff eines Unternehmens, Segel setzen / hissen, etwas verankern, den Anker werfen, vor Anker gehen, Gedächtnisanker, etw. festzurren, in den Hafen der Ehe einlaufen, vor sich hindümpeln, etw. vom Stapel lassen, vom Stapel laufen, in See stechen

Auf See: Schiffbruch erleiden, Land in Sicht, auf Grund laufen, volle Fahrt aufnehmen, der Wind bläst ins Gesicht, der Wind bläst um die Ohren, im selben Boot sitzen, das Ruder übernehmen, das Steuer übernehmen, aus dem Ruder laufen, etw. über Bord werfen, gegen die Strömung fahren, mit der Strömung fahren, gefährliche Klippen umschiffen, den Wind aus den Segeln nehmen, Tiefgang haben, Kapitän sein, Kurs nehmen, Kurs halten, auf Kaperfahrt, Flagge zeigen, nach etw. Ausschau halten, im Fahrwasser von, schwerer Seegang, auf den Wellen des Erfolgs, hohe Wellen schlagen, Fels in der

Wichtige Wendungen auf einen Blick:

Im Hafen

sicherer Hafen	Flaggschiff eines Unternehmens sein	in den Hafen der Ehe einlaufen
in See stechen	Gedächtnisanker	

Auf See

volle Fahrt voraus	im gleichen Boot sitzen	das Steuer übernehmen
gefährliche Klippen umschiffen	den Wind aus den Segeln nehmen	Kurs nehmen auf ...
den Kurs halten	Flagge zeigen	nach etw. Ausschau halten
im Fahrwasser von ...	auf den Wellen des Erfolgs	der Fels in der Brandung
etw. an Land ziehen	in Fahrt kommen	sich über Wasser halten
die Wogen glätten	die Segel setzen	

Schwerer Seegang

Schiffbruch erleiden	auf Grund laufen	rauer Wellengang
das Steuer herumreißen	mit allen Wassern gewaschen	hart am Wind segeln
hohe Wellen schlagen	vom Kurs abkommen	über Bord gehen

An Bord

die Schotten dichtmachen	unter falscher Flagge segeln	auf gleicher Wellenlänge
auf dem falschen Dampfer sein	Galionsfigur	alte Fregatte
jmdn. ins Boot holen	alle Mann an Bord	

Alle Mann an Bord!

Brandung, unter falscher Flagge segeln, mit allen Wassern gewaschen, Segel streichen, hart am Wind segeln, gegen den / mit dem Wind segeln, wieder Land sehen, etw. an Land ziehen, in Fahrt kommen, sich über Wasser halten, vom Kurs abkommen, die Wogen glätten, etw. auf Kiel legen, in jmds. Kielwasser segeln, mit vollen Segeln, auf gleicher Wellenlänge, Meuterei, stranden, Bermuda-Dreieck, navigieren, Navigation, in jmds. Fahrwasser geraten, im richtigen Fahrwasser, volle Fahrt voraus

An Bord: Blinder Passagier, klar Schiff machen, die

Schotten dichtmachen, alle Mann an Bord, über Bord gehen, Seemannsgarn spinnen, das Steuer herumreißen, jmdn. ins Boot holen, auf dem falschen Dampfer sein, alte Fregatte, Galionsfigur

Einfach Wasser: Mit allen Wassern gewaschen, stilles Wasser, in Untiefen geraten, (steuerliche) Untiefen, etw. zieht Kreise

Mit allen Wassern gewaschen

Warum sagt man „mit allen Wassern gewaschen sein“?

Der clevere Geschäftsmann und der gewiefte Dieb haben eines gemeinsam: Sie sind mit allen Wassern gewaschen. Gemeint ist, sie schrecken vor nichts zurück, kennen jeden Trick und wenn es auf dem geraden Weg nicht geht, dann geht es eben auf dem schiefen …

Die heutige Bedeutung kommt der damaligen schon sehr nahe. Früher war die Redewendung nur auf erfahrene Seeleute bezogen. Wer durch alle Weltmeere gesegelt ist, ist eben mit allen (Meeres-)Wassern gewaschen. Symbolisiert wird damit die Erfahrung, Weisheit oder das Know-how, eben auch die kleinsten Tricks und Kniffe zu kennen.

Praxistipp Seefahrt

Vorsicht, Falle! Mischen Sie nicht zu viele Wendungen in Ihren Text. Der Kapitän, der das Unternehmen durch die Klippen der Konjunktur steuert, sollte im Folgesatz nicht als Fels in der Brandung bezeichnet werden. Und „Cäsar schiffte in den Hafen“ hat in manchen Gegenden gerade durch dialektale Einfärbung eine zusätzliche Bedeutung.

Praxistipp: Damit Sie nicht Schiffbruch erleiden.

Ihre Notizen:

....

....

Kapitel 9

Sport

„Der Schlussverkauf geht in die letzte Runde!"

„Für unser Unternehmen gilt: Wir wollen auch in den nächsten Jahren in der Pole-Position bleiben!"

Zum Einstieg ...

Wenn Sie eine Steilvorlage geben, zum Endspurt ansetzen oder sich in einer Diskussion Bälle zuspielen, dann befinden Sie sich tief in der Wortwelt des Sports. Und die läuft nicht nur in Jahren großer Sportereignisse zur Höchstform auf. Sie hilft auch ganz allgemein, Texte auf Höchstleistung zu trimmen.

Erklärung

Texte in Topform

Bekannt ist das Phänomen aus jeder Sportübertragung. Besonders gerne wird im Radio bildlich gesprochen. Dadurch kann der Zuhörer das Geschehen beinahe so wahrnehmen, als wäre er „live vor Ort“. Doch die Wortwelt „Sport“ lässt sich auch außerhalb des Sportgeschehens anwenden. Ob ein Unternehmen sein Ziel erreicht, kurz vor dem Sprung nach oben steht oder ob die Latte besonders hoch liegt: Richtig und mit Maß verwendet, macht diese Wortwelt aus Ihrem Text etwas Sportliches und Dynamisches, verleiht ihm einen lebendigen und spritzigen Charakter.

Sportlich, sportlich ...

Zeigen Sie Kampfgeist mit sportlichen Metaphern.

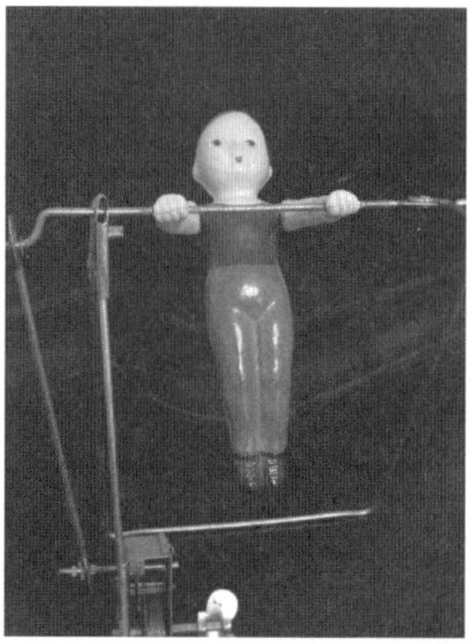

Wer sportlich ist, hat Teamgeist, spielt fair und ist körperlich topfit. Im übertragenen Sinne gelten diese Punkte auch für gute Texte: Sie fügen sich gut ins Gesamtkonzept ein und beachten die Spielregeln für Tonalität und Grammatik. Damit jeder Satz ein Volltreffer wird. Die Wortwelt des Sports eignet sich besonders gut, um Konkurrenzsituationen als einen fairen Wettbewerb darzustellen, oder aber, um den „Kampf“ zuzuspitzen. Je nach Sportart. Wer Einsatz zeigt und alles für das Team gibt, hat am Ende Erfolg und gewinnt.

König Fußball regiert die (Wort-)Welt

In „sportlichen“ Texten genau richtig: Sprachbilder des Fußballs.

Kaum eine andere Sportart hat im deutschen Sprachraum so viele sprichwörtliche Phrasen hervorgebracht wie der Fußball. Der Einfallslosigkeit der Reporter ist es zu verdanken, dass immer wieder dieselben Floskeln zu den Spielen fallen. Aber was bei Fußball-Reportagen fast schon

langweilt, bietet sich wunderbar an, um auf „Champions-League-Niveau“ zu schreiben. Machen Sie einen kurzen Einwurf, um das Zusammenspiel zu kommentieren. Lassen Sie sich nicht ins Abseits stellen, sondern wagen Sie den Doppelpass zwischen Stift und Blatt.

Tonlage

Verdribbelt – wenn Produkt und Sportart nicht zusammenpassen ...

Mal wirkt diese Wortwelt dynamisch – mit Wendungen wie „einen Frühstart hinlegen“ oder auch „in der Pole-Position sein“. Oder sie wirkt behäbig, mit Sprachbildern wie „im Mittelfeld versinken“ oder „sich verdribbeln“. Keinesfalls ist zu empfehlen, diese Wortwelt mit Dingen zu verknüpfen, die partout nichts Sportliches an sich haben. Oder die dem Kunden den Eindruck vermitteln, das Produkt sei schwerfällig und angestaubt. Kurzum: Die Wortwelt muss zur Ausstrahlung und zum Erscheinungsbild des Produktes passen! Einen Sarg braucht man nicht mit „die letzte Runde geht an Sie“ zu bewerben …

Tipp: Bleiben Sie in einer Sportart. Produkt und Sportart sollten zusammenpassen.

Beispiele aus Literatur und Presse

„Neue Pop-Formation springt an die Spitze der Charts.“

„Ist Neuzugang Müller ein Volltreffer?“

Beispiele „Effenbergs Foul: eine Steilvorlage für seine Kritiker“

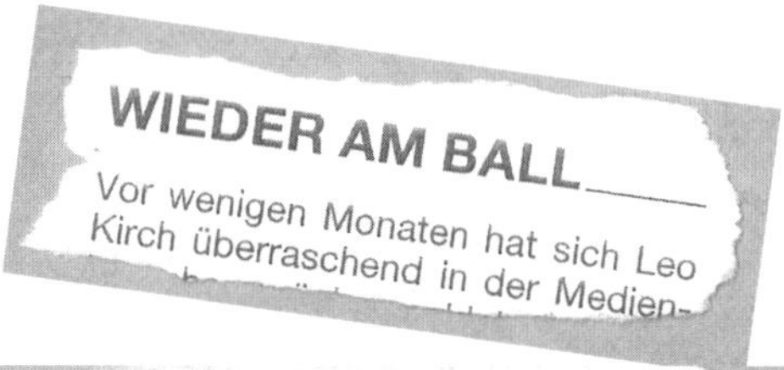

WIEDER AM BALL

Vor wenigen Monaten hat sich Leo Kirch überraschend in der Medien-

Quelle: Süddeutsche Zeitung, 12./13.01.08, S. 23.

Pirouetten auf dünnem Eis

rentabel: Finanzexperten befürchten, dass viele Deutsche

Quelle: Süddeutsche Zeitung, 12./13.01.08, S. 2.

PROBEFAHRT

Der Preiskampfsportler

Quelle: Focus, 50/07, S. 160.

Wörter und Wendungen

Wenn Produkte und Dienstleistungen sportlich und dynamisch sein sollen...

Boxen: K.o. schlagen, in den Ring steigen, letzte Runde, etw. durchboxen, sich durchboxen, über die Runden kommen, die Runde machen, etw. über die Runden bringen, mit harten Bandagen kämpfen, das Handtuch werfen

Fußball: Das Feld von hinten aufrollen, die gelbe Karte zeigen, böses Foul, Reserve haben, jmdn. aus der Reserve locken, im Mittelfeld versinken, Heimspiel haben, eine Steilvorlage geben, im Team spielen, in die Verlängerung gehen, ins Abseits geraten, im Abseits stehen, jmdn. ins Abseits schieben, direkt weiterleiten, mit Köpfchen spielen, sich verdribbeln, kurzer Einwurf, Bälle zuspielen, jmdn. vom Platz fegen, am Ball bleiben, zum Spielball werden, Eigentor schießen, das Feld räumen, leichtes Spiel haben, jmdm. dicht auf den Hacken sein,

Wichtige Wendungen auf einen Blick:

Boxen

K.o. schlagen	in den Ring steigen	sich durchboxen
mit harten Bandagen kämpfen		

Fußball

böses Foul	Reserve haben	jmdn. aus der Reserve locken
Heimspiel haben	eine Steilvorlage geben	im Team spielen
ins Abseits geraten	im Abseits stehen	jmdn. ins Abseits schieben
Bälle zuspielen	am Ball bleiben	ein Eigentor schießen
leichtes Spiel haben		

Leichtathletik

den längeren Atem haben	einen Endspurt einlegen	den Startschuss geben
einen Frühstart hinlegen	jmdm. in die Arme laufen	auf dem Sprung sein
außer Atem sein	zu großer Form auflaufen	zu Höchstform auflaufen

Formel 1

in der Pole-Position	das Ziel erreichen	Favoriten-Rolle
Aufholjagd	sich ins Aus manövrieren	das Rennen machen
in den Startlöchern sitzen	gut im Rennen liegen	

Sportlich, sportlich

übers Ziel hinausschießen	etw. sportlich nehmen	vom Platz fegen
etw. als Sprungbrett nutzen	mit offenen Karten spielen	etw. ausbaden müssen

Halbzeitpause, Doppelpass, Ersatzbank, Volltreffer, Nachspielzeit, Teamplayer, ein Nachspiel haben, den Ball flach halten, sich gegenseitig die Bälle zuspielen

Leichtathletik: Den längeren Atem haben, Endspurt einlegen, Startschuss geben, Frühstart hinlegen, etw. gleicht einem Marathon, die Latte hoch legen, auf dem Sprung sein, außer Atem sein, jmdm. vor die Füße laufen, zu großer Form auflaufen, zum Davonlaufen sein, am laufenden Band, das Rennen ist gelaufen, zur Höchstform auflaufen, seinen Lauf nehmen

Fast jede Sportart bietet starke Sprachbilder an.

Im Rennen: In der Pole-Position sein, das Ziel erreichen, Verfolgerrolle, Favoritenrolle, Aufholjagd, den Favoriten stürzen, sich ins Aus manövrieren, das Rennen machen, gut im Rennen liegen, aus dem Rennen sein, jmdn. aus dem Rennen werfen, eine Runde drehen, Sand im Getriebe

Sportlich, sportlich: Eine ruhige Kugel schieben, aus der Reihe tanzen, übers Ziel hinausschießen, etw. sportlich nehmen, sich im Kreis bewegen, alle Hebel in Bewegung setzen, gegen eine Wand rennen, über seinen eigenen Schatten springen, im Dreieck springen, Sprung ins kalte Wasser, auf dem Sprung sein, keine großen Sprünge machen können, auf einen Sprung (vorbeikommen), jmdm. auf die Sprünge helfen, etw. springen lassen, baden gehen, etw. verschwitzen, etw. ausbaden müssen, im Geld schwimmen, mit dem / gegen den Strom schwimmen, ins Schwimmen geraten, mit Kind und Kegel, etw. als Sprungbrett nutzen, einen Korb bekommen, mit dem Gedanken spielen, mit offenen Karten spielen, jmdm. Schach bieten, jmdn. / etw. in Schach halten, nach jmds. Pfeife tanzen, auf zwei Hochzeiten tanzen, jmdm. auf der Nase herumtanzen, etw. aus dem Stegreif machen, aufs Podest steigen, einlochen, Sprung nach oben, Sportsfreund, spielerisch, Elefantenrennen, Marathon, Zielwasser, Katzensprung

Mit harten Bandagen kämpfen oder das Handtuch werfen

Warum kämpfen wir mit „harten Bandagen“ oder „werfen das Handtuch“?

Früher – in einer Zeit vor den Boxhandschuhen – wickelten sich die Boxer Bandagen um ihre Hände. Zum Schutz, könnte man aus heutiger Sicht schnell denken. Doch weit gefehlt: Die Bandagen dienten dazu, den Schlag noch härter zu machen. Je härter die Bandagen also, desto heftiger die Wirkung des Schlages. Wer mit harten Bandagen kämpft, tut alles, um zu gewinnen und am Ende als Sieger den Ring zu verlassen. Dabei werden keine Blessuren gescheut. Schon gar nicht die der anderen.

Das sprichwörtliche Handtuchwerfen hängt eng damit zusammen. Zeichnet sich ab, dass der Boxer mit den schwächeren Bandagen kurz vor dem K.o. steht, kann der Trainer den Kampf beenden. Dazu muss er nur ein Handtuch in den Ring werfen.

Ihre Notizen:

Kapitel 10

Theater

„Premiere für den neuen Toyota!“

„Als Kunde unserer Versicherung spielen Sie die Hauptrolle!“

Zum Einstieg …

Sprachbilder aus der Welt des Theaters eignen sich auch, um Produkte zu inszenieren. Als Regisseur ziehen Sie die Fäden – und entscheiden über die richtige Besetzung. Und wenn die Kulisse stimmt und alle Rollen vergeben sind, können Sie die Puppen tanzen lassen. Jetzt heißt es Licht aus, Spot an und Vorhang auf für die wunderbare Wortwelt rund ums „Theater“!

Erklärung

Bühne frei für die Wortwelt Theater

Mal tragisch – mal tragend: die Wortwelt Theater.

Shakespeare, Schiller, Lessing und Goethe haben die Welt des Theaters geprägt. Kein Wunder, dass zahlreiche Redewendungen dieser Welt den Weg in den alltäglichen Sprachgebrauch gefunden haben. Vor allem in der Politik finden sich Wörter und Wendungen rund ums Theater. Politikberater als Strippenzieher, Logenplätze für die Abgeordneten oder Politiker, die eine tragische oder tragende Rolle in ihrer Partei spielen. Und manchmal wollen wir uns dieses Schauspiel gar nicht mehr antun, weil es längst ein Drama ist.

Tonlage

Stellen Sie Ihre Produkte ins Rampenlicht

Von theatralischen Glanzlichtern, Stars und einem glanzvollen Finale.

Mit der Wortwelt „Theater“ verpassen Sie Ihren Texten einen ganz besonderen Glanz. Träumerisch und voller Phantasie: Das ist Theater. Jedes Schauspiel erzählt eine ganz eigene Geschichte: Drama oder Komödie. Auch auf Ihre Produkte setzen Sie theatralisch Glanzlichter – und machen sie zum Star oder geben ihnen die Hauptrolle in Ihrer Präsentation. Was uns das Ganze verrät: Mit der Wortwelt Theater lässt sich sehr gut spielen – sie setzt meist einen glanzvollen Abschluss auf sehr viel Arbeit.

Logenplatz für Ihren Leser

Jeder Held muss auch mal Niederlagen einstecken. Und so ist das auch mit der Wortwelt des Theaters. Nicht immer gibt es ein Happy End! So glanzvoll und träumerisch die Redewendungen sein können, so hart ist manchmal die Realität. Tragische Figuren, Kulissenschieberei oder

Fallgruben – all das gehört auch zum Theater. Mit dem richtigen Gefühl für Ihre Texte nehmen Sie Ihre Leser mit auf einen Logenplatz. Und hat der Leser erst einmal Theaterluft geschnuppert, dann führen Sie ihn weiter zum fulminanten Finale.

Beispiele aus Literatur und Presse

Beispiele

„Dieser ganze Morieux ist ein Affentheater, das von morgens bis abends Vorstellungen gibt. Das ist doch kein Charakter."
Otto Ernst, Semper der Jüngling

„Die heutigen Souveräne haben, auch wenn sie mit ihrer Persönlichkeit tagtäglich ins grelle Rampenlicht der Presse treten, immer etwas Unpersönliches."
Otto Julius Bierbaum, Prinz Kuckuck

Der kühle Lobbyist in der Maske des manischen Bezichtigers

10. Oktober 2007 Ein österreichischer Schriftsteller, soeben

Quelle: FAZ, 10.10.07, S. 13.

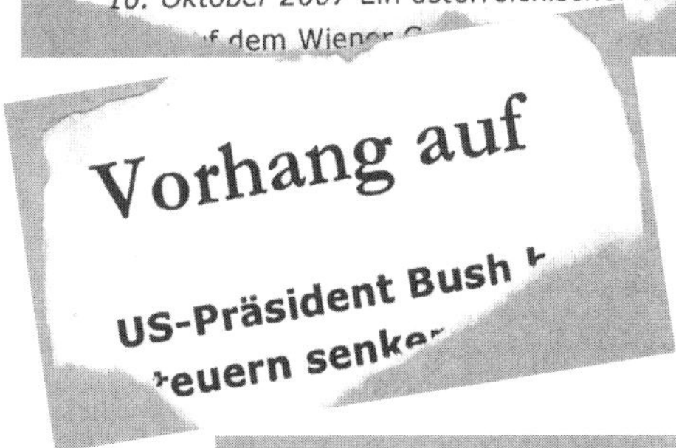
Vorhang auf

US-Präsident Bush

Quelle: Die Zeit, 51/2002, www.zeit.de/2002/51/Vorhang_auf

Christine Kaufmann vor Gericht

Auf der Bühne der Justiz

Quelle: sueddeutsche.de, 14.01.08, www.sueddeutsche.de/muenchen/artikel/691/132450/

Wörter und Wendungen

Vorhang auf für den Lexikonteil!

Jetzt gehört die Bühne Ihnen: Schreiben Sie doch einfach Ihren nächsten Text vor der Kulisse des Theaters.

Vor der Premiere: Generalprobe für etw., viel Theater um etw. machen, Monologe führen, das gibt ein Theater, in eine Rolle schlüpfen, die Rollen verteilen, die Rollen vertauschen, jmdn. auf die Probe stellen, sich in einer Rolle finden, sich in eine Rolle hineinfinden, sich in jmds. Rolle versetzen, Lampenfieber, zum Vorsingen kommen, Maske, Maskerade, demaskieren

Auf der Bühne: Etw. über die Bühne bringen, etw. geht über die Bühne, etw. auf die Bühne bringen, wenn der Vorhang sich öffnet, wenn der Vorhang fällt, von der Rolle sein, eine Rolle spielen, im Rampenlicht stehen, das Rampenlicht scheuen, etwas darstellen, er schauspielert doch nur, die Bühne verlassen, von der Bühne abtreten, die Hauptrolle spielen, tragische Figur, eine Posse spielen, ein Bubenstück, eine Szene machen, theatralisch, Drama, Komödie, eine Lachnummer, ein Schauspiel, Star sein, nach jmds. Pfeife tanzen, ganz schön dramatisch, Theater spielen (i. S. v. etw. vortäuschen), die Wortbühne, Erstbesetzung, Statist sein, Happy End, Fehlbesetzung, Schmierentheater

Hinter den Kulissen: Etw. soufflieren, Vorhang, Kulissenschieberei, Gastauftritt Zweitbesetzung, jmdm. etw. einflüstern, hinter die Kulissen schauen, einen Blick hinter die Kulissen werfen, Rampe, Theaterdonner, Vorderbühne, Hinterbühne, Strippenzieher, Schnürboden, Hintertüren, Fallgruben, Kulisse für ...

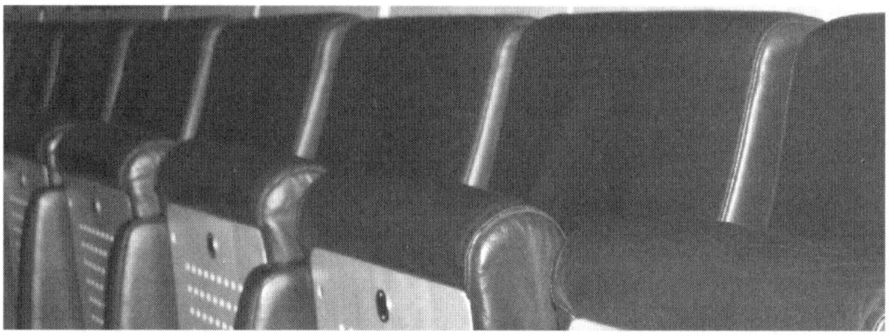

Im Zuschauerraum: Logenplatz, Zugabe, Logen, Notausgänge, Platz nehmen, in der ersten Reihe sitzen, sich Applaus abholen

Sonstiges: Affentheater, Platzhalter, Marionette, die Fäden ziehen, die Puppen tanzen lassen, die Fäden in der Hand halten

Wichtige Wendungen auf einen Blick:

Vor der Premiere

Generalprobe	in eine Rolle schlüpfen	viel Theater um ...

Auf der Bühne

etw. über die Bühne bringen	wenn der Vorhang sich öffnet	Bühne frei für ...
eine Rolle spielen	im Rampenlicht stehen	die Bühne verlassen
die Hauptrolle spielen	eine Szene machen	theatralisch
Drama	Komödie	eine Lachnummer
Star sein		

So ein Theater ...

etw. geht über die Bühne	schauspielern	von der Bühne abtreten
etw. darstellen	das Rampenlicht scheuen	der Vorhang fällt
ganz schön dramatisch	von der Rolle sein	Vorhang auf für ...
ein Schauspiel		

Hinter den Kulissen

Kulissenschieberei	Zweitbesetzung	Gastauftritt
Lampenfieber	Logenplatz	tragische Figur
Strippenzieher	Fehlbesetzung	Affentheater
Marionette	Schmierentheater	Fallgruben
Hintertür	Theaterdonner	

Warum Schauspieler Lampenfieber haben

Woher kommt das „Lampenfieber"?

Am so genannten Lampenfieber leiden in der ursprünglichen Bedeutung vor allem Schauspieler. Und zwar schon seit dem 19. Jahrhundert. Denn damals entstand diese Redensart und sie meint ganz einfach, dass jemand vor seinem großen Auftritt aufgeregt ist. Heute gehört Lampenfieber aber längst nicht mehr nur zum Bühnenjargon. An Lampenfieber „erkranken" wir alle manchmal, besonders vor wichtigen Prüfungen, Vorstellungsgesprächen oder Präsentationen.

Doch was hat Lampenfieber mit einer Lampe zu tun? Gemeint ist hier die am Bühnenaufgang montierte Beleuchtung. Sie setzt den Künstler, sobald er die Bühne betritt, plötzlich in helles Licht. Dieses Licht lässt ihn oft noch aufgeregter und nervöser werden.

Ihre Notizen:

....

....

Kapitel 11

Tiere

„Regierung lässt die Katze aus dem Sack."

„Elefantenhochzeit sorgt für Katerstimmung."

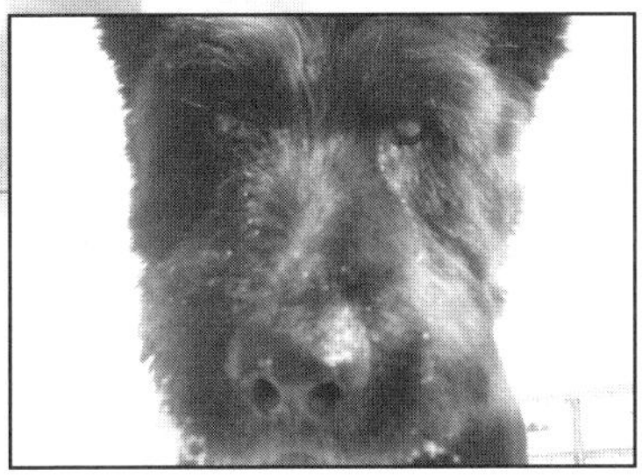

Zum Einstieg …

Ja, treffend texten ist schwer. Es sei denn, Sie wissen, wie der Hase läuft. Dann packen Sie den Stier bei den Hörnern und legen los. Herzlich willkommen zu einem sprachlichen Katz-und-Maus-Spiel. Setzen Sie hier aufs richtige Pferd, ist es ganz leicht, Leseratten einzufangen …

Erklärung

Hier steppt der Bär!

Bunt gemischt mit „wilden“ Sprachbildern.

Wagen Sie sich in die Höhle des Löwen und heulen Sie ein wenig mit den Wölfen. Hier treffen Sie ebenso auf die Schnapsdrossel wie auch auf den bulligen Typen mit Stiernacken. Merken Sie was? In der Wortwelt der Tiere wird es wild. So vielfältig wie die Tierwelt selbst ist auch die dazugehörige Wortwelt.

Tonlage

Wild Thing!

Diese Wortwelt schafft hohe Aufmerksamkeit bei Ihren Lesern.

Wecken Sie die animalischen Instinkte bei Ihren Lesern! Lassen Sie die Katze aus dem Sack und packen Sie den Tiger in den Tank. Die tierische Wortwelt hält viele starke Metaphern parat: bärenstark, vogelfrei etc. In dieser Spra-

che steckt viel Kraft und Energie, kurz gesagt: Power, die für hohe Aufmerksamkeit sorgt. Mit dieser Wortwelt brechen Sie textlich aus dem Alltag aus und führen Ihren Lesern wilde, starke Bilder vor Augen. Aber Vorsicht: So manche Sprachbilder aus dieser Wortwelt sind Wölfe im Schafspelz, denn …

Vorsicht: Der Elefant im Porzellanladen

Es ist nicht immer leicht, Leseratten einzufangen. Das fängt schon damit an, dass Sie Ihre Leser nicht als Leseratten bezeichnen sollten! Denn die Tierwelt wirkt nicht immer

animalisch, stark und wild. Manchmal auch eher verniedlichend, abwertend oder belustigend. Also passen Sie gut auf, bevor Sie eine Mücke zum Elefanten machen und sich damit einen Bärendienst erweisen!

Vorsicht: Jedes Tier hat eine andere Wirkung, die sich auch auf Ihren Text überträgt.

Beispiele aus Literatur und Presse

„Alles gackert, aber wer will noch still auf dem Neste sitzen und Eier brüten? Auch dem Frömmsten ist sein tägliches Mittagessen wichtiger als das Abendmahl."
Friedrich Nietzsche

„Hastig wie ein Wiesel und ohne ein Wort zu verlieren, lief er auf einen Sessel zu, (...) und küßte sodann der Gräfin zeremoniell die Hand zur Begrüßung."
Gustav Meyrink, Walpurgisnacht

„Weiß Gott, so tu ich", rief Brktzwisl und setzte vor Freuden den Respekt so ganz aus dem Auge, dass er einen Katzensprung in die Luft machte ..."
Wilhelm Hauff, Der Mann im Mond

„Wer sich nicht ständig um sein Aktieninvestment kümmert und gute Marktkenntnisse besitzt, setzt schnell auf das falsche Pferd."

„Wer Interesse an der IGL hat und nicht die Katze im Sack kaufen will, kann jederzeit Unterlagen bei mir anfordern."

„Da beißt die Maus keinen Faden ab: Wer heutzutage konkurrenzfähig sein will, darf computertechnisch nicht von gestern sein."

„Die Entscheidungen, die in den kommenden Monaten gefällt werden, dürfen nicht das Huhn schlachten, das goldene Eier legt."

Beispiele

Elefantenrunde

Quelle: Insight, 11/07, S. 23.

Wenn sich in Politmagazinen die Großen der Republik zur Elefantenrunde treffen, befinden wir uns in Mitten der tierischen Wortwelt.

„**Fleisch ist ins Gerede gekommen.** Deshalb packen wir den Stier bei den Hörnern und reden mit. Nicht über andere – das ist nicht unsere Art. Wir reden über das, wovon wir wirklich etwas verstehen: über Fleisch und Wurst.“

Metzgermeister Franz Ottillinger

Wenn einer den „Stier bei den Hörnern packen“ kann, dann ist das wohl ein Metzgermeister.

BEST FRIENDS HUNDE & KATZEN
Einfach tierisch
[T] ierbabys sind ja

Quelle: PC Magazin, 6/07, S. 80.

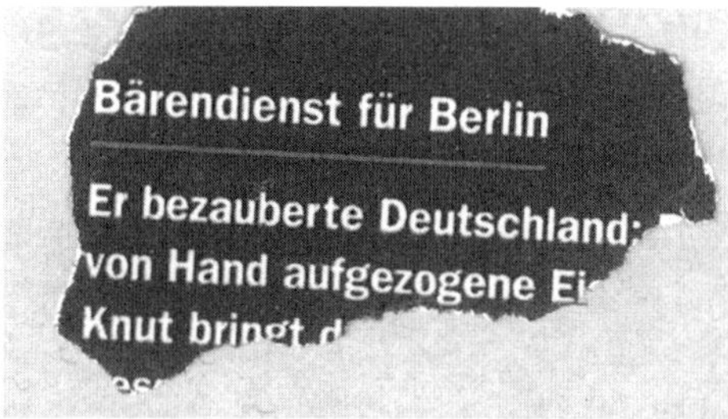
Bärendienst für Berlin
Er bezauberte Deutschland:
von Hand aufgezogene Ei
Knut bringt d

Quelle: Focus, 50/07, S. 90.

TV-Hai schnappt nach der Liga!
ARD-Boss droht mit Ausstieg

Quelle: Bild, 11.01.08, S.18.

Banker in Katerstimmung

Vor einem Jahr strichen sie Rekordgehälter ein - Jetzt sind sie arbeitslos

Quelle: Welt Kompakt, 08.11.07, S. 15.

Wörter und Wendungen

Wie Hund und Katz: Da wird der Hund in der Pfanne verrückt, bekannt wie ein bunter Hund, begossener Pudel, den Schweinehund überwinden, auf den Hund kommen, vor die Hunde gehen, das ist ja ein dicker Hund, wie ein Schlosshund heulen, pudelwohl, hundeelend, Dackelblick, hundemüde, dort liegt der Hund begraben, ein krummer

Hund, schlafende Hunde wecken, kalt wie eine Hundeschnauze, wie ein geprügelter Hund, aufpassen wir ein Schießhund, sich in eine Sache verbeißen, verbissen sein, Katzenjammer, Naschkatze, Katerfrühstück, Katerstimmung, nachts sind alle Katzen grau, etw. ist für die Katz, ein Katzensprung, verkatert sein, die Katze im Sack kaufen, die Katze aus dem Sack lassen, Katz und Maus spielen, Katzenwäsche machen, am Katzentisch sitzen, wie die Katze um den heißen Brei schleichen

Haben Sie einen Vogel? Eine Meise haben, flügge werden, vogelfrei, den Vogel abschießen, Federn lassen, mit jmdm. ein Hühnchen rupfen, Hahn im Korb sein, da kräht kein Hahn danach, ein komischer Kauz, ein schräger Vogel, jmdm. einen Vogel zeigen, sich mit fremden Federn schmücken, mit den Hühnern aufstehen, da lachen ja die Hühner, mit dem ersten Hahnenschrei, wie die Aasgeier über jmdn. herfallen, Krähenfüße um die Augen haben, Pleitegeier, Galgenvogel, Lockvogel, Pechvogel, Kuckuckskind, Kuckucksei, der Kuckuck (für Pfandsiegel), gackern

Bärenstarke Schweinereien: Schwein gehabt, im Schweinsgalopp, die Festsau sein, hier tanzt der Bär, hier steppt der Bär, jmdm. einen

Hunde, Katzen, Vögel, Bären: Artenvielfalt gibt es sowohl in der Natur als auch in Ihrem tierischen Lexikon.

Tiere garantieren hohe Aufmerksamkeit.

Bärendienst erweisen, Bärenhunger, die Krallen ausfahren, bärenstark, schlafen wie ein Bär, jmdm. einen Bären aufbinden, ein armes Schwein, saugut, wie eine gesengte Sau, die Sau rauslassen, unter aller Sau, jmdn. zur Sau machen, Perlen vor die Säue werfen

Ich glaub, mich tritt ein Pferd: Auf Schusters Rappen, auf das falsche / richtige Pferd setzen, das Pferd von hinten aufzäumen, auf einem hohen Ross sitzen, das beste Pferd im Stall sein, stur wie ein Esel, im Galopp, mit jmdm. Pferde stehlen können, grinsen wie ein Honigkuchenpferd, Pferde scheu machen, trojanisches Pferd, Ross und Reiter nennen, eine Eselsbrücke bauen, Bürohengst, Drahtesel, jmdn. bringen keine zehn Pferde dazu, jmdm. gehen die Pferde durch, einem vom Pferd erzählen, arbeiten wie ein Pferd, den Amtsschimmel reiten, jmdn. in etwas hineinreiten, einen Pferdefuß haben

Was für ein Affentheater: Den Affen für jmdn. spielen, Affen loslassen, einen alten Affen etw. lehren, sich zum Affen machen, Affenzirkus veranstalten, Maulaffen feilhalten, jmdn. nachäffen, Affenzahn, mich laust der Affe, wie vom wilden Affen gebissen

Das ist zum Brüllen: Wie ein Löwe kämpfen, wie ein Wolf im Schafspelz, mit den Wölfen heulen, in der Höhle des Löwen, den Tiger in etw. wecken, den Löwenanteil bekommen, Papiertiger, Baulöwe, der Leitwolf (sein)

Mit dem Strom schwimmen: Einen Goldfisch angeln, kleiner Fisch, wie ein Fisch auf dem Trockenen, einen großen / dicken

Fisch an der Angel haben, sich fühlen wie ein Fisch im Wasser, sich etw. herausfischen, in trüben Gewässern fischen, im Trüben fischen, sich winden wie ein Aal, Backfisch, Kredithai, aalglatt, Haie, Haifischbecken, etw. ist weder Fisch noch Fleisch, stumm wie ein Fisch

Der Rest der Tierwelt: Schwarzes Schaf, jmdn. anblöken, Elefant im Porzellanladen, flink wie ein

Wichtige Wendungen auf einen Blick:

Hund und Katz´

den Schweinehund überwinden	ein Katzensprung	auf den Hund gekommen
die Katze aus dem Sack lassen	Katz- und Mausspiel	

Alle Vöglein ...

wie die Aasgeier über etw. herfallen	mit jmdm. ein Hühnchen rupfen	sich mit fremden Federn schmücken
Federn lassen		

Stark wie ein Bär

einen Bärendienst erweisen	die Krallen ausfahren	bärenstark

Ich glaub, mich tritt ein Pferd

auf das richtige / falsche Pferd setzen	das Pferd von hinten aufzäumen	auf einem hohen Ross sitzen
das beste Pferd im Stall	im Galopp	Ross und Reiter nennen

Der Rest der Tierwelt

schwarzes Schaf	wie ein Löwe kämpfen	mit den Wölfen heulen
in der Höhle des Löwen	einen Löwenanteil bekommen	Affentheater / Affenzirkus
ein kleiner Fisch sein	im Trüben fischen	sich winden wie ein Aal
bei den Hörnern packen	hohes Tier	alter Hase
wissen, wie der Hase läuft	graue Maus	Lockvogel
Elefantenhochzeit	pudelwohl	Affenzahn
Baulöwe	Pleitegeier	Schlange stehen

Wiesel, jmdn. bei den Hörnern packen, hohes Tier, alter Hase, wissen, wie der Hase läuft, Schlange stehen, sich durchschlängeln, graue Maus, arm wie eine Kirchenmaus, aus einer Mücke einen Elefanten machen, einen Frosch im Hals haben, im Gänsemarsch laufen, lammfromm, Angsthase, hamstern, Elefantenhochzeit, bullig, Schneckentempo, Rudelbildung, Krokodilstränen, mucksmäuschenstill

Woher kommt „einen Kater haben"?

Warum sagt man „einen Kater haben"?

Der Tag war lang und die Nacht noch länger – vom nächsten Morgen kaum zu schweigen! Der sprichwörtliche Kater nach einer durchzechten Nacht ist die unangenehme Folge, wenn man abends etwas zu tief ins Glas geschaut hat.

Doch was haben ein pochender Schädel und schmerzende Glieder mit dem flauschig-weichen Samtpfotengänger zu tun? Genau: gar nichts. Denn der „Kater", der hier gemeint ist, ist eine über lange Jahre entstandene umgangssprachliche Abwandlung von dem „Katarrh". Ein Katarrh ist eine schmerzliche Schleimhautentzündung. Mit der wurde das Gefühl am berühmten „Morgen danach" verglichen. Aus „Katarrh" wurde dann irgendwann der „Kater".

Praxistipp: Bleiben Sie sprachlich in einer „Tierwelt"!

Praxistipp Tiere

Mit diesen tierischen Ausdrücken bringen Sie Leben in Ihren Text. Aber Vorsicht, auch hier gibt es Grenzen! Lassen Sie nicht einen ganzen Zoo auf Ihre Leser los. Besser ist es, Sie bleiben bei nur einem Tier. Wer sich wie ein Fisch im Wasser fühlt, sollte dabei weder das Pferd von hinten aufzäumen noch einen Löwenanteil bekommen.

Kapitel 12

Verkehr

„Siemens zieht die Notbremse.“

„Ein Urlaub zum Auftanken.“

Zum Einstieg ...

Sprachbilder rund um den Verkehr tauchen in vielen Bereichen auf. Im Berufsleben startet der eine voll durch, der andere schaltet einen Gang zurück. Und privat: Da sollte man ausgetretene Pfade verlassen und manchmal rechtzeitig einlenken, bevor es zur Kollision kommt. Noch schlimmer, wenn das Liebesleben bei allzu viel Leerlauf Rost ansetzt oder gar in Schräglage gerät.

Erklärung

Vollgas geben erlaubt

Sprachbilder aus der Wortwelt „Verkehr“ sind für uns alltäglich.

Auto, Fahrrad und Bahn gehören zum Alltag. Wie die Verkehrsmittel sind auch die Begriffe dieser Wortwelt ganz normal geworden. Da wird es höchste Eisenbahn für Ihren Sommerurlaub, da sind wir ganz neben der Spur, wir starten durch oder schalten einen Gang zurück, um wieder in die Gänge zu kommen. Diese Beispiele zeigen, wie alltäglich die Wortwelt Verkehr für uns ist. In fast jeder Verkehrs- … äh, Lebenslage kriegen Sie mit dieser Wortwelt die Kurve.

Tonlage

Dynamisch, schnell und vielfältig

Wagen Sie mit der Wortwelt „Verkehr“ ruhig mal einen Tempowechsel!

Genauso rasant, wie es manchmal auf der Autobahn zugeht, wirken auch die Wörter und Wendungen der Wortwelt „Verkehr“. Sie bringen Ihren Text auf Hochtouren und Ihre Leser zum Staunen. Doch Vorsicht: Wenn Sie Ihren Text in Fahrt bringen, dann muss auch der Inhalt dynamisch und abwechslungsreich sein. Für eine Abhandlung über die Jahreshauptversammlung des örtlichen Schützenvereins oder den alljährlichen Seniorentreff gibt’s treffendere Sprachbilder. Ein Tempowechsel im Text ist erlaubt –

wie auf der Autobahn: Dort beschleunigen Sie, werden ab und an zum Abbremsen gezwungen, Sie legen Zwischenstopps ein, um danach wieder voll durchzustarten. Doch gestalten Sie solche Tempowechsel nicht zu rasant, sonst kommt Ihr Text ins Schleudern und wirft Ihre Leser aus der Bahn.

Viele Wendungen spiegeln die technische Entwicklung wider.

Spannend: Auch die technische Entwicklung spiegelt sich in dieser Wortwelt wider. So ist „das Geschäft ankurbeln" ein belassenes Bild aus der Frühzeit des Automobils. Ganz aktuell allerdings die Wendung „in der Pole-Position sein", die mit der Formel 1-Euphorie in den Sprachgebrauch rutschte.

Beispiele aus Literatur und Presse

„Die Liebe ist so unproblematisch wie ein Fahrzeug. Problematisch sind nur die Lenker, die Fahrgäste und die Straße."
Franz Kafka

„Er erwartete es nie, dachte aber, er würde sie in eine Sackgasse führen."
Mark Twain, Erzählungen eines Hundes, Kapitel I

„Weltgemeinschaft fordert Iran zum Einlenken auf."

„Freie Fahrt für Unternehmensfusionen."

„Neues Modern Talking: Bohlen will mit Medlock durchstarten."

Beispiele

ERFOLG AUF DIE SCHIENE GEBRACHT.
VTG-GRUPPE.

Quelle: Handelsblatt, 18.06.07, S. 16 & 17.

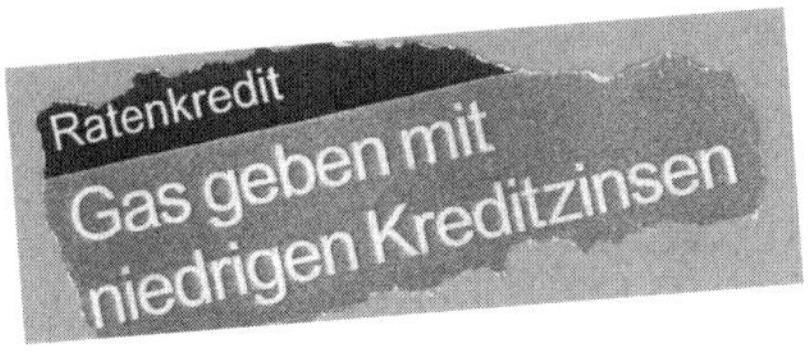
Ratenkredit
Gas geben mit niedrigen Kreditzinsen

Quelle: ADAC Motorwelt, 12/07, S. 32.

FINANZKRISE
Banken auf der Bremse

Quelle: Der Spiegel, 49/07, S. 66.

KONZERNE
Zetsche drückt aufs Tempo

Quelle: Der Spiegel, 50/07, S. 69.

ARD
Harald Schmidt bremst Rundfunkrat aus

Quelle: Der Spiegel, 49/07, S. 153.

Sand im Getriebe der CSU-Spitze

Quelle: Augsburger Allgemeine, 15.12.07, S. 02.

Die geben Vollgas
Flach, derb, cool – Biker-Boots beschleunigen Ihr Outfit modisch von null auf hun

Quelle: Instyle, Oktober 2007, S. 182.

Wichtige Wendungen auf einen Blick:

Im Stadtverkehr

in der Spur bleiben	in einer Sackgasse landen	grüne Welle

Auf der Rennstrecke

Gas geben	einen Gang zurückschalten	ausgebremst werden
voll durchstarten	den Turbo einlegen	die Kurve kriegen
neben der Spur sein	ins Ziel kommen	einen Gang zulegen
die Ausfahrt verpassen	am Start sein	

Auf den Schienen

die Notbremse ziehen	die Weichen auf Erfolg stellen	der Zug ist abgefahren
im falschen Zug sitzen	höchste Eisenbahn	auf dem Abstellgleis

Andere Verkehrs- und Lebenslagen

Leben auf der Überholspur	das ist längst überholt	in die Gänge kommen
in Schräglage geraten	ausgetretene Pfade verlassen	in Fahrt kommen
freie Fahrt	Rost ansetzen	das fünfte Rad am Wagen sein
losdonnern	Blitzstart	beschleunigen
einlenken	abbremsen	ankurbeln
Schmalspur	Zwischenstopp	auftanken
Totalschaden	Pannenhelfer	Lenker
Ampelkoalition	Schneckentempo	auf Talfahrt sein
rund laufen	gut / schlecht fahren mit etw.	etw. geht spurlos an jmdm. vorbei

Wörter und Wendungen

Bahn frei für den Lexikonteil!

Im Stadtverkehr: Ausfahrt verpasst, da schaltet die Ampel auf Rot, grüne Welle, Starthilfe benötigen, Starthilfe geben, Sicherheitsgurt anlegen, in der Spur bleiben, die Spur wechseln, in einer Sackgasse stecken, jmdm. ein Stoppschild hinhalten

Auf den Schienen: Die Notbremse ziehen, die Weichen stellen, der Zug ist abgefahren, nur Bahnhof verstehen, auf den fahrenden Zug aufspringen, im falschen Zug sitzen, höchste Eisenbahn, aufs falsche Gleis geraten, jmdn. aufs Abstellgleis schieben

Bestens geeignet, um z.B. einen Projektverlauf zu beschreiben.

Auf der Rennstrecke: Gas geben, einen Gang zurückschalten, ausgebremst werden, die Ziellinie überqueren, voll durchstarten, ins Ziel kommen, den Turbo einlegen, die Kurve kriegen, ins Schlingern kommen, das Gaspedal durchtreten, am Start sein, neben der Spur sein, auf der Strecke bleiben, einen Gang zulegen, über das Ziel hinausschießen

Sonstige Verkehrs- und Lebenslagen: Das ist längst überholt, in die Gänge kommen, in Schräglage geraten, rund laufen, ausgetretene Pfade verlassen, in Fahrt kommen, freie Fahrt, Rost ansetzen, Motor ist noch kalt, gut geschmiert, auf Talfahrt sein, auf der Straße sitzen, einen Gang zulegen, einen Gang zurückschalten, das fünfte Rad am Wagen, mit etw. gut fahren, mit etw. schlecht fahren, dazwischenfahren, auf jmdn. abfahren, auf etw. abfahren, aus der Haut fahren, abgefahren sein, jmdn. an den Karren fahren, sich nicht vor jmds. Wagen / Karren spannen lassen, Sand im Getriebe, nur ein Rädchen im Getriebe sein

Mit Tempo 100: Losdonnern, Blitzstart, überrunden, beschleunigen, Temposünder

Mit Tempo 50: Einlenken, abbremsen, ankurbeln, Einbahnstraße, Schmalspur, Geisterfahrer

Tacho auf Null: Zwischenstopp, auftanken, Totalschaden, Pannenhelfer, Lenker, Sackgasse, Trittbrettfahrer, Schneckentempo

Ich verstehe nur Bahnhof

Warum man manchmal nur „Bahnhof versteht".

„Ich verstehe nur Bahnhof" ist eine gängige umgangssprachliche Wendung. Mit ihr drückt man aus, dass man etwas ganz und gar nicht verstanden hat.

Ursprünglich wurde die Redewendung von Soldaten im Ersten Weltkrieg gebraucht. Der Bahnhof war für sie ein Symbol für die Heimreise. Nach den entbehrungsreichen Fronterlebnissen wurde die Sehnsucht nach der Heimat immer stärker. Jedes Gespräch, das sich nicht um die Heimreise drehte, wurde mit „Ich versteh' nur Bahnhof" abgebrochen. Die Soldaten konnten an nichts anderes mehr denken als an die Heimreise und damit gleichbedeutend auch nichts anderes mehr verstehen als: Bahnhof.

Ihre Notizen:

....

....

Kapitel 13

Wetter und Natur

„Börsenmärkte: Trügerische Ruhe vor dem Sturm."

„Das ultimative Fußball-Managerspiel von T-Online hat in der fußballbegeisterten Internetgemeinde eingeschlagen wie ein Blitz."

Zum Einstieg …

Wenn von konjunkturellem Tauwetter, einem frostigen Klima oder von Windeseile die Rede ist, befinden wir uns mitten in der Wortwelt des Wetters und der Natur. Da gibt es sonnige Gemüter und Schnee von gestern. Eine ganze Flut von Wörtern und Wendungen bringt frischen Wind in Ihre Texte. Wie Sie Ihre Leser im Sturm erobern, lesen Sie auf den folgenden Seiten.

Erklärung

Natur-Metaphern – wie Sand am Meer

Das Wetter sorgt immer für Gesprächsstoff.

Und wie ist das Wetter bei Ihnen? Kein Thema ist so beliebt wie das Wetter. Ob beim Small-Talk im Büro oder

bei einem gemütlichen Beisammensein mit Freunden: Das Wetter sorgt immer für Gesprächsstoff. Kein Wunder, dass sich eine ganze Reihe an Redewendungen in unserem Wortschatz etabliert hat. Längst sind Wetter-Metaphern fester Bestandteil unserer Sprache geworden.

Tonlage

Auf gut Wetter machen

Jede Wetterlage hat ihren Charakter. Welche passt zu Ihrem Produkt?

So wechselhaft wie das Wetter eben ist, so unterschiedlich ist auch die dazugehörige Wortwelt. Je nachdem ob das Barometer gerade auf Sturm steht oder jemandem die Sonne im Herzen aufgeht: Die Bandbreite geht von düster, bedrohend bis lebendig und heiter.

Schlechtes Wetter sollten Sie in Ihren Texten jedoch mit Vorsicht verwenden. Nicht umsonst passieren in Hollywood-Filmen Morde und Horrorszenen nie bei eitel Sonnenschein. Da kommen plötzlich Gewitter auf oder es regnet und stürmt. Wie Sie mit gutem Wetter im Text tatsächlich „gut Wetter machen" oder den Wind des Wandels wehen lassen, zeigen die folgenden Beispiele.

Beispiele aus Literatur und Presse

„Der Dirigent ist als Magier am Werk. Er hält seine Hände beschwörend hoch, bis die Musik wetterleuchtet und donnert."
Ingeborg Bachmann

Nicht nur Scarlett O´Hara und Rhett Butler waren wie „vom Winde verweht". In der Literatur trifft man immer wieder auf Wetter-Metaphern.

„Wenn der Wind des Wandels weht, bauen die einen Schutzmauern, die anderen bauen Windmühlen."
Chinesische Weisheit

„Menschen, welche rasch Feuer fangen, werden schnell kalt und sind daher im Ganzen unzuverlässig."
Friedrich Nietzsche

Beispiele

Bei dramatischen Ereignissen verwenden wir besonders gerne die Wortwelt „Wetter und Natur" und lassen dunkle Wolken aufziehen.

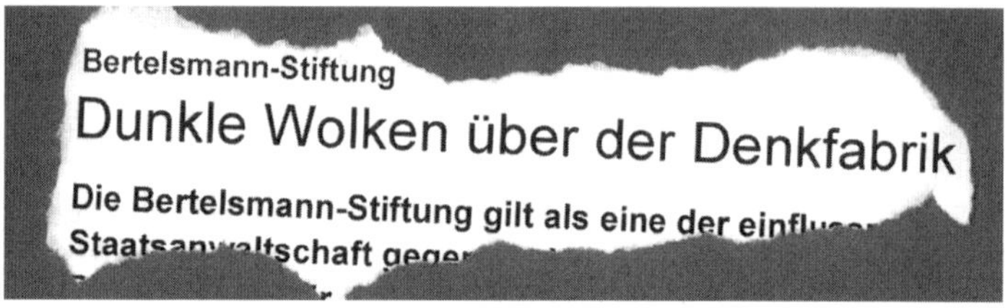
Bertelsmann-Stiftung
Dunkle Wolken über der Denkfabrik
Die Bertelsmann-Stiftung gilt als eine der einfl
Staatsanwaltschaft gege

Quelle: sueddeutsche.de, 22.10.07, www.sueddeutsche.de/wirtschaft/artikel/465/139176/

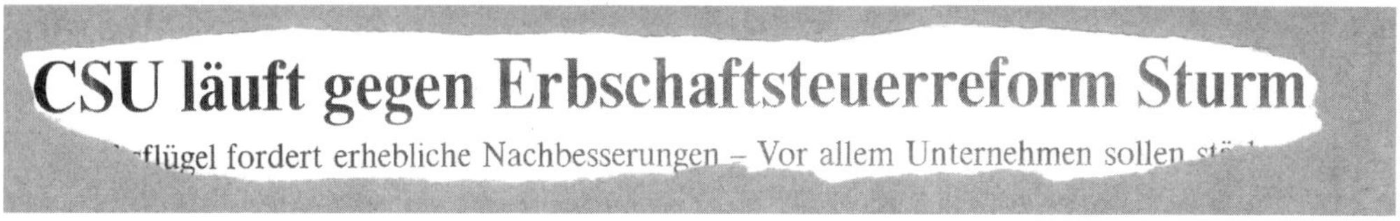
CSU läuft gegen Erbschaftsteuerreform Sturm
flügel fordert erhebliche Nachbesserungen – Vor allem Unternehmen sollen

Quelle: Die Welt, 12.12.07, S. 2.

Wörter und Wendungen

Mit der Wortwelt „Wetter und Natur" erobern Sie Ihre Leser im Sturm.

In stürmischen Zeiten: In vielen Stürmen erprobt sein, die Ruhe vor dem Sturm, ein Sturm im Wasserglas, Sturm läuten, die Zeichen stehen auf Sturm, das Barometer steht auf Sturm, gegen etw. Sturm laufen, im Sturm erobern, der Sturm hat sich gelegt, im Auge des Sturms, stürmischer Empfang, im Zentrum des Sturms, Herzen im Sturm erobern, sturmfreie Bude haben

Wenn es windig wird: In den Wind schlagen, von etw. Wind bekommen, in den Wind schießen, etw. in den Wind schreiben, jetzt weht ein anderer Wind, das Fähnchen nach dem Wind drehen, frischen Wind bringen, wie ein schwankendes Rohr im Wind, den Wind aus den Segeln nehmen, es weht ein

rauer Wind, daher weht der Wind, der Wind hat sich gedreht, kein Lüftchen regt sich, es weht ein eisiger Wind, durch den Wind sein, in den Wind reden, etw. zehn Meilen gegen den Wind riechen, Wind machen (um nichts), im Aufwind

Wichtige Wendungen auf einen Blick:

In stürmischen Zeiten

in vielen Stürmen erprobt	die Ruhe vor dem Sturm	die Zeichen stehen auf Sturm
der Sturm hat sich gelegt	stürmischer Empfang	

Wenn es windig wird ...

den Wind aus den Segeln nehmen	jetzt weht ein anderer Wind	das Fähnchen nach dem Wind drehen
in den Wind schlagen	es weht ein rauer Wind	bei Wind und Wetter
im Aufwind sein	Windeseile	

Für sonnige Texte

übers ganze Gesicht strahlen	ein sonniges Gemüt haben	auf der Sonnenseite stehen

Schattig

jmdn. in den Schatten stellen	auf der Schattenseite	einen Schatten voraus werfen

Eiskalt

Schnee von gestern	eisiger Empfang	kalte Stimmung
eine Lawine ins Rollen bringen	kalte Füße bekommen	einen kühlen Kopf bewahren
hereinschneien	Eiszeitstimmung	eisglatt / eiskalt

Sonstige Wetter-Wörter

(konjunkturelles) Tauwetter	Blitzlichtgewitter	blitzschnell
Frühlingsgefühle	Kaiserwetter	frostiges Klima

sein, schnell wie der Wind, etw. liegt in der Luft, aus der Luft gegriffen, sich in Luft auflösen, die Luft wird dünn, in die Luft fliegen, die Luft ist rein, frische Luft schnappen, für jmdn. Luft sein, es herrscht dicke Luft, in der Luft hängen

Welche Wetterlage passt zu Ihrem Text?

Für sonnige Texte: Die Sonne in sein Herz lassen, das Land der aufgehenden Sonne, über's ganze Gesicht strahlen, sonniges Gemüt, die Sonne bringt es an den Tag, auf der Sonnenseite des Lebens stehen

Schattig: Jmdn. / etw. in den Schatten stellen, Schattenseite (des Lebens), über den eigenen Schatten springen, Schatten vorauswerfen, Kurschatten, jmdm. folgen wie ein Schatten, ein Schatten seiner selbst, in jmds. Schatten stehen

Eiskalt: Schnee von gestern, Frostbeulen bekommen, eisiger Empfang, kalte Stimmung, frostiges Klima, jmdn. kalt lassen, kalte Füße bekommen, eiskalt erwischt werden, jmdn. kaltmachen, eine kalte Dusche, jmdm. die kalte Schulter zeigen, es läuft jmdm. kalt den Rücken herunter, Sprung ins kalte Wasser, einen kühlen Kopf bewahren, mit eisiger Miene, sich freuen wie ein Schneekönig, Blechlawine, eine Lawine ins Rollen bringen

Nebelig: Sich bedeckt halten, nebulöse Umstände, benebelt sein, etwas vernebeln, der Nebel lichtet sich, im Nebel stochern, bei Nacht und Nebel

Blitz und Donner: Einschlagen wie ein Blitz, wie vom Donner gerührt sein, wie vom Blitz getroffen, schnell wie der Blitz, jmdn. abblitzen lassen, ein Donnerwetter erleben, etw. wie der Blitz erledigen, jmdn. zu etw. verdonnern

Bei Wind und Wetter: Jmdn. im Regen stehen lassen, vom Regen in die Traufe, ein Gesicht wie sieben Tage Regenwetter, Wind und Wetter trotzen, bei Wind und Wetter, auf gut Wetter machen, prima Klima, erdrutschartige Verluste, es hagelt Vorwürfe, auf Wolke sieben schweben, eine Flut von ..., in der Morgenröte des Lebens, die Natur der Sache, von Natur aus

Wolkig und himmlisch: Auf Wolken schweben, auf Wolke sieben schweben, aus allen Wolken fallen, über den Wolken schweben, eine dunkle Wolke hängt über jmdm. / etw., den Kopf in den Wolken tragen, das schreit zum Himmel, dich schickt der Himmel, das stinkt zum Himmel, wie im Himmel, etw. fällt nicht einfach vom Himmel, den Himmel auf Erden haben / versprechen, Geschenk des Himmels, im siebten Himmel schweben, aus heiterem Himmel, das Blaue vom Himmel versprechen

Wenn es eisig wird: Eisglatt, eiskalt, hereinschneien, Eiszeitstimmung, Schneeballsystem, etw. auf Eis legen, die Spitze des Eisbergs

Wenn es schnell gehen muss: Blitzschnell, Windeseile, blitzgescheit, Geistesblitz

Weitere Wetter-Wörter: Konjunkturelles / politisches Tauwetter, Blitzlichtgewitter, blitzblank, Frühlingsgefühle, Kaiserwetter

Ideal, um Stimmungen darzustellen.

Sich freuen wie ein Schneekönig

Wer ist eigentlich dieser „Schneekönig"?

Wer seiner Freude über etwas freien Lauf lässt, der freut sich bekanntlich wie ein Schneekönig. Doch wer ist das eigentlich? Sitzt er irgendwo auf einem Eisthron und bestimmt über Schnee und Eis?

Der Schneekönig ist keiner Sage und keinem Märchen entsprungen. Schneekönig wird synonym für den Singvogel Zaunkönig verwendet. Der macht sich – im Gegensatz zu den meisten anderen Singvögeln – nämlich nicht gen Süden auf. Er bleibt auch im Winter in Mitteleuropa und erfreut uns mit seinem fröhlichen Gesang. Und weil sich der Zaunkönig beim Singen so anhört, als würde er sich freuen, ist diese bekannte Redensart entstanden. Der Schneekönig gehört also auf den zweiten Blick eher in die Wortwelt der Tiere – aber eben nur auf den zweiten.

Praxistipp: Diese Wortwelt wirkt oft sehr poetisch. Das ist gut in literarischen Werken und wirkt mal so, mal so im Verkaufstext.

Praxistipp Wetter und Natur

Wenn Sie in Ihren Texten die Wortwelt „Wetter und Natur" verwenden, achten Sie darauf, dass es nicht zu poetisch wird. Dass der „Wind des Unglücks weht", passt vielleicht in ein Gedicht oder einen Roman. In anderen Texten sind zu literarische Ausdrücke fehl am Platz.

Noch ein Tipp: Setzen Sie die Wetter-Wörter maßvoll ein. Wenn es in Ihren Texten bei „Nacht und Nebel" „blitzschnell" eine „Flut" von „Vorwürfen hagelt", haben Sie wohl übertrieben.

Kapitel 14

Zahlen und Mathematik

„Gerichtsbeschluss: Zahltag für Abzocker.“

„Das Einmaleins des neuen Reisekostenrechts.“

„Damit die Rechnung aufgeht: Bäurer kauft Software-Hersteller.“

Zum Einstieg ...

Das Einmaleins des Textens ist pure Mathematik. Doch es reicht nicht nur, eins und eins zusammenzuzählen. Damit Wortwelt und Textaussage auf einen Nenner kommen, ist die richtige Formel nötig. Denn minus mal minus ergibt eben nicht immer plus: Erst wenn sich die Vorteile addieren, kommen Sie zum richtigen Ergebnis. Also rechnen Sie mit allem – damit unterm Strich Ihre Rechnung aufgeht.

Erklärung

Zahlen bitte!

Neutral, distanziert, aber immer korrekt: die Wortwelt „Zahlen und Mathematik".

In unserem alltäglichen Sprachgebrauch tummeln sich zahlreiche Begriffe und Redewendungen aus der Welt der Mathematik. Denn Zahlen gehen Hand in Hand mit Fakten. Wenn wir also die Zahlen sprechen lassen, bedienen wir uns der Wortwelt „Zahlen und Mathematik".

Tonlage

Lassen Sie die Zahlen sprechen ...

Begriffe aus der Welt der Zahlen betonen die sachliche Seite Ihrer Botschaft.

Die Zahlensprache wirkt im wahrsten Sinne des Wortes berechnend. Sie ist nüchtern, rational und zeigt, was kühl kalkuliert wurde. Diese Wortwelt betont die sachlichen Punkte Ihres Angebots. Sie sorgt für Klarheit, wenn Sie Vor- und Nachteile gegeneinander abwägen. Gleichzeitig verschafft die mathematische Wortwelt Ihrem Text mehr Seriosität. Es hat etwas Unbestechliches an sich, wenn Sie „die Zahlen sprechen lassen". Deshalb und gerade im Zusammenhang mit Statistiken und Bilanzen werden diese Redewendungen gerne gebraucht. Richtig eingesetzt sprechen die Zahlen nicht nur für sich selbst, sondern auch für Sie und Ihr Produkt – darauf können Sie zählen.

Beispiele aus Literatur und Presse

Beispiele

„Das Glück ist ein Plus, aber ein Plus in der xten Potenz.“
Karl Grün

„Altpreußischer Durchschnitt, summa summarum, es drehte sich immer um Lirum Larum.“
Theodor Fontane

Ein Bagger zieht den Schlussstrich
Selbst die von Naturschutzverb
angeführte Bedrohung der Fle
Hufeisen

Quelle: Focus, 50/07, S. 106.

Ein Bild in Schieflage. Die Geschichte dahinter: Kostet der Baubeginn der Dresnder Waldschlösschenbrücke das Dresdner Elbtal den Titel „Unesco-Welterbe“?

Köhler rechnet mit Managern ab
Bundespräsident warnt vor Gefährdung des sozialen Friedens wegen überhöhter Gehälter

Weil es hier um Gehälter und „harte“ Zahlen und Fakten geht, kann der Bundespräsident im wahrsten Sinne des Wortes auch „abrechnen“.

Quelle: Welt Kompakt, 29.11.07, S. 1.

Zum Nachlesen und Nachschlagen: Wendungen aus der Welt der Mathematik.

Wörter und Wendungen

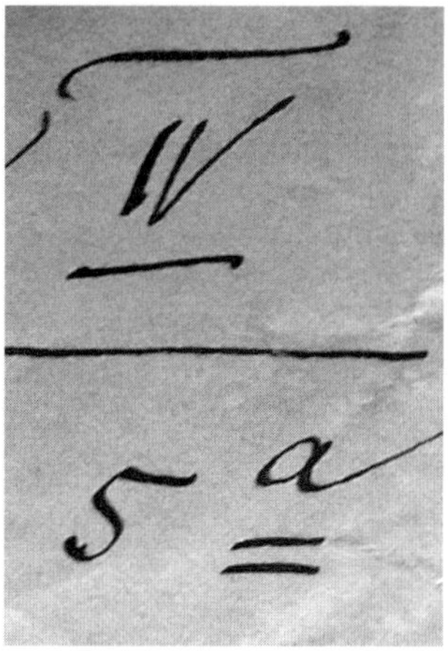

Rede-Formeln: Summa summarum, Pi mal Daumen, die Wurzel allen Übels, die unbekannte Variable, plus / minus null, Lehrgeld zahlen, nur die Liebe zählt, gemeinsamer Nenner, eins a, wie eine Eins dastehen

Mathematik und Rechnereien: Jmdm. eine Rechnung aufmachen, die Rechnung geht auf, mit jmdm. / etw. (nicht) rechnen, mit jmdm. abrechnen, das rechnet sich nicht, berechenbarer Mensch, eine alte Rechnung begleichen, mit spitzer Feder rechnen, einen Strich durch die Rechnung machen, die Rechnung ohne etw. / jmdn. gemacht haben, berechnend sein, eins und eins zusammenzählen, unterm Strich bleibt, etw. summiert sich, auf jmdn. / etw. zählen, dafür muss er zahlen, etw. ver-

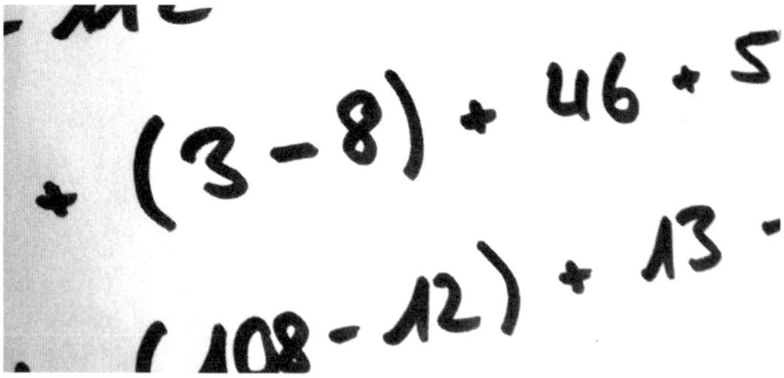

vielfacht sich, die richtige Formel, das Einmaleins des Textens, minus mal minus ergibt plus, etw. an zehn Fingern abzählen, höhere Mathematik sein, nicht bis drei zählen können, schwarze Zahlen schreiben, in den roten Zahlen liegen, die Nummer eins sein, sich verkalkulieren, fragen kostet nichts, etw. kostet nicht die Welt, sich eine Sache etw. kosten lassen, koste es, was es wolle

Niente: Bei null anfangen, eine Null sein, die Stunde null, Null-Bock-Generation, in null Komma nichts,

Wichtige Wendungen auf einen Blick:

Das kleine Einmaleins

Pi mal Daumen	etw. aufrunden	in den roten Zahlen liegen
Lehrgeld zahlen	etw. an zehn Fingern abzählen können	eins a
wie eine Eins dastehen	eins und eins zusammenzählen	schwarze Zahlen schreiben
etw. rechnet sich nicht	auf jmdn. zählen	die Nummer 1 sein
das Einmaleins des Textens	höhere Mathematik	

Zahltag

bei null anfangen	eine Null sein	die Stunde null
08/15	in null Komma nichts	

Höhere Mathematik

minus mal minus ergibt plus	dafür muss jmd. zahlen	etw. summiert sich
mit jmdm. abrechnen	berechnend sein	plus / minus null
etw. vervielfacht sich	mit spitzer Feder rechnen	die unbekannte Variable
sich verkalkulieren	die richtige Formel	die Rechnung geht auf
ein gemeinsamer Nenner		

Zahlen bitte

eine alte Rechnung begleichen	einen Strich durch die Rechnung machen	einen Schlussstrich ziehen

08/15 (nullachtfünfzehn), null und nichtig, gleich null sein, zum Nulltarif, den Nullpunkt erreichen

Zahltag: Zahllos, zahlreich, aufgerundet, teilen

Hat hier jemand einen Strich durch die Rechnung gemacht?

„Einen Strich durch die Rechnung machen“: Woher kommt diese Redewendung?

So ein Ärger! Alles geplant, aufgelistet und durchdacht und dann macht mir jemand einen Strich durch die Rechnung. Alles dahin.

Eines ist beruhigend: Mit diesem Problem haben sich vor uns schon andere herumgeschlagen. Die Schüler in früheren Zeiten nämlich. Wenn sie sich verrechneten, zogen die Lehrer kurzerhand einen Strich durch die Rechnung. Und die Schüler durften von vorne anfangen. Damals war es auch durchaus üblich, eine beglichene Rechnung auf diese Art und Weise zu markieren. Wenn ein Strich durch eine Rechnung gemacht wird, bedeutet das also, die Zahlung ist bereits getätigt, bleibt aus oder die Rechnung muss neu erstellt werden.

Praxistipp: Wörter und Wendungen dieser Wortwelt wirken seriös.

Praxistipp Mathematik

Wer die Zahlen sprechen lässt, braucht nicht lange herumzureden. Wörter und Wendungen dieser Wortwelt geben das Gefühl, dass die Rechnung stimmt. Oder auch nur so getan wird, als sei klar und sachlich abgerechnet: Wenn wir „nicht wissen“ in „unbekannte Variablen“ umtaufen, klingt das doch gleich viel eleganter.

Kapitel 15

Zu Tisch – Kochen und Essen

„Geschmackvolle Einrichtung im neuen Steakhaus."

„Teamchef kocht vor Wut über abgebrühte Gegenspieler."

Zum Einstieg ...

Ein kleiner sprachlicher Appetithappen kann Ihrem Text die richtige Würze verleihen – gerade wenn er aus dem kulinarischen Bereich kommt. Wie Sie hier die richtigen Zutaten mischen, ohne sich und dem Leser die Suppe zu versalzen, zeigt die Wortwelt „Zu Tisch".

Erklärung

Das schmeckt Ihrem Leser

Texten ist wie Kochen: Hier ist Ihr Erfolgsrezept!

Zwischen Texten und Kochen gibt es viele Parallelen. Manche Texte sind für die Leser schon nach einer Kostprobe gegessen. Aber hinter anderen Texten scheint ein klares Erfolgsrezept zu stecken. Zum Beispiel in vielen Kommentaren: Da sind Fakten gewürzt mit Anekdoten, garniert mit kleinen Seitenhieben, so dass ein schöner bissiger Text entsteht. Auch wenn letztendlich jeder Texter nur mit Wasser kocht: Mit dieser Wortwelt können Texte entstehen, an denen sich Ihre Leser nie sattlesen werden.

Tonlage

Beweisen Sie guten Geschmack

In dieser Wortwelt geht es vor allem um guten Geschmack. Essen und Trinken: Beides kann ein Hochgenuss sein. Und genau dieses Gefühl soll möglichst auf den Text übertragen werden. Das heißt jedoch nicht, dass Sie Themen und Floskeln, die längst durchgekaut sind, verwenden sollten. Regen Sie Ihren Leser an und machen Sie Ihr Angebot schmackhaft. Schließlich heißt es doch: Das Auge isst mit.

Achten Sie bei der Wortwahl auf den Geschmack Ihrer Zielgruppe.

Allerdings schmeckt die Haute Cuisine nicht jedem. Wie etwas wirkt, hängt dabei stark vom Leser selbst ab. Manche mögen lieber Hausmannskost – andere wiederum präferieren das 5-Gänge-Menü. Das gilt textlich wie auch kulinarisch. Je nach Zielgruppe sollten Sie also auf Hors d'œuvre und Dessert verzichten und lieber Vorspeise und Nachtisch servieren.

Beispiele aus Literatur und Presse

Beispiele

„Ein vergnügtes Herz war die Würze jeder ländlichen Mahlzeit, und verschönerte ihre ruhigen Abendspaziergänge."
Friedrich Nicolai, Sebaldus Nothanker

„Konstruktivismus, Rationalismus und die Theorie internationaler Beziehungen – Warum empirisch nichts so heiß gegessen wird, wie es theoretisch gekocht wurde."

„Es dampft und köchelt mal wieder kräftig in der Gerüchteküche rund um das Online-Rollenspiel Addon."

„Die meisten japanischen Autohersteller lassen nichts anbrennen und bringen regelmäßig ca. alle 4-5 Jahre neue Modelle auf den Markt."

Fader Geschmack
Sozialschmarotzer als Sündenböcke der Nation?

Quelle: Die Zeit, 43/05, www.zeit.de/2005/43/Kolumne

Wenn uns etwas nicht passt, drücken wir unseren Unmut häufig mit dieser Wortwelt aus.

MORDSAPPETIT AUF NACHWUCHS :: Weil die Nachfrage nach Beratungsprojekten sprung

Quelle: FAZ Hochschulanzeiger, Nr. 88, Januar 07, S. 28.

Schön gedacht, falsch geschrieben. Wir wollen uns gar nicht vorstellen, was hier bei wortwörtlicher Deutung geschehen würde ...

Öffentlicher Dienst
Wulff für ordentlichen Schluck aus der Lohn-Pulle
Niedersachsens Min... Wulff ...h für ein spürbare... -Plus f...

Quelle: sueddeutsche.de, 10.01.08, www.sueddeutsche.de/deutschland/artikel/104/151722/

Wörter und Wendungen

Appetit auf mehr Wörter und Wendungen?

In der Küche: Viele Köche verderben den Brei, in den Topf gucken, nichts anbrennen lassen, vor Wut kochen, gut durch, etw. brodelt, die Mischung macht's, ein Patentrezept haben, garniert mit, flambiert serviert, abserviert werden, jmdn. abservieren, in Teufels Küche kommen, sein eigenes Süppchen kochen, etw. auf kleiner Flamme kochen, auch nur mit Wasser kochen, jmdn. zum Kochen bringen, den Mund wässrig machen, das Gelbe vom Ei, löchrig wie Schweizer Käse, etw. schmeckt jmdm. (nicht), mit Biss, den richtigen Biss haben, den Gaumen kitzeln, in Champagnerlaune sein, mit jmdm. ist gut Kirschen essen, das juckt mich nicht die Bohne, es geht um die Wurst

Schwer verdaulich: Um den heißen Brei reden, etw. durchkauen, etw. liegt schwer im Magen, jmdm. die Butter vom Brot nehmen, wie die Katze um den heißen Brei schleichen, so ein Käse, der Käse ist gegessen, den Brotkorb höher hängen, etw. für ein Butterbrot verkaufen, ein Haar in der Suppe finden, sein Fett wegkriegen, schwere Kost, jmdm. in die Suppe spucken, ins Fettnäpfchen treten

Prost! Zu tief ins Glas sehen, Korken knallen lassen, Sekt oder Selters, Wehrmutstropfen, jmdm. reinen Wein einschenken

Scharf wie Chili: Etw. gibt die Würze, da ist Pfeffer

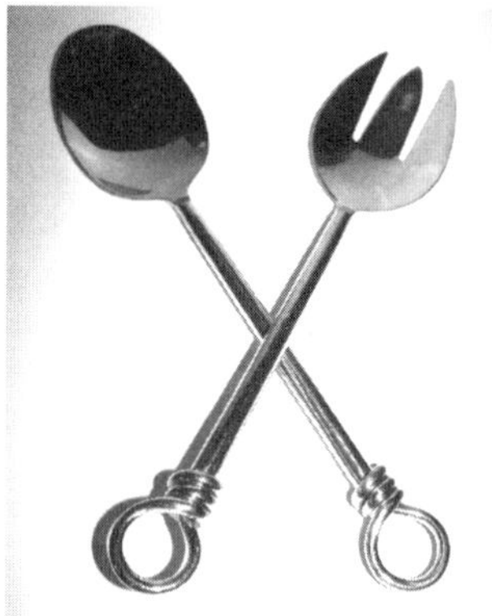

drin, die Suppe versalzen, scharf wie Chili, in der Kürze liegt die Würze, gepfefferte / gesalzene Preise, Würze dazugeben / verleihen, jmdn. dahin wünschen, wo der Pfeffer wächst, jmdm. eine pfeffern, jmdm. Salz in die Wunde streuen, scharf nachdenken

„Zu Tisch!“: Tischlein, deck dich, Karten auf den Tisch legen, am grünen Tisch, mit der Faust auf den Tisch schlagen, jmdn. unter den Tisch trinken, etw. fällt unter den Tisch, jmdn. über den Tisch ziehen, jmdm. etw. auftischen wollen, etw. ist noch nicht vom Tisch,

Wichtige Wendungen auf einen Blick:

In der Texter-Küche

nichts anbrennen lassen	etw. brodelt	in der Gerüchteküche
die Mischung macht´s	ein Patentrezept haben	etw. ist garniert mit ...
abservieren	in Teufels Küche kommen	sein eigenes Süppchen kochen
etw. auf kleiner Flamme kochen	auch nur mit Wasser kochen	jmdn. zum Kochen bringen

Guten Hunger

etw. durchkauen	etw. liegt schwer im Magen	jmdm. die Butter vom Brot nehmen
ein Haar in der Suppe finden	etw. ist schwere Kost	ins Fettnäpfchen treten
schwer verdaulich	den Mund wässrig machen	das Gelbe vom Ei
mit Biss	den richtigen Biss haben	in Champagnerlaune sein

Prost

reinen Wein einschenken	die Korken knallen lassen	

Geschmackssache

die Suppe versalzen	gepfefferte / gesalzene Preise	Würze dazugeben
Karten auf den Tisch legen	jmdm. etw. auftischen	auf dem Präsentierteller
über den Tellerrand schauen	auf den Geschmack kommen	etw. hat einen schlechten Beigeschmack
etw. schmackhaft machen	Geschmack beweisen	Kostprobe
Nachschlag	Feinschmecker	Hausmannskost
messerscharf	scharf wie Chili	

sich mit jmdm. an einen Tisch setzen, runder Tisch, das Tischtuch zerschneiden

Küchen-Utensilien: Wie Topf und Deckel zusammenpassen, alles in einen Topf werfen, die Weisheit mit Löffeln fressen, den Löffel abgeben, auf dem Präsentierteller, jmdn. ans Messer liefern, jmdm. das Messer auf die Brust setzen, ins offene Messer laufen, jmdm. geht das Messer in der Tasche auf, unter das Messer kommen, jmdn. aufgabeln, das Tafelsilber verkaufen, über den Tellerrand schauen, auf Messers Schneide, der Weg gabelt sich

Geschmackssache: Auf den Geschmack kommen, etw. hat einen schlechten Beigeschmack, Nachgeschmack, jmdm. etw. schmackhaft machen, Geschmack beweisen

Kleiner Nachschlag: Auftafeln, Nachschlag, Kostprobe, bierernst, Meisterkoch, Gerüchteküche, Käseblatt, Geschmackssache, Feinschmecker, messerscharf, Erbsenzählerei, rumeiern, Patentrezept, etw. satt haben

Geschmackssache: Darf's ein bisschen Senf sein?

Wieso man nicht nur zum Essen seinen Senf dazugibt ...

Einige Mitmenschen sagen ja gern mal ungefragt ihre Meinung zu einem Thema. Oder mischen sich mal eben in ein Gespräch ein. Das ist dann nicht gerade angenehm. Sie geben einfach ihren Senf dazu – egal, ob man das überhaupt möchte.

Doch warum heißt es gerade „Senf" und nicht „Ketchup" oder „Mayonnaise"? Nun, die Redensart stammt aus dem 17. Jahrhundert. Damals war Senf ein teures Gewürz. Unter Gastwirten galt er als beliebtes Mittel, einfache Speisen kulinarisch aufzuwerten. So gaben sie an jedes Essen einfach Senf dazu – selbst wenn dieser geschmacklich gar nicht dazu passte oder vom Gast gewünscht war. Dies war natürlich so unangenehm wie manch ungebetener Rat.

Kapitel 16

Zum Schluss: Denkanstöße & Spielwiese

Ihr Schlusskapitel liefert noch einmal Hintergrundwissen: In Teil 1 lesen Sie, wie das Kopfkino Ihrer Leser „angeregt“ wird, wie Erkenntnisse der Gehirnforschung für bessere Texte sorgen oder wie Sie Ihre Sprache direkt an der Wahrnehmung des Gegenübers ausrichten. Teil 2 zeigt dann ganz praktisch Wortwelten „in der Anwendung“.

Teil I: Denkanstöße

Ein Ausflug ins Theater und in das menschliche Gehirn

Neue Sinnzusammenhänge entstehen, eine Wendung oder ein Wort wird aus einem bestehenden Zusammenhang genommen und erscheint in neuem Bezug ...

Warum Wortwelten? Teil 1 des Schlusskapitels liefert Denkanstöße.

Je nach verwendeter Wortwelt betonen Sie unterschiedliche Facetten des Inhalts.

Natürlich sind Wortwelten gerade deshalb eine große Spielwiese und eine Stimulation des Kopfkinos. Wie wirken Aussagen, wenn Sie unterschiedliche Wortwelten nutzen? Welche zusätzlichen Gedanken, Assoziationen und Eindrücke transportieren wir allein durch die bewusste Auswahl einer Wortwelt? Mit unterschiedlichen Welten kommen kleine, aber feine Nuancen in die Sprache, die verschiedene Facetten eines Geschehens beleuchten. Und sie verraten – beabsichtigt oder nicht – auch eine Menge über den Schreiber.

Das letzte Kapitel will Sie nun ein wenig in diese Spielwiese entführen und noch mehr Appetit machen. Es präsentiert nicht nur viele Beispiele, sondern liefert Ihnen weitere Hinweise, wie Sie dieses Lexikon im Alltag einsetzen können. Los geht's!

Wortwelten als Spiegel und Kulisse

Sprache ist ein Spiegel der Realität: Nutzen Sie Wortwelten mit aktuellem Bezug.

Natürlich ist Sprache immer auch ein Spiegel der Wirklichkeit. Was uns gerade bewegt, findet sich in unseren Wörtern, ganz besonders in Wortbildern wieder. Denken Sie doch noch einmal an die Fußballweltmeisterschaft 2006. Die Nation war ein Team, beseelt von Sportsgeist und Sportmetaphern. Niemand wurde „ins Abseits gestellt", wer konnte, blieb vor dem Fernsehgerät, aber auch im Job „am Ball" und lieferte durch gute Vorabinformationen „eine Steilvorlage" für die Rede des Chefs zum Endspiel. So tauchen in Jahren sportlicher Großereignisse wie der Olympiade, der Fußball-WM oder -EM viele Sportbilder in der Sprache auf. Denn Menschen lassen sich in solchen Zeiten von Sportbildern einfacher abholen, weil die verwendeten Wörter und Wendungen in der realen Welt sehr gegenwärtig sind.

Natürlich lässt sich dieses Phänomen auch in der Umkehrung als ganz bewusstes Setzen von Stimmungen nutzen. Hier baut man als Schreibender die Kulisse für die nachfolgenden Aussagen auf. Das Stichwort: „Storytelling". Denn solche Kulissen sind wichtige Grundlage für das Erzählen von Geschichten. Ein Beispiel:

Eine andere Möglichkeit: Sie bestimmen selbst die Kulissen Ihres Textes. So lassen sich ganz bewusst Stimmungen und Assoziationen setzen.

Die Situation war für unser kleines Unternehmen mal positiv und mal negativ. Wie die Zukunft wird, können wir nicht prognostizieren. Wir freuen uns, dass Sie bei uns sind!

Für diesen Beispielsatz wählen wir nun die Kulisse „Seefahrt" ...

... Unser kleines Unternehmen ist wie ein Boot, das schon viele Stürme überstanden hat. Noch viele Abenteuer warten auf uns. Und wir sind froh, dass Sie in der Mannschaft sind!

Wie könnte man noch sagen? Übersetzen Sie doch diesen Textabschnitt in die Welt des Verkehrs. Die Wendungen finden Sie ab Seite 107.

... oder die Kulisse „Sport":

Bis jetzt haben wir uns immer gut geschlagen. Aber noch viele Wettkämpfe warten auf uns. Schön, dass Sie zum Team gehören!

Plötzlich klingt unser Beispielsatz spannend und ganz anders. So ist der Chef gut bedient, der es schafft, den Teamgeist seiner Mannschaft zu beschwören. Und das geht nun einmal wesentlich leichter, wenn Sie Zuhörer in ein spannendes Bild mitnehmen. Leichter als durch trockene, womöglich noch sehr abstrakte Apelle an die nötige Leistungsbereitschaft. Wie viel stärker sind doch die oben skizzierten „Einer gegen alle"-, „David gegen Goliath"- oder „Wettkampf"-Szenarien, die Ihre Zuhörer oder Leser in eine große Gruppe stellen und ein Wir-Gefühl erzeugen.

Entführen Sie Ihre Leser in spannende Bildwelten.

Doch es gibt einen weiteren Aspekt von Wortwelten, der an dieser Stelle kurz erwähnt sein soll. Noch immer geistern Wörter und Wendungen durch unsere Sprache, die

Ganz wichtig: Überprüfen Sie kritisch, welche Assoziationen Ihre Sprachbilder erzeugen.

gewalttätig sind (ein „Argument erschlagen", „Totschlagargument" usw.) oder die rassistisches Gedankengut transportieren. Hier muss man für die eigene Sprache eine Grenze ziehen. Deshalb gilt – wie schon erwähnt – auch beim Einsatz der militärischen Wortwelt ein großes „Vorsicht!". Halten Sie das Kopfkino frei von geschmacklosen und abstoßenden Szenen!

An Bekanntes andocken: Wie Sie mit Bildern argumentieren …

Argumentieren mit Wortwelten ist eine elegante Lösung, um bildhaft und spannend zu überzeugen.

Selbstverständlich können wir in Bildern argumentieren. Jeder Verkäufer weiß das. Während eine logisch-analytische Argumentation mit vielen abstrakten Begriffen anstrengt und große Aufmerksamkeit erfordert, zeigt bildhafte Sprache sofort, worum es geht. Das Kopfkino des Lesers oder Zuhörers wird aktiv. Vorausgesetzt, Sie treffen ein Bild, das Ihr Leser erkennt und das ihn anspricht. Nehmen wir zum Beispiel das Sprachbild „in steuerliche Untiefen geraten". Wenn wir etwas sprachlich so darstellen, hat das Lesergehirn schon einen Analogieschluss gezogen: „Steuern sind vergleichbar mit der Unberechenbarkeit von Untiefen", …

„Das ist vergleichbar mit ..." – die Übersetzungsformel für Ihren Text.

Gut so. Denn mit einem „Das ist vergleichbar mit …" lässt sich gut argumentieren. Denn Ihren Kunden und Zusehern präsentieren Sie auf der Leinwand des Kopfkinos nun die Lösung. Zunächst aber noch nicht in den abstrakten Details, sondern Sie argumentieren nun in Wortwelten weiter, um den Film auf die positive Seite zu bringen. D.h. auch für Ihre Lösung übersetzen wir mit „Das ist vergleichbar mit …" in griffige Bilder für die Leinwand des Kopfkinos: Da will man durch die Aktivitäten der nächsten Zeit „ein festes Fundament aufbauen", wieder „Land gewinnen" oder „in sicheres Fahrwasser" kommen, damit man „klaren Kurs halten" kann, um auf ein besseres Ergebnis „zuzusteuern".

Übung: Wie bringen Sie Ihr Angebot ins Bild?

Übrigens: Dieses Argumentieren in Bildern kennen Sie

schon. Zum Beispiel aus der Religion, der Literatur, immer auch angewendet in Coaching, Training oder Therapie. Gleichnisse oder Parabeln nennt man diese metaphorische Darstellung von Geschehnissen oder Sachverhalten in Form von Geschichten. Hier werden per Übertragung Rollen angeboten oder Ereignisse und Verhalten in neuen Kontexten dargestellt, die leichter fassbar sind.

Schwierige Zusammenhänge werden anschaulich, greifbar und verständlich.

Und die logische Argumentation, die zahlreichen Details? Ja, interessengeleitet in der Werbung. Wenn wir begeistert nach Details verlangen. Ja, in der Wissenschaft. Dort sind sie ein Muss. Ja, wenn man die stärkeren Bilder mit Inhalt füllt. Und dann die Analogie sachlich begründet. Wer hier zu schnell „Manipulation" denkt, vergisst: Auch das gehört zur Professionalität des Redners oder des Schreibers in Werbung, PR und Journalismus: Den Leser an unbekannte Themen heranzuführen, interessengeleitete Wahrnehmung aufzubauen. Und das tut man durch „Bildbrücken" in die Komplexität. Gerade weil wir ein Interesse daran haben sollten, dass unsere Leser oder Zuhörer die komplexen Sachverhalte eines Themas oder Unternehmens verstehen. Um es mit einem geflügelten Wort Wolf Schneiders zu sagen: „Der Schreiber muss sich plagen und nicht der Leser!"

Bauen Sie durch starke Bilder Interesse am Thema auf!

Wie Wörter im Gehirn wirken: Wählen Sie die „Tigersprache" …

Wenn es um die Sprache ging, unterschied man in der Gehirnforschung bis vor einigen Jahren zwei Areale in der linken Hälfte des Großhirns: Das Wernicke- und das Brocca-Areal. Im Wernicke-Areal findet das Verstehen von Sprache statt, das Brocca-Areal ist für die Sprachproduktion zuständig. Und in beiden Arealen sollte auch der Speicherplatz für Wörter sein. Meinte man. Denn diese Sicht ist heute überholt. Zunächst gilt: Während links Wörter und Grammatik verarbeitet werden, hat auch die rechte Seite des Großhirns mit Sprache zu tun. Sie ist für Sprachmelodie, Ton und Klang zuständig. Allerdings sorgten neuere Untersuchungen für eine Überraschung:

Ein Ausflug in die Gehirnforschung. Wie funktioniert „in Bildern denken"?

Wo Wörter im Gehirn verarbeitet werden, entscheidet mit über ihre Wirkung.

„Wörter werden an unterschiedlichsten Stellen im Gehirn verarbeitet und gespeichert. Und diese feinen Unterschiede in der Wortverarbeitung und Sprachverarbeitung sind es, die darüber entscheiden, ob eine Werbebotschaft oder ein Produktangebot wirkt oder nicht", so Hans-Georg Häusel in seinem Buch „Brain Script".

Was das bedeutet? Die unterschiedliche Speicherung von Wörtern hat etwas mit den Funktionen der Sprache zu tun:

Sprache ordnet, emotionalisiert und bewegt.

Sprache macht kenntlich und schafft Klarheit. Mal mehr bei bildhafter Sprache, mal weniger, wenn Sie abstrakte Wörter verwenden, die kein Bild abrufen.

Sprache emotionalisiert. Da Emotionen im Gehirn Vorfahrt haben, sind bildhafte und emotionale Wörter und Wendungen besonders stark. Denn in der Folge muss ja unter Umständen schnelles Handeln ausgelöst werden.

Sprache bewegt. Aktiviert ein Wort nicht nur das Bildsondern auch das Bewegungsgehirn, das heißt die Stellen unseres Gehirns, die Bewegung steuern, wirkt es ebenfalls besonders stark.

Ein Beispiel ist die Überschrift dieses Kapitels. Hier ist sie in zwei Versionen:

Wie Wörter im Gehirn wirken:
Wählen Sie aktivierende Sprache!

Wie Wörter im Gehirn wirken:
Wählen Sie die Tigersprache!

Wecken Sie den Tiger in Ihrer Sprache.

Welcher Ausdruck bekommt wohl mehr Aufmerksamkeit: „Aktivierende Sprache" oder „Tigersprache"?

Ganz genau: „Tigersprache". Der Grund: Dieses simple Wort aktiviert andere Gehirnregionen als der abstrakte Ausdruck. Während unser Gehirn bei „aktivierende Sprache" sinnbildlich noch ruhig im Sessel bleiben kann, aktiviert der Tiger andere Gehirnbereiche: Jetzt ist Aufmerksamkeit angesagt, mögliche Gefahr droht. Angriff oder Flucht könnten nötig werden.

Zusammenfassung

Wie Wörter und Wendungen wirken: Eine Rangfolge

1. Stärkste Wirkung:

Bildhafte Wörter und Wendungen, die starke Emotionen auslösen (Starke Lust / Unlust in jeder Ausprägung).

2. Starke Wirkung:

Bildhafte Wörter und Wendungen, die weniger emotional sind, die jedoch Bewegung oder Handlung im weitesten Sinne auslösen.

3. Wirkung:

Bildhafte Wörter und Wendungen.

4. Weniger starke Wirkung:

Abstrakte Begriffe – und nicht bildhafte Wörter und Wendungen.

Rangfolge nach: Hans-Georg Häusel, Brain Script, Haufe 2005.

Übung: Welche Wendung ist stärker?

Und nun überlegen Sie einmal, welche Wendung hat mehr Brisanz: wenn einer „den Stier bei den Hörnern packt“, das „Problem direkt angeht“ oder in „medias res geht“?

Zwei Quellenangaben zu diesem Kapitel:
Zum Thema „Gehirn“ möchte ich Sie auf zwei Bücher aufmerksam machen, die nicht nur höchst interessant sind, sondern die ausführlich darstellen, was hier für den Bereich der Sprache verkürzt wiedergegeben wird.

Hans-Georg Häusel: Brain Script. Planegg / München: Rudolf Haufe Verlag Verlag, 2005.

Christian Scheier und Dirk Held: Wie Werbung wirkt. Planegg / München: Rudolf Haufe Verlag, 2006.

Wer liest da? Wie Sie Wortwelten auf die Wahrnehmung des Lesers ausrichten

Texte nach Maß für Ihre Zielgruppe: Näher dran heißt mehr Aufmerksamkeit.

Eigentlich ein „alter Hut“. Aber immer wieder ein Thema in meinen Seminaren: Kann man mit Texten noch näher an den Menschen herangehen? Ja, man kann. Man kann seinen Text durch Wörter und Wendungen sogar ganz klar auf das Wahrnehmungssystem seines Gegenübers ausrichten. Bekannt ist das schon lange. Und eingesetzt wird es auch seit vielen Jahren: vor allem im Telefonmarketing, aber auch in der schriftlichen Kommunikation.

Mit Ihren Worten steuern Sie, welches Wahrnehmungssystem bevorzugt angesprochen wird: sehen, hören oder fühlen.

Warum sind Beschreibungen ein und derselben Sache durch verschiedene Menschen oft so unterschiedlich? Warum werden Dinge überhaupt „falsch“ verstanden? Ein Grund: Unterschiedliche Menschen bevorzugen unterschiedliche Wahrnehmungssysteme.
Während der eine Zustimmung mit „das sieht gut aus“ signalisiert, sagt ein zweiter, „das klingt gut“, ein dritter formuliert, „da hab ich ein gutes Gefühl“. Nummer 1: der Augenmensch oder „visuelle Typ“, Nr. 2: der Ohrenmensch oder „Audiotyp“, Nr. 3: der kinästhetische Mensch oder „Fühltyp“.

Die Idee, diesem Aspekt besondere Aufmerksamkeit zu schenken, kommt aus den siebziger Jahren und der so genannten Neurolinguistischen Programmierung (NLP). Heute ist klar: In den seltensten Fällen ist nur ein einziges Merkmal ausgeprägt, denn alle Menschen sind eine Kombination von Video-, Audio- und Gefühlstyp (+ Geschmacks- und Geruchstyp, die wir hier vernachlässigen können). Nun ist es zwar so, dass etwa drei Viertel aller Menschen das visuelle System als bevorzugtes Wahrnehmungssystem nutzen, trotzdem bevorzugt fast ein Viertel Gehör und Gefühl. Und dieses Viertel ist kaum mit visuellen Wörtern und Wendungen zu erreichen. Dazu kommt: Wir reagieren in unterschiedlichen Situationen unterschiedlich.

Nun kommen im normalen Gespräch alle Aspekte unserer Persönlichkeit zur Wirkung. Visuelle Eindrücke, Gehörtes und Gefühltes tauchen in Form bestimmter Worte und Redewendungen in unserer Sprache auf. In manchen Situationen oder mit manchen Gesprächspartnern dominieren allerdings einzelne Eindrücke. Gelingt es, sich im Gespräch darauf einzustellen, wird die Kommunikation wesentlich erleichtert. Wenn wir ein Gemälde beschreiben, nutzen wir visuellen Wortschatz. Erzählen wir über das Konzert von gestern Abend, loben wir, wie der so genannte Audiotyp, in den höchsten Tönen. Und wenn wir telefonisch reklamieren oder in Wut geraten, reagieren wir sehr kinästhetisch und lassen unseren Gefühlen freien Lauf. Natürlich gibt es auch Wörter, die „neutral" sind. Dazu gehören denken, entscheiden, motivieren, usw. Trotzdem gilt: Man erkennt das bevorzugte Wahrnehmungssystem in der Wortwahl des Gegenübers.

Etwa drei Viertel der Menschen sind zunächst visuell orientiert.

Im Text hat man nun kein direktes Gegenüber. Oft bietet aber das Wissen über die Zielgruppe erste Anhaltspunkte. Welchem Wahrnehmungstyp würden Sie beispielsweise Sänger, Fotografen, Architekten zuordnen? Doch nicht immer ist die Zuordnung so klar. Dann sollten Sie überprüfen, welche Aspekte Ihre Zielgruppe wohl am meisten ansprechen. Am besten setzen Sie textliche Reize für die wichtigen drei Wahrnehmungssysteme: Schreiben Sie in jedem Fall bildhaft, nutzen Sie aber auch Schlüsselwörter und Wendungen, um audioorientierte und kinästhetische Leser besonders zu aktivieren.

Zu welchem Typ gehört Ihre Zielgruppe?

Im Lexikon der Wortwelten werden Sie bevorzugt an den folgenden Stellen fündig:

Visuell orientiert

- Wortwelt „Wetter und Natur": Wendungen zu den Begriffen Sonne, Licht
- Wortwelt „Der menschliche Körper": Wörter und Wendungen rund um das Auge
- Wortwelt „Farben und Malen"

Hier finden Sie Wendungen für den visuellen Typ.

Beispiele: Etwas fokussieren / eine Szene machen / in den Brennpunkt oder Fokus rücken / etwas ins Licht rücken / usw.

Hier finden Sie Sprachbilder für den Audio-Typ.

Audio-orientiert
- Wortwelt „Musik“
- Andere Wortwelten, immer wenn es um Klang, Ton oder Geräusche geht

Beispiele: Die erste Geige spielen / ganz Ohr sein / mit halbem Ohr zuhören / alles ausposaunen / röhrender Auspuff / der Wind heult ums Haus / usw.

Hier finden Sie Wendungen für den Gefühls-Typ.

Kinästhetisch orientiert
- Wortwelt „Der menschliche Körper“: bevorzugt Wörter und Wendungen rund um Arm und Hand
- Wortwelt „Nadel, Faden und Werkstatt“: immer wenn´s um das Anpacken geht
- Wortwelt „Sport“: immer wenn's um den Körper geht

Beispiele: den Stier bei den Hörnern packen / ein Klotz am Bein sein / unter die Arme greifen / usw.

Zusammenfassung

Ihr Wortwelten-Lexikon bietet Ihnen also zahlreiche Alternativen, damit Sie Ihre Leser noch eindringlicher und mit noch mehr Aufmerksamkeit erreichen. Und das ist besonders wichtig für alle,
- die mit ihrer Sprache Produkte, Dienstleistungen oder Marken in Szene setzen müssen,
- die mit Texten verkaufen,
- die auf wenig Raum mit wenigen, aber treffenden Worten hohe Aktivierung erreichen müssen.

Teil II: Die Spielwiese

Über die vielen Möglichkeiten, etwas anders zu sagen ...

Probieren wir's und betreten die Spielwiese. Jetzt jonglieren wir einfach mit Wörtern und Wendungen und sagen Dinge anders. Wie klingt eine Kontaktanzeige in unterschiedlichen Wortwelten? Oder wie sagen Sie „schneller“ ohne dieses Wort in den Mund zu nehmen? Spielen Sie mit!

Wie setzt man Wortwelten ein? Teil 2 des Schlusskapitels liefert ganz konkrete Beispiele.

Acht Möglichkeiten, ein Projekt zu beenden ...

Ein Schlüsselwort für unser Beispiel: das Wort „Projekt“. Nun geht es darum, in markiger Sprache ein Projekt zu beenden. „Erfolgreich“ oder „durch Abbruch“. Hier sind Ihre Bild-Alternativen:

- das Projekt in Tüten bringen
- das Projekt ins Ziel bringen
- einen Schlussstrich ziehen
- den Schlusspunkt setzen
- den Stecker ziehen
- das Handtuch werfen
- die Notbremse ziehen
- den letzten Akt einläuten

Sieben Möglichkeiten, auf den Punkt zu kommen

Wie sagt man das? Ohne lang herumzureden, will man gleich zu den wichtigen Argumenten kommen. Hier sind Ihre Möglichkeiten:

- auf den Punkt kommen
- in medias res gehen
- den Stier bei den Hörnern packen
- zum Kern vorstoßen
- nicht um den heißen Brei herumreden
- das zentrale Thema in den Blick nehmen
- des Pudels Kern ansprechen

Sechs teamorientierte Wendungen

Den Teamgeist beschwören. Mit welchen Wörtern oder Wendungen gelingt es? Sicher mit einem Blick in die Wortwelten Sport, Musik oder Seefahrt.

- im Team spielen
- in der Mannschaft sein
- an einem Strang ziehen
- das gleiche Lied singen
- harmonisch zusammenspielen
- im Gleichklang sein

Fünf Möglichkeiten, um „schneller“ zu sagen

- Vollgas geben
- den Turbo einschalten
- Volldampf voraus
- auf die Tube drücken
- einen Zahn zulegen

Vier prickelnde Möglichkeiten, auf Partnersuche zu gehen

Wie findet man die richtigen Worte? Mit Ihrem Wortwelten-Lexikon ist das einfach: Wortwelt heraussuchen und los geht’s. Was Sie brauchen, steht in Ihrem Lexikon. Und das sorgt dafür, dass eine einfache Kontaktanzeige „noch mehr Pep“ bekommt.

Wortwelt „Zu Tisch“

Männlich, 65, Küchenchef aus Augsburg: Suche Traumfrau mit Biss, die mich zum Kochen bringt und meinem Leben die richtige Würze verleiht. Auf den Geschmack gekommen? Dann ruf mich an und wir lassen gemeinsam die Sektkorken knallen.

Wortwelt „Wetter und Natur“

Männlich, 65, wetterfest: Suche Traumfrau, die mein Herz im Sturm erobert, ein sonniges Gemüt hat und auch in stürmischen Zeiten einen kühlen Kopf bewahrt. Schwebe mit mir auf Wolke sieben und melde dich bei mir.

Wortwelt „Farben und Malen“

Männlich, 65, Lebenskünstler, sucht nette Sie, die meinen grauen Alltag bunter gestaltet und eine malerische Zeit mit mir verbringen will. Melde dich bei mir. Ich bringe Farbe in dein Leben und gebe dir grünes Licht für eine Zukunft wie aus dem Bilderbuch.

Gut gepflegter Oldtimer, Baujahr 1942, aus Augsburg sucht Beifahrer. Das Fahrzeug weist zwar schon einige Rostbeulen auf, ist aber immer noch gut in Schuss und gibt auch heute noch gerne Vollgas.

Wortwelt „Verkehr“

Drei neue Bilder für den Bürgermeister

Im Startkapitel haben wir Ihnen ein Logbuch vorgestellt, in dem der Bürgermeister einer Stadt eine Bilanz seiner Arbeit zieht – und dabei die Wortwelt der Seefahrt nutzt. Wir haben nun einfach in unserem Lexikon geblättert und Alternativen gesucht. Fündig wurden wir in den Wortwelten „Theater“ und „Wetter“.

Auf Schiffen werden die wichtigsten Ereignisse und Stationen stichwortartig in einem Logbuch festgehalten. Auch eine Stadt muss ‚seetüchtig‘ sein, um nicht nur in ruhigen Zeiten zu bestehen, sondern genauso gut Stürme unbeschadet überstehen zu können. Dabei kommt es auf eine qualifizierte und hoch motivierte Mannschaft an. Und das Team am Steuer muss das Ziel kennen und sich über den Kurs einig sein.

Wortwelt „Seefahrt“

Im Theater muss man jede Aufführung gut über die Bühne bringen. Auch eine Stadt steht oft im Rampenlicht. Kann sie sich für die vielen modernen Bedürfnisse immer wieder neu in Szene setzen? Hier kommt der Regie eine tragende Rolle zu. Und es kommt mehr denn je auf die Besetzung an. Sie muss sowohl auf der Bühne als auch hinter den Kulissen qualifiziert und hoch motiviert sein.

Wortwelt „Theater“

Wie im echten Leben, gibt's auch in der Stadtpolitik „alle Wetter“. Auch eine Stadt muss in vielen Stürmen erprobt sein, um nicht nur bei eitel Sonnenschein zu bestehen, sondern genauso gut Schattenseiten und Donnerwetter überstehen zu können. Dabei kommt es auf hoch motivierte Menschen an, die stets einen kühlen Kopf bewahren.

Wortwelt „Wetter und Natur“

Wo Sie Ihr Lexikon überall einsetzen können.

Noch mehr Übungen …

Wie sagt man sympathisch, dass man ein Ziel einmal nicht erreicht? Wie macht man aus „vielen Bestandteilen“ ein Bild, das dem Leser gefällt? Wie beschreibt man bildlich, dass man für seine Kunden alles tut, was möglich ist? Dass man sich besonders ansprechend präsentiert?

Es gibt zahlreiche Wege, Ihr Lexikon zu nutzen: im Brainstorming, beim Texten, zum schnellen Nachschlagen, zum Schmunzeln, und, und, und …

Viel Spaß damit!

Geschafft: Hier ist das Ziel!

Viel Spaß: Starten Sie!

Nach dem Schluss geht's richtig los. Die Beispiele des letzten Kapitels sollten Ihnen einfach noch einmal Appetit machen. Appetit auf mehr. Denn jetzt sind Sie dran. Wir empfehlen, Ihr Wortwelten-Lexikon immer in kleiner Dosierung zu sich zu nehmen. Beim Texten und bei der Ideenfindung ist es ein Werkzeug, das auf Ihren Schreibtisch und in Ihre Hand gehört.

Wenn Ihnen Ihr Lexikon gefällt, stöbern Sie doch einmal im Buchprogramm des SGV Verlages oder holen Sie sich Ihren kostenlosen Textertipp auf www.textakademie.de.

Vielleicht sehen wir uns auch einmal auf einem meiner Seminare und Vorträge. Dann freue ich mich einfach schon jetzt auf ein persönliches Kennenlernen. Termine und Details finden Sie ebenfalls auf www.sgv-verlag.de oder auf der Internetseite der Textakademie.

Viele Ideen mit Ihrem Lexikon der Wortwelten wünscht Ihnen

Stefan Gottschling

Literaturverzeichnis

Bayerl, Claudia: 30 Minuten für Kreativitätstechniken. Offenbach: Gabal Verlag, 2005.

Dudenredaktion (Hrsg): Duden. Band 1. Rechtschreibung der deutschen Sprache. 24., völlig neu bearbeitete und erweiterte Auflage. Mannheim, Leipzig, Wien, Zürich: Bibliographisches Institut & F.A. Brockhaus AG (Dudenverlag), 2006.

Dudenredaktion (Hrsg): Duden. Band 11. Redewendungen. Wörterbuch der deutschen Idiomatik. 2., neu bearbeitete und aktualisierte Auflage. Mannheim, Leipzig, Wien, Zürich: Bibliographisches Institut & F.A. Brockhaus AG (Dudenverlag), 2002.

Gottschling, Stefan: Stark texten, mehr verkaufen. Kunden finden, Kunden binden mit Mailing, Web & Co. 3., überarbeitete und erweiterte Auflage. Wiesbaden: Gabler Verlag, 2008.

Gottschling, Stefan: Werbebriefe einfach machen!. Das So-geht's-Buch für verkaufsstarke Briefe. Augsburg: SGV Verlag, 2007.

Gottschling, Stefan: Texten zum Hören. Textwerkstatt – das Hörprogramm. 2 Audio-CDs à 40 Minuten. Augsburg: Textakademie / SGV Verlag, 2007.

Gottschling, Stefan: einfach besser texten. Offenbach: Gabal Verlag, 2006.

Gottschling / Rechenauer: Direktmarketing. München: Manz Verlag, 1994.

Gottschling, Stefan: Die Texterfibel für das Direktmarketing. Augsburg: Textakademie, 2002.

Gottschling, Stefan: Die Texterfibel für Marketing, Direktmarketing und Vertrieb. Augsburg: Textakademie, 2007.

Häusel, Hans-Georg: Brainscript. Warum Kunden kaufen! Planegg bei München: Rudolf Haufe Verlag, 2005.

Kluge, Friedrich: Etymologisches Wörterbuch der deutschen Sprache. Bearb. Von Elmar Seebold. 24., durchgesehene und erweiterte Auflage. Berlin, New York: de Gruyter, 2002.

Reiners, Ludwig: Stilfibel. Der sichere Weg zum guten Deutsch. 29. Auflage. München: Deutscher Taschenbuch Verlag, 1998.

Röhrig, Lutz: Lexikon der sprichwörtlichen Redensarten. Band 4. 3. Auflage. Freiburg, Verlag Herder, 2006.

Scheier, Christian / Held, Dirk: Wie Werbung wirkt. Erkenntnisse des Neuromarketing. Planegg bei München: Rudolf Haufe Verlag, 2006

Schneider, Wolf: Deutsch für Kenner. Hamburg: Gruner + Jahr, 1988/3.

Textor, A.M.: Sag es treffender. 43. Auflage. Reinbek: Rowohlt Taschenbuch Verlag, 2002.

Diese Literaturliste ist ein Ausschnitt der vielen Informationen, die hier eingeflossen sind. Sie soll einfach zum Lesen anregen. Auch die wichtigsten Internet-Quellen sind hier genannt. Sie sollen Ihnen den weiteren Einstieg ins Thema vereinfachen und bei Bedarf die Recherche von Bedeutung und Herkunft der gesammelten Redensarten ermöglichen.

- http://www.br-online.de/wissen-bildung/
- http://www.geo.de/GEOlino/mensch/redewendungen/
- http://www.blueprints.de/wortschatz/
- http://www.prosieben.de/wissen/galileo/galilexikon
- http://www.wissen.de (diverse Beiträge zum Thema „Redensarten“)
- http://www.redensarten-index.de

Stichwortverzeichnis

T

V

W

Z

Der Autor

Stefan Gottschling ist ein erfahrener Fachautor, Direktmarketer, Journalist und Texter aus Leidenschaft. Der studierte Pädagoge, Germanist und Direktmarketing-Fachwirt (BAW) verfügt über fast zwanzig Jahre Direktmarketing-Erfahrung. Er war als Texter und Kreativchef in einem großen Fachverlag tätig, Geschäftsführer einer Print- und Multimedia-Agentur (Deutscher PR-Preis) und gilt als Spezialist für verkaufsstarke Texte und Konzepte.

Heute sind seine beruflichen Schwerpunke die Geschäftsleitung der Textakademie GmbH in Augsburg und die Leitung des SGV Verlags. Mit der Textakademie berät er zahlreiche Unternehmen und bildet Texter, Journalisten und Marketing-Profis aus. Seine Texterseminare, Vorträge und Bücher haben bereits viele tausend Zuhörer und Leser begeistert.

Als Vorstand des „Instituts für messbare Werbung und Verkauf" in Augsburg und Klagenfurt beschäftigt er sich u. a. mit Verständlichkeitsforschung und entwickelt neue Ansätze, um Response- und Dialogqualität zu messen.

Der Tipp des Monats: Und Ihr Lexikon „geht weiter" ...

Als Service für alle Leser schreibe ich jeden Monat einen neuen Textertipp. Melden Sie sich einfach unter www.textakademie.de für diesen kostenlosen E-Mail-Service an. Aktuelle Text-Themen, konkrete Praxishilfen oder Techniken, die Ihre Texte weiter verbessern, finden Sie dann jeden Monat in Ihrem Tipp. Praktisch und sofort umsetzbar. Einfach anmelden – und Ihr Lexikon wächst und wächst und wächst …

Die Redaktion

Tobias Schlegel ist studierter Diplom-Politologe und Kommunikations-Wissenschaftler. Heute ist er Chefredakteur bei der Textakademie und zuständig für Konzeption, Beratung und Beurteilung von Werbemitteln und Texten. Privat gehört seine Leidenschaft der schönsten Nebensache der Welt, die auch schnell mal zur Hauptsache wird: dem Fußball.

Christine Schneider hat den Bachelor-Studiengang Medien und Kommunikation an der Universität Augsburg erfolgreich abgeschlossen. Heute setzt sie in der Textakademie-Redaktion ihr erworbenes Wissen ganz konkret in die Praxis um. Im SGV Verlag ist sie die zentrale Schnittstelle, wenn es um Planung und Konzeption von Büchern geht. Auch privat gilt ihre große Leidenschaft den Büchern.

Danke

Dieses Buch ist Teamwork und wir haben lange daran gearbeitet. Dass es entstehen konnte, ist das Ergebnis vieler Recherchen. Sprichwörter, Wörter und Wendungen mussten gesammelt und sortiert werden, zahllose Zeitungen, Zeitschriften und Internetseiten gesichtet und ausgewertet werden.

Deshalb an dieser Stelle ein großes Danke an alle, die zusätzlich als Redakteure oder Praktikanten in Verlag oder Textakademie daran beteiligt waren. In der Recherche, als Sparringpartner oder Koautoren an manchen Stellen.

Ein großes Danke also an Annemarie Vogel, Tobias Wölfel, Bettina Klaußner, Anika Geisel, Stephan Schwade und Martin Niedermeier.

Weiter im Text ...

... geht es auf der Website des SGV Verlags und mit den Büchern von Stefan Gottschling.

www.sgv-verlag.de
Bestell-Telefon: 0906 / 73 464
Bestell-Fax: 0906 / 73 122
Bestell-E-Mail: leserservice@auer-medien.de

Handfeste Werkzeuge rund um Text, Konzept und Dialogmarketing finden Sie auf der Website des SGV Verlags. Dort gibt es auch alle Bücher und das Hörprogramm von Stefan Gottschling. Mehr über seine Texterseminare erfahren Sie auf der Internetseite der Textakademie unter www.textakademie.de.

Texten zum Hören – das Kompaktseminar für unterwegs

Das Hörprogramm von Stefan Gottschling zeigt Ihnen, wie spannende und verkaufsstarke Texte entstehen. Das Wissen ist zur direkten Anwendung in der Praxis aufbereitet. 2 CDs à 40 Minuten Spielzeit – jetzt im SGV Verlag.

Gleich bestellen im SGV Verlag unter 0906 / 73 464 oder online unter www.sgv-verlag.de.

Für Firmen: So entsteht Ihr persönliches Buch

Bücher aus dem SGV Verlag sind mehr als „nur“ Fachbücher. Als hochwertige Geschenke machen Sie auch als Grußkarte oder Firmenedition eine gute Figur. Diese Formen eignen sich hervorragend für Kundenbindung, Kundenakquise oder einfach als herausragendes Präsent. Ihre Möglichkeiten:

- weitgehend freie Cover-Gestaltung.
- Ihr Bild und Logo erscheinen auf dem Umschlag. Auf Wunsch: Nennung als Herausgeber Ihrer eigenen Lizenzausgabe.
- Auf Wunsch: Bis zu acht Innenseiten, überwiegend frei gestaltbar.

Detaillierte Informationen über Firmenedition oder Sonderumschlag erhalten Sie direkt beim Verlag. Bei Interesse senden Sie einfach eine kurze E-Mail an: info@sgv-verlag.de.

Weitere Empfehlungen:

Der Bestseller – „Stark texten, mehr verkaufen“

Das Texterbuch „Stark texten, mehr verkaufen“ von Stefan Gottschling zeigt Ihnen, wie Sie Ihre Texte Schritt für Schritt auf Response trimmen. Mit praktischen Übungen optimieren Sie Ihre Text-Arbeit und machen aus Adressaten Kunden.

Das Mitmach-Buch – „einfach besser texten“

Dieses Texterbuch von Stefan Gottschling enthält all die Informationen, die man in Textbüchern eigentlich nicht findet. Dieses untypische Buch verrät Schreibkniffe, frischt die Grammatik auf und hilft Ihnen, stilsicher zu texten.

Der Turbo für Ihre Kreativität

Im Büchlein „30 Minuten für Kreativitätstechniken“ von Claudia Bayerl lesen Sie, wie Sie schnell und zuverlässig neue Ideen finden. In nur 30 Minuten zeigt Ihnen die Autorin einen Werkzeugkasten, mit dem Sie Ihre Aufgaben jederzeit kreativ und schnell lösen.

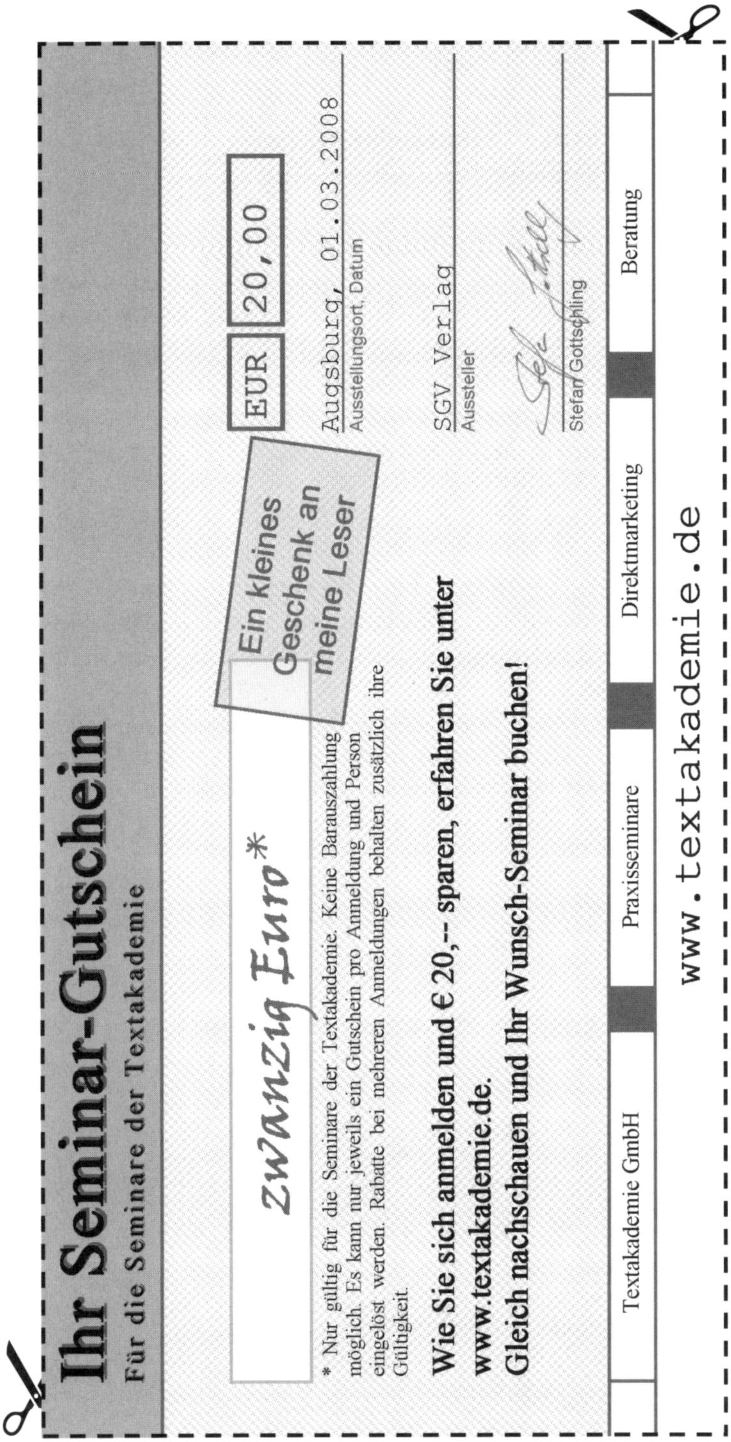

Als kleines Geschenk an meine Leser: Ein Seminar-Gutschein der Textakademie.

So lösen Sie Ihren Gutschein ein:

Einfach auf www.textakademie.de Termin auswählen, per Fax oder im Shop buchen und den Gutschein per Post an:

Textakademie GmbH
Walter-Oehmichen-Weg 6
86150 Augsburg

Noch weiter im Text ...

... geht´s in den Texterseminaren von Stefan Gottschling:

Zum Beispiel mit den beiden Intensiv-Seminaren Textwerkstatt I und II: Erleben Sie mit vielen Übungen und konkreten Beispielen, wie Sie mit starken Texten mehr verkaufen. Sehr praxisnah, mit viel Spaß und fundierten Werkzeugen arbeiten Sie auch an eigenen Texten. Dabei werden die ausführlichen Seminar-Unterlagen zu maßgeschneiderten Arbeitsbüchern.

In der Textwerkstatt I lernen Sie ein Redigiersystem kennen, das zeigt, wie aus Rohtexten mit einfachen Textwerkzeugen erfolgreiche Werbebriefe entstehen. „Schreibblockaden“, „Texteinstiege“ oder „bildhaftes Texten“ sind nur einige der vielen spannenden Themen, die Sie erwarten.
Die Textwerkstatt II zeigt, wie Sie sich gute Argumente erarbeiten, Produktmerkmale in Nutzen verwandeln und bereits durch die Konzeption die Weichen auf Erfolg stellen. Auch Headline-Techniken und Tonalitäten werden in diesem Seminar zum Praxis-Thema.

Ideale Ergänzung zu den Texterseminaren ist das 100-Ideen-Seminar Kreativitätstechniken: Er vermittelt Ihnen, wie Sie schnell und zuverlässig Ideen finden, Moderationen effizienter gestalten oder festgefahrene Besprechungen in wahre Ideen-Fundgruben verwandeln.

Unter www.textakademie.de finden Sie das komplette Seminarprogramm und ausführliche Inhaltsangaben. Informieren Sie sich umfassend, stöbern Sie in den Fachartikeln zum Download oder abonnieren Sie einfach Ihren kostenlosen Textertipp des Monats.

Wir freuen und auf Ihren Besuch!

Ihre Textakademie GmbH

Zum Schluss ...

Zuerst: **Danke liebe Leser!** Danke, dass Sie mit diesem Buch arbeiten. Es ist das erste Lexikon des SGV Verlages. Es wurde mit großer Sorgfalt und viel Spaß für Sie bearbeitet und recherchiert. Trotzdem kamen jeden Tag neue Ideen, Wörter und Wendungen dazu. Doch weil ein Buch irgendwann in Druck gehen muss, diese Zeilen.

Den Fehlerteufel ...
haben wir mit vielen Korrekturphasen hoffentlich schachmatt gesetzt. Und wenn er an der ein oder anderen Stelle doch zugeschlagen hat, jagen wir ihn in der nächsten Auflage und freuen uns über eine kurze Information an info@sgv-verlag.de.

Zusätzliche Wörter und Wendungen ...
So vollständig wie möglich sollte Ihr Lexikon sein. Ein Arbeitshandbuch für die tägliche Praxis, das die gebräuchlichsten Wörter und Wendungen thematisch zusammenträgt. Deshalb sind nicht alle Redewendungen der deutschen Sprache erfasst. Wenn aber eine fehlt, die Ihnen wichtig ist? Einfach eine kurze Info an die Redaktion.

Noch mehr Wortwelten
Wir sammeln schon. „Zauberei und Co." sind weitere Wortwelten, die es nicht mehr in dieses Lexikon geschafft haben. Bis zur Neuauflage gibt´s den aktuellen Stand und immer wieder Kostproben zum Download unter www.sgv-verlag.de.

Ihre Redaktion

PRÉPAS
SCIENCES
collection dirigée par Bertrand Hauchecorne

ECS
1re et 2e années

Formulaire
MATHS

ouvrage coordonné par
Sylvain RONDY
Professeur au lycée Saint Jean (Douai)

Pierre BERLANDI
Professeur au lycée Saint Jean (Douai)

Gianfranco NIFFOI
Professeur au lycée Saint Michel de Picpus (Paris)

Anne-Sophie PIERSON-FERTEL
Professeur au lycée Saint Jean (Douai)

Nicolas PIERSON
Professeur au lycée Saint Jean (Douai)

ellipses

COLLECTION
PRÉPAS SCIENCES

Retrouvez tous les titres de la collection
et des extraits sur www.editions-ellipses.fr

ISBN 9782340-000209

32, rue Bargue 75740 Paris cedex 15

www.editions-ellipses.fr

AVANT-PROPOS

La réussite en prépa nécessite une acquisition solide des connaissances et une capacité à les mettre en réseau ; elle exige par ailleurs d'en avoir une vision claire et de savoir les mobiliser rapidement. Les deux ouvrages ECS1 et ECS2, de la collection *Prépas sciences* répondent au premier besoin. Ce formulaire vous permettra de satisfaire à cette deuxième exigence.

C'est en effet un résumé clair et concis du cours : définitions, théorèmes et propriétés. Les formules sont mises en valeur par un encadrement sur une trame grisée.

Aucune démonstration n'est faite, aucun exemple n'est proposé, car l'unique objectif est de retrouver le plus vite possible la définition ou la propriété cherchée.

Ce formulaire est structuré en 52 chapitres thématiques, répartis en 6 parties : généralités, analyse, algèbre linéaire, algèbre bilinéaire, probabilités et informatique.

Un index très précis en fin d'ouvrage permet de trouver rapidement et sans hésitation la notion cherchée. Ainsi, ce formulaire est le compagnon idéal pour la préparation des colles, la résolution des exercices et des problèmes mais surtout pour accompagner les révisions avant les concours.

Bertrand Hauchecorne

SOMMAIRE

Généralités

Analyse

Algèbre linéaire

Algèbre bilinéaire

Probabilités

Informatique

1. SOMMES ET PRODUITS

Somme des termes d'une suite constante

$$\forall a \in \mathbb{R},\ \sum_{k=p}^{n} a = (n-p+1)a$$

Sommes des puissances des *n* premiers entiers

$$\sum_{k=1}^{n} k = \frac{n(n+1)}{2}$$

$$\sum_{k=1}^{n} k^2 = \frac{n(n+1)(2n+1)}{6}$$

$$\sum_{k=1}^{n} k^3 = \frac{n^2(n+1)^2}{4}$$

Sommes géométriques

$$\forall n \in \mathbb{N},\ \sum_{k=0}^{n} q^k = \begin{cases} n+1 & \text{si } q=1 \\ \dfrac{1-q^{n+1}}{1-q} & \text{si } q \neq 1 \end{cases}$$

Plus généralement : $\forall q \neq 1,\ \forall n \geq p,\ \sum_{k=p}^{n} q^k = q^p \dfrac{1-q^{n-p+1}}{1-q}$.

Distributivité, commutativité et associativité

$$\forall \lambda \in \mathbb{R},\ \sum_{k=1}^{n} \lambda x_k = \lambda \sum_{k=1}^{n} x_k \quad (\lambda \text{ ne dépend pas de l'indice})$$

$$\sum_{k=1}^{n} (x_k + y_k) = \sum_{k=1}^{n} x_k + \sum_{k=1}^{n} y_k$$

Changement d'indice

Soit deux entiers naturels n et p tels que $p \leq n$.

Seuls les deux changements d'indice suivants sont autorisés :

- Changement d'indice : $i = k + m$ (avec m entier)

$$\sum_{k=p}^{n} x_{k+m} = \sum_{i=p+m}^{n+m} x_i$$

- Changement d'indice : $i = m - k$ (avec m entier supérieur ou égal à n)

$$\sum_{k=p}^{n} x_{m-k} = \sum_{i=m-n}^{m-p} x_i$$

Télescopage

Quels que soient les réels $x_0, ..., x_{n+1}$, on a :

$$\sum_{k=0}^{n} \left(x_{k+1} - x_k\right) = x_{n+1} - x_0$$

Interversion de sommes doubles

Si les indices sont indépendants :

$$\sum_{(i,j)\in[\![1,n]\!]\times[\![1,m]\!]} x_{i,j} = \sum_{i=1}^{n}\Big(\sum_{j=1}^{m} x_{i,j}\Big) = \sum_{j=1}^{m}\Big(\sum_{i=1}^{n} x_{i,j}\Big)$$

Si les indices sont dépendants :

$$\sum_{1\leq i\leq j\leq n} x_{i,j} = \sum_{i=1}^{n}\sum_{j=i}^{n} x_{i,j} = \sum_{j=1}^{n}\sum_{i=1}^{j} x_{i,j}$$

$$\sum_{1\leq i< j\leq n} x_{i,j} = \sum_{i=1}^{n-1}\sum_{j=i+1}^{n} x_{i,j} = \sum_{j=2}^{n}\sum_{i=1}^{j-1} x_{i,j}$$

Lien entre somme simple et double

Quels que soient les réels $x_1,\dots,x_n$, avec n élément de $\mathbb{N}^*$, on a :

$$\left(\sum_{k=1}^{n} x_k\right)^2 = \sum_{k=1}^{n} x_k^2 + 2\sum_{1\le i<j\le n} x_i x_j$$

Factorielle

Pour tout entier naturel n, on appelle *factorielle* de n, et on note $n!$, l'entier naturel défini par $0!=1$ et, pour tout entier naturel n non nul : $n!=\prod_{k=1}^{n} k = 1\times 2\times \dots \times n$.

Pour tout n de $\mathbb{N}^*$, on a : $n! = n\times(n-1)!$.

Produit de termes d'une suite constante

$$\forall n\in\mathbb{N}^*,\ \prod_{k=1}^{n}\lambda = \lambda^n$$

Opérations compatibles avec $\prod$

$$\forall n\in\mathbb{N}^*,\ \prod_{k=1}^{n}(x_k y_k) = \left(\prod_{k=1}^{n} x_k\right)\left(\prod_{k=1}^{n} y_k\right)$$

Si aucun des y_k n'est nul, alors : $\displaystyle\prod_{k=1}^{n}\frac{x_k}{y_k} = \frac{\prod_{k=1}^{n} x_k}{\prod_{k=1}^{n} y_k}$

Télescopage

Si aucun des x_k n'est nul, on a :

$$\forall n\in\mathbb{N},\ \prod_{k=0}^{n}\frac{x_{k+1}}{x_k} = \frac{x_{n+1}}{x_0}$$

2. ENSEMBLES ET APPLICATIONS

Comparaison d'ensembles

On dit que l'ensemble A est *inclus* dans l'ensemble B, et on note $A \subset B$, lorsque tout élément de A est élément de B.

On dit que deux ensembles A et B sont *égaux*, et on note $A = B$, lorsque l'on a : $A \subset B$ et $B \subset A$.

On dit que l'ensemble A est une *partie* de l'ensemble E (ou encore un *sous-ensemble* de E) lorsque A est inclus dans E.
L'ensemble de toutes les parties de E est noté $\mathcal{P}(E)$.

Intersection et réunion

L'*intersection* des ensembles A et B est l'ensemble, noté $A \cap B$, constitué des éléments qui sont à la fois dans A et dans B.

$$x \in A \cap B \Leftrightarrow x \in A \text{ et } x \in B$$

La *réunion* des ensembles A et B est l'ensemble, noté $A \cup B$, constitué des éléments qui sont dans l'un au moins des ensembles A ou B.

$$x \in A \cup B \Leftrightarrow x \in A \text{ ou } x \in B$$

Commutativité

L'intersection et la réunion sont commutatives :

$$A \cap B = B \cap A \text{ et } A \cup B = B \cup A$$

Associativité

L'intersection et la réunion sont associatives :

$$(A \cap B) \cap C = A \cap (B \cap C) = A \cap B \cap C$$
$$(A \cup B) \cup C = A \cup (B \cup C) = A \cup B \cup C$$

Les ensembles considérés dans la suite sont tous des parties d'un ensemble Ω .

Élément neutre

Ω est élément neutre pour l'intersection : $A \cap \Omega = A$.
$\varnothing$ est élément neutre pour la réunion : $A \cup \varnothing = A$.

Inclusion, intersection et réunion

$$A \cap B \subset A \text{ et } A \subset A \cup B$$

$A \subset B \Leftrightarrow A \cap B = A$.
$A \subset B \Leftrightarrow A \cup B = B$.

$$A \cap A = A \text{ et } A \cup A = A$$

Distributivité

L'intersection et la réunion sont distributives l'une sur l'autre :

$$A \cap (B \cup C) = (A \cap B) \cup (A \cap C)$$
$$A \cup (B \cap C) = (A \cup B) \cap (A \cup C)$$

Complémentaire

Le *complémentaire* de A est l'ensemble, noté $\overline{A}$, contenant les éléments de Ω qui ne sont pas dans A. On a : $x \in \overline{A} \Leftrightarrow x \notin A$.

On a : $\overline{\overline{A}} = A$; $\overline{\varnothing} = \Omega$; $\overline{\Omega} = \varnothing$.
$\overline{A}$ est la seule partie de Ω vérifiant : $A \cap \overline{A} = \varnothing$ et $A \cup \overline{A} = \Omega$.

$$A \subset B \Leftrightarrow \overline{B} \subset \overline{A}$$

Lois de Morgan

$$\overline{A \cap B} = \overline{A} \cup \overline{B} \text{ et } \overline{A \cup B} = \overline{A} \cap \overline{B}$$

Plus généralement, si I désigne un ensemble d'indices, on a :

$$\overline{\bigcap_{i \in I} A_i} = \bigcup_{i \in I} \overline{A_i} \text{ et } \overline{\bigcup_{i \in I} A_i} = \bigcap_{i \in I} \overline{A_i}$$

Produit cartésien

On définit le *produit cartésien* des ensembles $A_1, A_2, \ldots, A_n$ par :
$A_1 \times A_2 \times \ldots \times A_n = \{ (x_1, x_2, \ldots, x_n), \forall i \in [\![1, n]\!], x_i \in A_i \}$.
Le produit $A \times A$ est noté A^2.

Ensembles dénombrables, ensembles finis

On dit qu'un ensemble E est *dénombrable* s'il existe une bijection de E sur $\mathbb{N}$.

Un ensemble E est dit *fini* s'il est vide ou s'il existe un entier naturel n non nul tel qu'il existe une bijection de E vers $[\![1,n]\!]$.
Le nombre n est appelé cardinal de E, noté $\text{card}(E)$ ou $|E|$.
On a $\text{card}(\varnothing) = 0$.

Dans toute la suite, E, F et G désignent des ensembles.

Fonctions et applications

Une fonction f de E dans (ou vers) F est un procédé qui permet d'associer certains éléments de E avec des éléments de F appelés leurs images, de telle façon que tout élément x de E possède au maximum une image y dans F.

Une application f de E dans F est une fonction de E dans F telle que tout élément de E possède exactement une image par f dans F.
L'ensemble des applications de E dans F est noté $\mathcal{A}(E, F)$.

Identité

On appelle *identité* de E (ou *application identique* de E), l'application de E dans E, notée Id_E et définie par :

$$\forall x \in E,\ Id_E(x) = x$$

Restriction d'une application

Soit f une application de E dans F et E' une partie de E. On appelle *restriction* de f à E', l'application notée $f_{|E'}$ définie par :

$$\forall x \in E', f_{|E'}(x) = f(x)$$

Composée d'applications

Soit f une application de E dans F et g une application de F dans G. On note $g \circ f$ (et on lit "g rond f") l'application de E dans G qui à tout élément x de E associe : $(g \circ f)(x) = g(f(x))$.

Lorsque les composées écrites ci-après existent, on a :

$$(f \circ g) \circ h = f \circ (g \circ h) = f \circ g \circ h$$

Si f est une application de E dans F, on a :

$$f \circ Id_E = Id_F \circ f = f$$

Injection

Une application f de E dans F est *injective* (ou est une *injection*) si chaque élément de F admet au plus un antécédent dans E par f.

Une application f de E dans F est injective si, et seulement si :

$$\forall (x_1, x_2) \in E^2, f(x_1) = f(x_2) \Rightarrow x_1 = x_2$$

Surjection

Une application f de E dans F est *surjective* (ou est une *surjection*) si chaque élément de F admet au moins un antécédent dans E par f.

Une application f de E dans F est surjective si et seulement si :

$$\forall y \in F, \exists x \in E, y = f(x)$$

Bijection

Une application f d'un ensemble E dans un ensemble F est une application *bijective* (on dit aussi une *bijection*) si elle est injective et surjective.

Une application f de E dans F est bijective si et seulement si :

$$\forall y \in F, \exists! x \in E, y = f(x)$$

Une application f d'un ensemble E dans un ensemble F est une bijection de E dans F si, et seulement si, il existe une application g de F dans E telle que :

$$g \circ f = Id_E \text{ et } f \circ g = Id_F$$

La fonction g est alors appelée *bijection réciproque* de f et est notée f^{-1}. On a l'équivalence :

$$y = f(x) \Leftrightarrow x = f^{-1}(y)$$

Composée de bijections

Si f est une bijection de E dans F et g une bijection de F dans G, alors $g \circ f$ est une bijection de E dans G et l'on a :

$$(g \circ f)^{-1} = f^{-1} \circ g^{-1}$$

Théorème de la bijection

Si f est une application, définie sur un intervalle I de $\mathbb{R}$, à valeurs réelles, continue et strictement monotone sur I, alors f est une bijection de I sur l'intervalle $J = f(I)$.

Lorsque f est bijective et monotone, f et f^{-1} ont les mêmes variations.

En mathématiques, "évident" est le mot le plus dangereux.

Eric Temple Bell

3. DÉNOMBREMENT

Cardinal et bijection

S'il existe une bijection entre 2 ensembles A et B finis, alors :

$$\text{card}(A) = \text{card}(B)$$

Cardinal et complémentaire

Soit Ω un ensemble fini et A une partie de Ω. En notant $\overline{A}$ le complémentaire de A dans Ω, on a :

$$\text{card}(A) = \text{card}(\Omega) - \text{card}(\overline{A})$$

Cardinal et produit cartésien

Si $A_1, A_2, \ldots A_n$ sont des ensembles finis, alors on a :

$$\text{card}(A_1 \times A_2 \times \ldots \times A_n) = \text{card}(A_1)\,\text{card}(A_2)\ldots\text{card}(A_n)$$

Cardinal d'une réunion disjointe

Le cardinal d'une réunion d'ensembles finis et deux à deux disjoints est la somme des cardinaux de chacun des ensembles.

Formule du crible (ou de Poincaré)

Si A et B sont deux ensembles finis, on a :

$$\text{card}(A \cup B) = \text{card}(A) + \text{card}(B) - \text{card}(A \cap B)$$

Si A, B et C sont trois ensembles finis, on a :

$$\begin{aligned}\text{card}(A \cup B \cup C) = {} & \text{card}(A) + \text{card}(B) + \text{card}(C) \\ & - \text{card}(A \cap B) - \text{card}(A \cap C) - \text{card}(B \cap C) \\ & + \text{card}(A \cap B \cap C)\end{aligned}$$

p-listes

Soit E un ensemble ayant n éléments ($n \geq 1$).
Une p-liste d'éléments choisis parmi les n éléments de E est une suite ordonnée, $(e_1, ..., e_p)$, formée de p éléments de E.
Chaque application d'un ensemble à p éléments dans un ensemble à n éléments peut être représentée par la p-liste des images des éléments de l'ensemble de départ.

Il y a n^p listes de p éléments d'un ensemble E de cardinal n et il y a donc n^p applications d'un ensemble à p éléments vers un ensemble à n éléments.

p-listes d'éléments distincts

Chaque injection d'un ensemble à p éléments dans un ensemble à n éléments peut être représentée par la p-liste **d'éléments distincts** formée des images des éléments de l'ensemble de départ.

Si $p \leq n$, il y a $n(n-1)\dots(n-p+1) = \dfrac{n!}{(n-p)!}$ listes de p éléments distincts d'un ensemble E de cardinal n et il y a donc $\dfrac{n!}{(n-p)!}$ injections d'un ensemble à p éléments vers un ensemble à n éléments.

Permutations

Soit E un ensemble ayant n éléments ($n \geq 1$).
Une *permutation* de E est une bijection de E dans E.

Chaque permutation de E peut être représentée par la liste des éléments distincts formée par les images des éléments de E.

Il y a $n\,!$ permutations d'un ensemble E à n éléments.

Combinaisons

Une *combinaison* de p éléments choisis parmi n est une partie à p éléments d'un ensemble à n éléments (avec $p \leq n$).

Nombre de combinaisons

Le nombre de combinaisons de p éléments choisis parmi n est égal à $\binom{n}{p}$, ce qui se prononce "p parmi n" et on a :

$$\binom{n}{p} = \begin{cases} \dfrac{n!}{p!(n-p)!} & \text{si } 0 \leq p \leq n \\ 0 \text{ si } p > n \end{cases}$$

Remarque : $\binom{n}{p}$ est un entier naturel.

Nombre de façons de choisir *p* objets

Le nombre $\binom{n}{p}$ est égal au nombre de façons de choisir (sans considération d'ordre ou de hiérarchie) p objets distincts parmi n objets donnés (avec $p \leq n$).

Nombre de chemins

Dans un arbre binaire (succès-échec), le nombre $\binom{n}{p}$ est égal au nombre de chemins sur lesquels on obtient p succès lors de n répétitions indépendantes d'une épreuve aléatoire (loi binomiale).

Symétrie des coefficients binomiaux

Les nombres $\binom{n}{p}$ sont appelés *coefficients binomiaux* et on a :

$$\binom{n}{p} = \binom{n}{n-p}$$

Relations "diagonales"

$$\forall n \geq 1, \forall p \geq 1, p\binom{n}{p} = n\binom{n-1}{p-1}$$

$$\forall n \geq 2, \forall p \geq 2, p(p-1)\binom{n}{p} = n(n-1)\binom{n-2}{p-2}$$

Seule la première de ces deux relations est exigible et il est prudent de savoir démontrer la deuxième.

Triangle de Pascal

$$\forall n \in \mathbb{N}^*, \forall p \in [\![1, n]\!], \binom{n}{p} = \binom{n-1}{p-1} + \binom{n-1}{p}$$

Formule de Vandermonde

Cette formule n'est pas explicitement au programme.

$$\forall (n_1, n_2, p) \in \mathbb{N}^3, \sum_{k=0}^{p} \binom{n_1}{k}\binom{n_2}{p-k} = \binom{n_1+n_2}{p}$$

Formule du binôme de Newton

Pour tout couple (a, b) de réels et pour tout entier naturel n, on a :

$$(a+b)^n = \sum_{k=0}^{n} \binom{n}{k} a^k b^{n-k} = \sum_{k=0}^{n} \binom{n}{k} a^{n-k} b^k$$

Nombre de parties d'un ensemble

En faisant $a = b = 1$ dans la formule du binôme ci-dessus, on trouve $\sum_{k=0}^{n} \binom{n}{k} = 2^n$, ce qui traduit le fait que :

Le nombre de parties d'un ensemble à n éléments est égal à 2^n.

&

Tout l'Univers repose sur l'ensemble des entiers naturels.

Pythagore de Samos

4. NOMBRES COMPLEXES

Définitions

On appelle *nombre complexe* toute expression de la forme $z = a + ib$, où a et b sont des **réels** et où i est un nombre tel que $i^2 = -1$.

L'écriture $z = a + i\,b$ est appelée écriture algébrique de z.
a est appelé *partie réelle* de z et est noté $a = \mathrm{Re}(z)$ et b est appelé *partie imaginaire* de z et est noté $b = \mathrm{Im}(z)$.
L'ensemble des nombres complexes est noté $\mathbb{C}$.

Égalité de deux nombres complexes

Deux complexes sont égaux si, et seulement si, ils ont même partie réelle et même partie imaginaire. En désignant par a, b, a', b' des **réels**, on a donc :

$$a + i\,b = a' + i\,b' \Leftrightarrow a = a' \text{ et } b = b'$$

Somme et produit de deux complexes

Si $z = a + i\,b$ et $z' = a' + i\,b'$, on a :

$$z + z' = (a + a') + i(b + b') \quad \text{et} \quad zz' = (aa' - bb') + i(ab' + a'b)$$

Formule du binôme de Newton

Soit (z_1, z_2) un couple de nombres complexes et n un entier naturel. On a :

$$(z_1 + z_2)^n = \sum_{k=0}^{n} \binom{n}{k} z_1^{\,k} z_2^{\,n-k} = \sum_{k=0}^{n} \binom{n}{k} z_1^{\,n-k} z_2^{\,k}$$

Conjugué

Le *conjugué* du nombre complexe $z = a + ib$ où $(a,b) \in \mathbb{R}^2$ est :

$$\overline{z} = a - ib$$

Soit (z, z') un couple de nombres complexes. On a :

$\overline{\overline{z}} = z$ $z + \overline{z} = 2\,\mathrm{Re}(z)$ $z - \overline{z} = 2i\,\mathrm{Im}(z)$	$\overline{z + z'} = \overline{z} + \overline{z'}$ $\overline{z z'} = \overline{z}\ \overline{z'}$ $\forall n \in \mathbb{N}$, $\overline{z^n} = \left(\overline{z}\right)^n$	Si $z' \neq 0$ $\overline{\left(\dfrac{z}{z'}\right)} = \dfrac{\overline{z}}{\overline{z'}}$

Module

Le *module* du nombre complexe $z = a + ib$, où $(a,b) \in \mathbb{R}^2$, est le nombre réel **positif** noté $\lvert z \rvert$ défini par : $\lvert z \rvert = \sqrt{a^2 + b^2}$

Soit (z, z') un couple de nombres complexes. On a :

$\lvert z \rvert = 0 \Leftrightarrow z = 0$ $\lvert z \rvert^2 = z\overline{z}$ $\lvert z \rvert = \lvert -z \rvert = \lvert \overline{z} \rvert$	$\lvert z z' \rvert = \lvert z \rvert \lvert z' \rvert$ $\forall n \in \mathbb{N}$, $\lvert z^n \rvert = \lvert z \rvert^n$	Si $z' \neq 0$ $\left\lvert \dfrac{z}{z'} \right\rvert = \dfrac{\lvert z \rvert}{\lvert z' \rvert}$

Inégalité triangulaire

$$\forall (z, z') \in \mathbb{C}^2, \lvert z + z' \rvert \leq \lvert z \rvert + \lvert z' \rvert$$

Argument

Soit un nombre complexe **non nul** $z = a + ib$, où $(a,b) \in \mathbb{R}^2$. On appelle *argument* de z (on note $\arg z$) tout réel θ tel que :

$$\cos\theta = \frac{a}{\sqrt{a^2 + b^2}} \text{ et } \sin\theta = \frac{b}{\sqrt{a^2 + b^2}}$$

Forme exponentielle

Le complexe $\cos\theta + i\sin\theta$ est noté $e^{i\theta}$.

Tout nombre complexe z **non nul** s'écrit sous la forme $z = re^{i\theta}$ avec $r > 0$ et θ réel.

L'écriture $z = re^{i\theta}$ avec $r > 0$ est la forme exponentielle de z.

Dans ce cas, $|z| = r$ et θ est un argument de z.

Pour tout couple de réels (θ, θ'), on a :

$$\overline{e^{i\theta}} = e^{-i\theta} = \frac{1}{e^{i\theta}}$$

$$\left|e^{i\theta}\right| = 1$$

$$e^{i\theta} \times e^{i\theta'} = e^{i(\theta+\theta')}$$

Formule de Moivre

Pour tout réel θ et tout entier naturel n, on a :

$\left(e^{i\theta}\right)^n = e^{in\theta}$ c'est-à-dire : $(\cos\theta + i\sin\theta)^n = \cos n\theta + i\sin n\theta$

Formules d'Euler

$$\forall\theta \in \mathbb{R}\text{ , } \cos\theta = \frac{e^{i\theta} + e^{-i\theta}}{2} \text{ et } \sin\theta = \frac{e^{i\theta} - e^{-i\theta}}{2i}$$

Racines $n^{\text{èmes}}$ d'un nombre complexe non nul

Cette notion n'est pas exigible.

Soit n un entier naturel non nul et Z un nombre complexe non nul. On appelle *racine* $n^{\text{ème}}$ de Z, tout complexe z tel que $z^n = Z$.

Soit n un entier naturel non nul. Tout nombre complexe non nul $Z = re^{i\theta}$ possède exactement n racines $n^{\text{èmes}}$ qui sont :

$$\sqrt[n]{r}\, e^{i\left(\frac{\theta+2k\pi}{n}\right)} \text{ avec } k \in [\![0, n-1]\!]$$

Racines $n^{\text{èmes}}$ de l'unité

Soit $\omega = e^{i\frac{2\pi}{n}}$. Les racines $n^{\text{èmes}}$ de l'unité sont : $1, \omega, \omega^2, ..., \omega^{n-1}$.
Pour tout entier naturel n supérieur ou égal à 2, la somme des racines $n^{\text{èmes}}$ de l'unité est nulle.

Racines cubiques de l'unité

On note $j = e^{\frac{2i\pi}{3}}$. Les trois racines cubiques de l'unité sont $1, j$ et j^2 et on a la relation : $1 + j + j^2 = 0$

Formules d'addition (à connaître)

Pour tous réels a et b, on a :

$$\cos(a+b) = \cos a \cos b - \sin a \sin b$$

$$\sin(a+b) = \sin a \cos b + \sin b \cos a$$

Il faut savoir en déduire :

$$\cos(a-b) = \cos a \cos b + \sin a \sin b$$

$$\sin(a-b) = \sin a \cos b - \sin b \cos a$$

Formules de duplication

Pour tout réel a, il faut savoir prouver (en faisant $a = b$ dans les formules d'addition et en utilisant $\cos^2 a + \sin^2 a = 1$) que l'on a :

$$\cos(2a) = \cos^2 a - \sin^2 a = 2\cos^2 a - 1 = 1 - 2\sin^2 a$$

$$\sin(2a) = 2\sin a \cos a$$

Formules de linéarisation

Pour tout réel a, on déduit grâce aux formules donnant $\cos(2a)$ que l'on a :

$$\cos^2 a = \frac{1+\cos(2a)}{2} \text{ et } \sin^2 a = \frac{1-\cos(2a)}{2}$$

5. POLYNÔMES

$\mathbb{K}$ désigne $\mathbb{R}$ ou $\mathbb{C}$. Les éléments de $\mathbb{K}$ sont appelés scalaires.

Définitions

On appelle *polynôme* d'indéterminée X à coefficients dans $\mathbb{K}$ toute expression de la forme : $P = a_0 + a_1X + \ldots + a_nX^n$ ($n \in \mathbb{N}$).
Les scalaires a_0 , a_1 , ..., a_n sont appelés coefficients de P.
Si tous les coefficients de P sont nuls, P est appelé le polynôme nul et on note $P = 0$.

Soit $P = a_0 + a_1X + \ldots + a_nX^n$ un polynôme non nul de $\mathbb{K}[X]$, où n est un entier naturel et $a_n \neq 0$. L'entier n est appelé *degré* de P (on note $\deg P = n$) et a_n est appelé *coefficient dominant* de P.
Si $a_n = 1$, le polynôme P est dit *normalisé* ou *unitaire*.
Par convention, le polynôme nul est de degré $-\infty$.

L'ensemble des polynômes d'indéterminée X à coefficients dans $\mathbb{K}$ est noté $\mathbb{K}[X]$. L'ensemble des polynômes à coefficients dans $\mathbb{K}$ et de degré inférieur ou égal à n est noté $\mathbb{K}_n[X]$.

Égalité de deux polynômes

Deux polynômes sont égaux s'ils ont même degré et mêmes coefficients.

Degré d'une somme, degré d'un produit

Soit P et Q deux polynômes. On a :

$$\deg(P+Q) \leq \max(\deg P, \deg Q)$$

$$\deg(PQ) = \deg P + \deg Q$$

Division euclidienne

Soit A et B deux polynômes de $\mathbb{K}[X]$ avec $B \neq 0$.

Il existe un unique couple (Q, R) de polynômes de $\mathbb{K}[X]$ tel que $A = BQ + R$, avec $\deg R < \deg B$.

Les polynômes Q et R sont appelés respectivement *quotient* et *reste* dans la division euclidienne de A par B.

On dit qu'un polynôme non nul B *divise* un polynôme A ou que A est *divisible* par B s'il existe un polynôme Q tel que $A = BQ$. On dit aussi que A est *multiple* de B.

Polynôme dérivé

Soit le polynôme $P = \sum_{i=0}^{n} a_i X^i$.

Si P est constant, alors P' est le polynôme nul.

Si $\deg P \geq 1$, alors $P' = \sum_{i=1}^{n} i\, a_i X^{i-1}$

Polynômes dérivés successifs

On définit les polynômes dérivés successifs de P, pour tout k de $\mathbb{N}^*$, par $P^{(k)} = \left(P^{(k-1)}\right)'$, avec la convention : $P^{(0)} = P$.

Il faut savoir retrouver le résultat suivant :

Soit un polynôme $P = \sum_{i=0}^{n} a_i X^i$ de degré n $(a_n \neq 0)$.

- $\forall k \in [\![0, n]\!]$, $\deg P^{(k)} = n - k$ et $P^{(k)} = \sum_{i=k}^{n} \frac{i!}{(i-k)!} a_i X^{i-k}$.
- $\forall k \in [\![n+1, +\infty[\![$, $P^{(k)} = 0$.

Formule de Taylor

Soit P un polynôme de degré n.

$$\forall a \in \mathbb{K}, \ P(X) = \sum_{k=0}^{n} \frac{P^{(k)}(a)}{k!}(X-a)^k$$

Racines d'un polynôme

Soit P un polynôme de $\mathbb{K}[X]$ et r un scalaire. On dit que r est une *racine* du polynôme P si $P(r)=0$.

Soit P un polynôme de $\mathbb{K}[X]$ et r un scalaire.

r est racine de P si et seulement si $X-r$ divise P.

Soit n un entier naturel non nul et P un polynôme qui admet n racines distinctes $r_1, r_2, ..., r_n$. Le polynôme $\prod_{i=1}^{n}(X-r_i)$ divise P.

Tout polynôme non nul de degré n admet au plus n racines.

Racines et polynôme nul

Un polynôme de degré inférieur ou égal à n qui possède au moins $n+1$ racines est le polynôme nul.
Tout polynôme qui admet une infinité de racines est nul.

Racines simples, racines multiples

Soit P un polynôme de $\mathbb{K}[X]$, r un élément de $\mathbb{K}$ et m un entier naturel non nul. On dit que r est *racine d'ordre de multiplicité m* du polynôme P si :

$(X-r)^m$ divise P et si $(X-r)^{m+1}$ ne divise pas P.

Autrement dit, r est racine d'ordre de multiplicité m de P s'il existe un polynôme Q tel que $P=(X-r)^m Q$ avec $Q(r) \neq 0$.

Soit P un polynôme de $\mathbb{K}[X]$ et m un entier naturel non nul. Le scalaire r est une racine d'ordre de multiplicité m du polynôme P si et seulement si :

$$\forall k \in [\![0, m-1]\!],\ P^{(k)}(r) = 0 \text{ et } P^{(m)}(r) \neq 0.$$

Une *racine simple* est une racine d'ordre de multiplicité égal à 1.

Théorème de d'Alembert-Gauss

Tout polynôme de degré n de $\mathbb{C}[X]$ admet exactement n racines complexes distinctes ou non.

Factorisation dans $\mathbb{C}[X]$

Soit P un polynôme de $\mathbb{C}[X]$ de degré n et de coefficient dominant a_n. Si l'on note r_1, r_2,..., r_p ($p \in \mathbb{N}^*$) les p racines distinctes de P, d'ordres de multiplicité respectifs α_1, α_2,..., α_p ($\sum_{i=1}^{p} \alpha_i = n$), on a : $P = a_n \prod_{i=1}^{p} (X - r_i)^{\alpha_i}$

Factorisation dans $\mathbb{R}[X]$

Soit P un polynôme de $\mathbb{R}[X]$.
Si le complexe a est racine de P alors $\overline{a}$ est aussi racine de P.

Tout polynôme de $\mathbb{R}[X]$ peut s'écrire comme produit de polynômes à coefficients réels de degré 1 et de polynômes à coefficients réels de degré 2 n'ayant pas de racine réelle.

&

L'essence des mathématiques, c'est la liberté.

Georg Cantor

6. GÉNÉRALITÉS SUR LES FONCTIONS

On considère une fonction f d'une variable réelle, à valeurs réelles. On note D_f son ensemble de définition et (C_f) sa représentation graphique dans un repère orthogonal (xOy).

Parité, imparité

La fonction f est *paire* si D_f est centré en 0 et :

$$\forall x \in D_f,\ f(-x) = f(x)$$

La fonction f est *impaire* si D_f est centré en 0 et :

$$\forall x \in D_f,\ f(-x) = -f(x)$$

Parité et symétrie

Si f est paire, alors (C_f) est symétrique par rapport à (Oy).
Si f est impaire, alors (C_f) est symétrique par rapport à O.

Périodicité

La fonction f est dite *périodique* lorsqu'il existe un réel strictement positif T tel que :

$$\forall x \in D_f,\ x + T \in D_f \text{ et } f(x+T) = f(x)$$

On dit que f est T-périodique, et T est une *période* de f.

Majorant, minorant

Soit une partie A de $\mathbb{R}$, incluse dans D_f.

- La fonction f est dite *majorée* sur A s'il existe un réel M tel que : $\forall x \in A, f(x) \leq M$. Le réel M est appelé un *majorant* de f sur A.
- La fonction f est dite *minorée* sur A s'il existe un réel m tel que : $\forall x \in A, f(x) \geq m$. Le réel m est appelé un *minorant* de f sur A.
- La fonction f est *bornée* si elle est à la fois majorée et minorée.

Extremums globaux

Soit une partie A de $\mathbb{R}$, incluse dans D_f et x_0 un point de A.

• On dit que f admet un *maximum global* sur A en x_0, lorsque :

$$\forall x \in A, f(x) \leq f(x_0)$$

On note alors $f(x_0) = \max\limits_{x \in A} f(x)$.

• On dit que f admet un *minimum global* sur A en x_0, lorsque :

$$\forall x \in A, f(x) \geq f(x_0)$$

On note alors $f(x_0) = \min\limits_{x \in A} f(x)$.

Extremums locaux

Soit une partie A de $\mathbb{R}$, incluse dans D_f et x_0 un point de A.

• On dit que f admet un *maximum local* sur A en x_0, lorsqu'il existe un voisinage V de x_0 tel que :

$$\forall x \in A \cap V, f(x) \leq f(x_0)$$

• On dit que f admet un *minimum local* sur A en x_0, lorsqu'il existe un voisinage V de x_0 tel que :

$$\forall x \in A \cap V, f(x) \geq f(x_0)$$

Borne supérieure, borne inférieure

• Si la fonction f est majorée sur A, alors l'ensemble de ses majorants admet un plus petit élément, appelé *borne supérieure de f sur A*, et noté $\sup\limits_{x \in A} f(x)$.

• Si la fonction f est minorée sur A, alors l'ensemble de ses minorants admet un plus grand élément, appelé *borne inférieure de f sur A*, et noté $\inf\limits_{x \in A} f(x)$.

Sens de variation

Soit une fonction f définie sur un intervalle I de $\mathbb{R}$.
• La fonction f est *croissante* sur I lorsque :

$$\forall (x,y) \in I^2,\ x \leq y \Rightarrow f(x) \leq f(y)$$

La fonction f est *strictement croissante* sur I lorsque :

$$\forall (x,y) \in I^2,\ x < y \Rightarrow f(x) < f(y)$$

• La fonction f est *décroissante* sur I lorsque :

$$\forall (x,y) \in I^2,\ x \leq y \Rightarrow f(x) \geq f(y)$$

La fonction f est *strictement décroissante* sur I lorsque :

$$\forall (x,y) \in I^2,\ x < y \Rightarrow f(x) > f(y)$$

• La fonction f est *monotone* sur I lorsque f est soit croissante, soit décroissante sur I. On définit de même la stricte monotonie.

Sens de variation et composition

	f croît sur I	f décroît sur I
g croît sur $f(I)$	$g \circ f$ croît sur I	$g \circ f$ décroît sur I
g décroît sur $f(I)$	$g \circ f$ décroît sur I	$g \circ f$ croît sur I

Sens de variation d'une bijection réciproque

Soit f une bijection d'un intervalle I de $\mathbb{R}$ sur un intervalle J de $\mathbb{R}$. Si f est strictement monotone sur I, alors f^{-1} est une bijection de J sur I, ayant le même sens de variation que f.

&

Le climat des mathématiques est commandé par les rigueurs d'une logique implacable

Arnaud Denjoy

7. LIMITES

On note $\overline{\mathbb{R}}$ l'ensemble $\mathbb{R}$ auquel on adjoint $-\infty$ et $+\infty$.

Limite finie en un point

Soit un réel ℓ et une fonction f définie au voisinage du réel x_0.

On dit que $\lim_{x \to x_0} f(x) = \ell$ lorsque :

$$\forall \varepsilon > 0,\ \exists \alpha > 0,\ \forall x \in D_f, \left|x - x_0\right| \leq \alpha \Rightarrow \left|f(x) - \ell\right| \leq \varepsilon$$

Si $\lim_{x \to x_0} f(x) = \ell$:

- Soit f est définie en x_0, alors $\ell = f(x_0)$ et f est continue en x_0.
- Soit f n'est pas définie en x_0 et f se prolonge par continuité en x_0.

Unicité de la limite

Si f admet une limite en x_0, alors celle-ci est unique.

Limite à gauche, limite à droite

- Soit une fonction f définie sur un voisinage à gauche de x_0.

On dit que $\lim_{x \to x_0^-} f(x) = \ell$ lorsque :

$$\forall \varepsilon > 0,\ \exists \alpha > 0,\ \forall x \in D_f,\ x_0 - \alpha \leq x < x_0 \Rightarrow \left|f(x) - \ell\right| \leq \varepsilon$$

- Soit une fonction f définie sur un voisinage à droite de x_0.

On dit que $\lim_{x \to x_0^+} f(x) = \ell$ lorsque :

$$\forall \varepsilon > 0,\ \exists \alpha > 0,\ \forall x \in D_f,\ x_0 < x \leq x_0 + \alpha \Rightarrow \left|f(x) - \ell\right| \leq \varepsilon$$

Lien entre limite et limites à droite et à gauche

Soit f une fonction définie au voisinage de x_0.

Si f n'est pas définie en x_0, alors f admet ℓ pour limite en x_0 si, et seulement si, f admet ℓ pour limite à gauche en x_0 et pour limite à droite en x_0.

Si f est définie en x_0, alors f admet une limite en x_0 si, et seulement si, f admet une limite à gauche en x_0 et une limite à droite en x_0 toutes les deux égales à $f(x_0)$. Dans ce cas, f est continue en x_0.

Limite infinie en un point

- La limite de f en x_0 est égale à $+\infty$ lorsque :

$$\forall A \in \mathbb{R},\ \exists \alpha > 0,\ \forall x \in D_f, \left| x - x_0 \right| \leq \alpha \Rightarrow f(x) \geq A$$

- La limite de f en x_0 est égale à $-\infty$ lorsque :

$$\forall A \in \mathbb{R},\ \exists \alpha > 0,\ \forall x \in D_f, \left| x - x_0 \right| \leq \alpha \Rightarrow f(x) \leq A$$

La droite d'équation $x = x_0$ est *asymptote verticale* à C_f.

Limite finie en l'infini

- $\lim\limits_{x \to +\infty} f(x) = \ell \Leftrightarrow \forall \varepsilon > 0,\ \exists B > 0,\ \forall x \geq B,\ \left| f(x) - \ell \right| \leq \varepsilon$
- $\lim\limits_{x \to -\infty} f(x) = \ell \Leftrightarrow \forall \varepsilon > 0,\ \exists B < 0,\ \forall x \leq B,\ \left| f(x) - \ell \right| \leq \varepsilon$

La droite d'équation $y = \ell$ est *asymptote horizontale* à C_f.

Limite infinie en l'infini

- $\lim\limits_{x \to +\infty} f(x) = +\infty \Leftrightarrow \forall A \in \mathbb{R},\ \exists B > 0,\ \forall x \geq B, f(x) \geq A$
- $\lim\limits_{x \to +\infty} f(x) = -\infty \Leftrightarrow \forall A \in \mathbb{R},\ \exists B > 0,\ \forall x \geq B, f(x) \leq A$
- $\lim\limits_{x \to -\infty} f(x) = +\infty \Leftrightarrow \forall A \in \mathbb{R},\ \exists B < 0,\ \forall x \leq B, f(x) \geq A$
- $\lim\limits_{x \to -\infty} f(x) = -\infty \Leftrightarrow \forall A \in \mathbb{R},\ \exists B < 0,\ \forall x \leq B, f(x) \leq A$

Dans le cas où la limite de f en l'infini est infinie, il se peut que l'on soit face à la situation suivante :

Si $\lim\limits_{x \to \pm\infty} \left(f(x) - (ax + b) \right) = 0$, alors ($C_f$) a en $\pm\infty$ une *asymptote oblique* d'équation $y = ax + b$.

Limites et somme

$\lim\limits_{x\to a} f(x)$	$-\infty$	$+\infty$	$-\infty$	ℓ	ℓ
$\lim\limits_{x\to a} g(x)$	$-\infty$	$+\infty$	$+\infty$	$+\infty$	$-\infty$
$\lim\limits_{x\to a}\big(f(x)+g(x)\big)$	$-\infty$	$+\infty$	Forme indéterminée	$+\infty$	$-\infty$

Limites et produit

$\lim\limits_{x\to a} f(x)$	$\pm\infty$	$\ell\neq 0$	0
$\lim\limits_{x\to a} g(x)$	$\pm\infty$	$\pm\infty$	$\pm\infty$
$\lim\limits_{x\to a}\big(f(x)g(x)\big)$	$\pm\infty$	$\pm\infty$	Forme Indéterminée
	la règle des signes donne le signe de la limite du produit		

Limite de l'inverse d'une fonction

$\lim\limits_{x\to a} f(x)$	$\pm\infty$	$\ell\neq 0$	0 et $f(x)<0$ au voisinage de a	0 et $f(x)>0$ au voisinage de a
$\lim\limits_{x\to a}\dfrac{1}{f(x)}$	0	$\dfrac{1}{\ell}$	$-\infty$	$+\infty$

Composition des limites

Soit trois éléments a, b et c de $\overline{\mathbb{R}}$. Soit une fonction f définie au voisinage de a et une fonction g définie au voisinage de b.

Si $\lim\limits_{x\to a} f(x)=b$ et $\lim\limits_{x\to b} g(x)=c$, alors $\lim\limits_{x\to a} g(f(x))=c$.

Limites usuelles

$$\lim_{x\to 0}\frac{e^x-1}{x}=1\ ;\ \lim_{x\to 0}\frac{\ln(1+x)}{x}=1$$

$$\lim_{x\to 0}\frac{\sin x}{x}=1\ ;\ \lim_{x\to 0}\frac{1-\cos x}{x}=0\ ;\ \lim_{x\to 0}\frac{\tan x}{x}=1$$

Croissances comparées

Pour tout couple de réels (α, β) de réels strictement positifs, on a :

$$\lim_{x\to 0^+} x^\alpha (\ln x)^\beta = 0 \qquad \lim_{x\to+\infty} \frac{(\ln x)^\beta}{x^\alpha} = 0 \qquad \lim_{x\to+\infty} \frac{e^x}{x^\alpha} = +\infty$$

Prolongement des inégalités

Si pour tout réel x d'un voisinage de a ($a \in \overline{\mathbb{R}}$), on a $f(x) < g(x)$ ou $f(x) \leq g(x)$, et si $\lim\limits_{x\to a} f(x) = \ell$ et $\lim\limits_{x\to a} g(x) = \ell'$, alors : $\ell \leq \ell'$.

Théorème de comparaison des limites

Si pour tout réel x dans un voisinage de a ($a \in \overline{\mathbb{R}}$), on a $f(x) \leq g(x)$, alors :

- $\lim\limits_{x\to a} f(x) = +\infty \Rightarrow \lim\limits_{x\to a} g(x) = +\infty$.
- $\lim\limits_{x\to a} g(x) = -\infty \Rightarrow \lim\limits_{x\to a} f(x) = -\infty$.

Théorème d'encadrement

Si pour tout x d'un voisinage de a ($a \in \overline{\mathbb{R}}$), on a $f(x) \leq g(x) \leq h(x)$ et si $\lim\limits_{x\to a} f(x) = \lim\limits_{x\to a} h(x) = \ell$, alors : $\lim\limits_{x\to a} g(x) = \ell$.

Si pour tout réel x au voisinage de a ($a \in \overline{\mathbb{R}}$), on a $|f(x) - \ell| \leq g(x)$ et si $\lim\limits_{x\to a} g(x) = 0$, alors $\lim\limits_{x\to a} f(x) = \ell$.

Théorème de la limite monotone

Si f est monotone de $]a, b[$ dans $\mathbb{R}$, alors f admet des limites finies à droite et à gauche en tout point de $]a, b[$. De plus, on a :

	f croissante	f décroissante
f majorée	f a une limite finie en b^-	f a une limite finie en a^+
f non majorée	$\lim\limits_{x\to b^-} f(x) = +\infty$	$\lim\limits_{x\to a^+} f(x) = +\infty$
f minorée	f a une limite finie en a^+	f a une limite finie en b^-
f non minorée	$\lim\limits_{x\to a^+} f(x) = -\infty$	$\lim\limits_{x\to b^-} f(x) = -\infty$

8. NÉGLIGEABILITÉ ET ÉQUIVALENCE (FONCTIONS)

On note $\overline{\mathbb{R}}$ l'ensemble $\mathbb{R}$ auquel on adjoint $-\infty$ et $+\infty$.

Négligeabilité

Soit a dans $\overline{\mathbb{R}}$. Une fonction f est *négligeable* devant g au voisinage de a s'il existe une fonction ε de limite nulle en a, telle que $f(x) = \varepsilon(x)g(x)$ au voisinage de a. On note : $f(x) \underset{a}{=} o(g(x))$.

Au voisinage de a, $o(1)$ désigne une fonction de limite nulle en a.

Caractérisation de la négligeabilité

Si la fonction g ne s'annule pas au voisinage de a, alors :

$$f(x) \underset{a}{=} o(g(x)) \Leftrightarrow \lim_{x \to a} \frac{f(x)}{g(x)} = 0$$

Négligeabilité et opérations

- Si $f(x) \underset{a}{=} o(h(x))$ et $g(x) \underset{a}{=} o(h(x))$, alors on a :

$$\forall(\alpha, \beta) \in \mathbb{R}^2,\ \alpha f(x) + \beta g(x) \underset{a}{=} o(h(x))$$

- Si $f(x) \underset{a}{=} o(g(x))$ et $g(x) \underset{a}{=} o(h(x))$, alors $f(x) \underset{a}{=} o(h(x))$.

Négligeabilités usuelles

$$\forall \alpha > 0,\ \forall \beta > 0,\ (\ln x)^\beta \underset{+\infty}{=} o(x^\alpha) \text{ et } x^\alpha \underset{+\infty}{=} o(e^x)$$

Équivalence

Soit a dans $\overline{\mathbb{R}}$. Les fonctions f et g sont *équivalentes* au voisinage de a lorsqu'il existe une fonction α telle que $\lim\limits_{x\to a}\alpha(x)=1$ et vérifiant $f(x)=\alpha(x)g(x)$ au voisinage de a. On note :

$$f(x)\underset{a}{\sim}g(x)$$

Lien entre équivalence et négligeabilité

$$f(x)\underset{a}{\sim}g(x)\Leftrightarrow f(x)\underset{a}{=}g(x)+o(g(x))$$

En d'autres termes :

$$g(x)+o(g(x))\underset{a}{\sim}g(x)$$

Caractérisation de l'équivalence

Si la fonction g ne s'annule pas au voisinage de a, alors :

$$f(x)\underset{a}{\sim}g(x)\Leftrightarrow \lim_{x\to a}\frac{f(x)}{g(x)}=1$$

Transitivité

Si $f(x)\underset{a}{\sim}g(x)$ et $g(x)\underset{a}{\sim}h(x)$, alors $f(x)\underset{a}{\sim}h(x)$.

Équivalence et opérations

- Si $f(x)\underset{a}{\sim}g(x)$ et si $h(x)\underset{a}{\sim}k(x)$, alors $f(x)h(x)\underset{a}{\sim}g(x)k(x)$.
- Si $f(x)\underset{a}{\sim}g(x)$, alors : $\forall n\in\mathbb{N}$, $f^n(x)\underset{a}{\sim}g^n(x)$.
- Si $f(x)\underset{a}{\sim}g(x)$, et si de plus f et g ne s'annulent pas au voisinage de a, alors : $\dfrac{1}{f(x)}\underset{a}{\sim}\dfrac{1}{g(x)}$.
- Si $f(x)\underset{a}{\sim}g(x)$, et si de plus f et g sont strictement positives au voisinage de a, alors : $\forall\alpha\in\mathbb{R}$, $f^\alpha(x)\underset{a}{\sim}g^\alpha(x)$.

L'équivalence n'est en général pas compatible avec l'addition et la composition des fonctions.

Polynômes et équivalents

• Un polynôme non nul est équivalent, au voisinage de 0, à son monôme de plus bas degré.

• Un polynôme non nul est équivalent, aux voisinages de $+\infty$ et $-\infty$, à son monôme de plus haut degré.

Équivalents usuels

On désigne par α un nombre réel non nul (indépendant de x).

$e^x - 1 \underset{0}{\sim} x$	$\ln(1+x) \underset{0}{\sim} x$	$(1+x)^\alpha - 1 \underset{0}{\sim} \alpha x$
$\sin x \underset{0}{\sim} x$	$1 - \cos x \underset{0}{\sim} \dfrac{x^2}{2}$	$\tan x \underset{0}{\sim} x$

Équivalents et limites

• Si $f(x) \underset{a}{\sim} g(x)$ et si $\lim\limits_{x \to a} f(x) = \ell$, alors $\lim\limits_{x \to a} g(x) = \ell$ (vrai même si $\ell = +\infty$ ou $\ell = -\infty$).
• Si $\lim\limits_{x \to a} f(x) = \ell$ et si $\ell \neq 0$, alors : $f(x) \underset{a}{\sim} \ell$.

Partie entière

La fonction *partie entière* est la fonction qui à tout réel x associe le seul entier, noté $\lfloor x \rfloor$ ou parfois Ent(x), défini par :

$$\forall x \in \mathbb{R}, \lfloor x \rfloor \leq x < \lfloor x \rfloor + 1$$

On en déduit :

$$\lfloor x \rfloor \underset{\pm\infty}{\sim} x$$

9. CONTINUITÉ

Définition

Soit une fonction f définie en un réel x_0.

• f est *continue* en x_0 lorsque f admet une limite finie en x_0, cette limite étant nécessairement égale à $f(x_0)$.

• f est *continue à droite* en x_0 lorsque $\lim\limits_{x \to x_0^+} f(x) = f(x_0)$.

• f est *continue à gauche* en x_0 lorsque $\lim\limits_{x \to x_0^-} f(x) = f(x_0)$.

Continuité, continuité à droite, à gauche

Une fonction f définie en x_0 est continue en x_0 si, et seulement si, f est continue à gauche et à droite en x_0.

Prolongement par continuité

Soit une fonction f définie au voisinage d'un réel x_0, mais pas en x_0. Si f admet une limite finie ℓ en x_0, alors la fonction g, coïncidant avec f sur D_f, et telle que $g(x_0) = \ell$, est continue en x_0.

La fonction g s'appelle le *prolongement par continuité* de f en x_0.

Continuité sur un intervalle

On dit qu'une fonction est continue sur un intervalle I si elle est continue en tout point de I. L'ensemble des fonctions continues sur l'intervalle I est noté $C^0(I)$.

Continuité et fonctions usuelles

Les fonctions polynomiales (en particulier les fonctions constantes), les fonctions rationnelles (quotient de fonctions polynomiales), la fonction *valeur absolue*, les fonctions *logarithme népérien* et *exponentielle*, les fonctions puissances (en particulier la fonction *racine carrée*), les fonctions *sinus*, *cosinus* et *tangente* ainsi que la fonction *arctan*, sont continues là où elles sont définies.

Continuité et opérations

Si les fonctions f et g sont continues sur un intervalle I, alors :

- $f+g$, λf (où λ est un réel) et fg sont continues sur I.
- Si, de plus, g ne s'annule pas sur I, alors $\dfrac{f}{g}$ est continue sur I.

Continuité et composition

Si f est continue sur l'intervalle I, à valeurs dans l'intervalle J, et si g est continue sur J, alors $g \circ f$ est continue sur I.

Théorème des valeurs intermédiaires

Soit une fonction f continue sur $[a, b]$, avec $a < b$. Quel que soit le réel λ compris entre $f(a)$ et $f(b)$, il existe (au moins) un réel c appartenant à $[a, b]$ tel que $f(c) = \lambda$.

Conséquence :

L'image d'un intervalle par une fonction continue est un intervalle.

Image d'un segment

Si une fonction f est continue sur le segment $[a,b]$, alors f est bornée sur $[a,b]$ et atteint ses bornes.

Théorème de la bijection

Si une fonction f est continue et strictement monotone sur un intervalle I, alors f définit une bijection de l'intervalle I sur l'intervalle $J = f(I)$, image de I par f.

En outre, la bijection réciproque f^{-1} (bijection de J sur I) est continue sur J, possède le même sens de variation que f, et les courbes représentatives de f et f^{-1} dans un repère orthonormé sont symétriques par rapport à la droite d'équation $y = x$.

10. DÉRIVABILITÉ

Définition

• La fonction f est *dérivable* en x_0 si $\dfrac{f(x)-f(x_0)}{x-x_0}$ a une limite finie lorsque x tend vers x_0. Cette limite est alors notée $f'(x_0)$ et s'appelle *nombre dérivé* de f en x_0.

• La fonction f est *dérivable à droite* (ou *à gauche*) en x_0 lorsque $\dfrac{f(x)-f(x_0)}{x-x_0}$ admet une limite à droite (ou à gauche) en x_0.

Cette limite est alors appelée *nombre dérivé de f à droite* (ou *à gauche*) *en* x_0, que l'on note $f_d'(x_0)$ (ou $f_g'(x_0)$).

Lien entre dérivée, dérivée à droite, à gauche

La fonction f est dérivable en x_0 si, et seulement si, f est dérivable à droite et à gauche en x_0, et si de plus $f_d'(x_0)=f_g'(x_0)$.

Développement limité d'ordre 1

La fonction f est dérivable en x_0 si, et seulement si, il existe un réel a tel que, au voisinage de x_0 :

$$f(x) \underset{x_0}{=} f(x_0)+a(x-x_0)+o(x-x_0)$$

Dans ce cas, on a : $a=f'(x_0)$. L'égalité est alors appelée *développement limité d'ordre* 1 *de f en* x_0.

Dérivées et tangentes

• Si la fonction f est dérivable en x_0, alors (C_f) admet une tangente au point $(x_0, f(x_0))$ d'équation :

$$y=f'(x_0)(x-x_0)+f(x_0)$$

• Si la fonction f n'est pas dérivable en x_0 mais admet une dérivée à gauche (ou à droite) en x_0, alors on parle de *demi tangente*.

• Si $\dfrac{f(x)-f(x_0)}{x-x_0}$ a une limite infinie lorsque x tend vers x_0, alors (C_f) admet une tangente *verticale* au point $(x_0, f(x_0))$.

Dérivabilité des fonctions usuelles

Les fonctions polynomiales, rationnelles, trigonométriques, *exponentielle* et *logarithme*, sont dérivables là où elles sont définies. Les fonctions *valeur absolue*, *racine carrée*, $x \mapsto \sqrt[n]{x}$ (avec n entier naturel non nul), ne sont pas dérivables en 0.

Fonction Arctan

La fonction *Arctan* est la bijection réciproque de la restriction de la fonction *tangente* à l'intervalle $]-\pi/2, \pi/2[$. La fonction *Arctan* est dérivable sur $\mathbb{R}$ et bijective de $\mathbb{R}$ sur $]-\pi/2, \pi/2[$.

Dérivées des fonctions usuelles

$f(x)$	$f'(x)$
x^α $(\alpha \in \mathbb{R}^*)$	$\alpha x^{\alpha-1}$
$\sqrt{x}$	$\dfrac{1}{2\sqrt{x}}$
a^x	$(\ln a)a^x$
$\ln\|x\|$	$\dfrac{1}{x}$

$f(x)$	$f'(x)$
$\cos x$	$-\sin x$
$\tan x$	$1+\tan^2 x = \dfrac{1}{\cos^2 x}$
$\sin x$	$\cos x$
$\operatorname{Arctan} x$	$\dfrac{1}{1+x^2}$

Si u et v sont des fonctions dérivables :

$(u+\lambda v)' = u' + \lambda v'$	$(u \circ v)' = v' \times (u' \circ v)$	$(uv)' = u'v + uv'$
$\left(\dfrac{1}{u}\right)' = -\dfrac{u'}{u^2}$	$\left(\dfrac{u}{v}\right)' = \dfrac{u'v - uv'}{v^2}$	$\left(\sqrt{u}\right)' = \dfrac{u'}{2\sqrt{u}}$
$(u^\alpha)' = \alpha u' u^{\alpha-1}$	$(\ln\|u\|)' = \dfrac{u'}{u}$	$(\operatorname{Arctan} u)' = \dfrac{u'}{1+u^2}$
$(e^u)' = u'e^u$	$(\sin u)' = u' \cos u$	$(\cos u)' = -u' \sin u$
$(\tan u)' = u'(1+\tan^2(u)) = \dfrac{u'}{\cos^2(u)}$		

Dérivée d'une bijection réciproque

Soit une fonction f bijective d'un intervalle I sur un intervalle J, et dérivable sur I. Soit y un élément de J. Si f' ne s'annule pas en $f^{-1}(y)$, alors f^{-1} est dérivable en y et on a :

$$(f^{-1})'(y) = \frac{1}{f'(f^{-1}(y))}$$

Dérivée et sens de variation sur un intervalle I

- Si pour tout x de I, $f'(x) \geq 0$ alors f est croissante sur I. Si de plus f' ne s'annule qu'en un nombre fini de points, alors f est strictement croissante sur I.
- Si pour tout x de I, $f'(x) \leq 0$ alors f est décroissante sur I. Si de plus f' ne s'annule qu'en un nombre fini de points, alors f est strictement décroissante sur I.
- Si, pour tout x de I, on a $f'(x) = 0$, alors f est constante sur I.

Théorème de Rolle

Soit une fonction f continue sur $[a,b]$ et dérivable sur $]a,b[$. Si $f(a) = f(b)$, alors il existe un réel c de $]a,b[$ tel que $f'(c) = 0$.

Théorème des accroissements finis

Si une fonction f est continue sur $[a,b]$ et dérivable sur $]a,b[$, alors il existe un réel c de $]a,b[$ tel que :

$$f(b) - f(a) = (b-a)f'(c)$$

Inégalités des accroissements finis

Si f est dérivable sur un intervalle I et s'il existe deux réels m et M tels que, pour tout réel x de I, on a $m \leq f'(x) \leq M$, alors :

$$\forall (a, b) \in I^2,\ a \leq b,\ \ m(b-a) \leq f(b) - f(a) \leq M(b-a)$$

Si f est dérivable sur un intervalle I et s'il existe un réel k tel que, pour tout réel x de I, on a $|f'(x)| \leq k$, alors :

$$\forall (a, b) \in I^2, \ |f(b) - f(a)| \leq k|b - a|$$

Formule de Leibniz

$$\forall (f,g) \in \left(C^n(I)\right)^2, \ \forall x \in I, \ (fg)^{(n)}(x) = \sum_{k=0}^{n} \binom{n}{k} f^{(k)}(x) g^{(n-k)}(x)$$

Point critique

Soit une fonction f dérivable sur un intervalle I. On appelle *point critique* de f tout réel x de I tel que $f'(x) = 0$.

Condition nécessaire d'extremum

Si f est une fonction est dérivable sur un intervalle **ouvert** I et si f possède un extremum local sur I, alors c'est en un point critique.

Condition suffisante d'extremum

Soit une fonction f de classe C^2 sur un intervalle **ouvert** I et x_0 un point critique de f.

Si $f''(x_0) > 0$, alors f possède un minimum local en x_0.

Si $f''(x_0) < 0$, alors f possède un maximum local en x_0.

Si $f''(x_0) = 0$, alors on ne peut rien conclure.

Dérivée première et extremum

Si la fonction f est dérivable sur $]a, b[$, alors elle admet un extremum local en un réel x_0 de $]a, b[$ si, et seulement si :

$$f'(x_0) = 0 \text{ et } f' \text{ change de signe en } x_0$$

Convexité, concavité

Une fonction f est *convexe* sur I lorsque, pour tout segment $[a,b]$ inclus dans I, et pour tout t de $[0,1]$, on a :

$$f(ta + (1-t)b) \leq t f(a) + (1-t) f(b)$$

Ceci signifie que la portion de (C_f) sur I est sous ses cordes.

La fonction f est *concave* sur I lorsque, avec les mêmes notations, l'inégalité finale est : $f(ta+(1-t)b) \geq t\,f(a)+(1-t)f(b)$.

Caractérisations de la convexité

- Si une fonction f est de classe C^1 sur un intervalle I, alors :
f est convexe sur $I \Leftrightarrow f'$ est croissante sur I
$\Leftrightarrow$ la portion de (C_f) sur I est au-dessus de chacune de ses tangentes.
- Si une fonction f est de classe C^2 sur I, alors :

$$f \text{ est convexe sur } I \Leftrightarrow \forall x \in I,\ f''(x) \geq 0$$

Généralisation de l'inégalité de convexité

Soit n un entier naturel non nul, f une fonction convexe sur l'intervalle I et $(\lambda_1,\dots,\lambda_n)$ un n-uplet d'éléments de $[0,1]$ tels que $\sum_{k=1}^{n}\lambda_k = 1$. On a : $\forall (x_1,\dots,x_n) \in I^n,\ f\left(\sum_{k=1}^{n}\lambda_k x_k\right) \leq \sum_{k=1}^{n}\lambda_k f(x_k)$.

Point d'inflexion

On dit que le point $(x_0, f(x_0))$ est un *point d'inflexion* de la courbe (C_f) lorsque (C_f) change de concavité en ce point.

Caractérisation de l'inflexion

Si f est de classe C^2 sur un intervalle d'extrémités a et b et si x_0 est dans $]a,b[$, alors (C_f) a un point d'inflexion en $(x_0, f(x_0))$ si, et seulement si, f'' s'annule en changeant de signe en x_0.

"Inégalités de convexité" classiques

Convexité de la fonction exponentielle : $\forall x \in \mathbb{R},\ e^x \geq 1+x$.

Concavité de la fonction logarithme : $\forall x > -1,\ \ln(1+x) \leq x$.

Concavité de la fonction sinus : $\forall x \in \mathbb{R}_+,\ \sin x \leq x$.

11. SUITES

Majorants, minorants

- La suite (u_n) est *majorée* si : $\exists M \in \mathbb{R},\ \forall n \in \mathbb{N},\ u_n \leq M$.
- La suite (u_n) est *minorée* si : $\exists m \in \mathbb{R},\ \forall n \in \mathbb{N},\ u_n \geq m$.
- La suite (u_n) est *bornée* si elle est à la fois majorée et minorée.

Sens de variation

- La suite (u_n) est *croissante* si : $\forall n \in \mathbb{N},\ u_{n+1} \geq u_n$.
- La suite (u_n) est *décroissante* si : $\forall n \in \mathbb{N},\ u_{n+1} \leq u_n$.
- On définit la stricte croissance et la stricte décroissance en remplaçant les inégalités larges par des inégalités strictes.
- La suite (u_n) est *monotone* si elle est croissante ou décroissante.
- La suite (u_n) est *constante* si : $\forall n \in \mathbb{N},\ u_{n+1} = u_n$.
- La suite (u_n) est *stationnaire* si : $\exists n_0 \in \mathbb{N},\ \forall n \geq n_0,\ u_{n+1} = u_n$.

Convergence

La suite (u_n) *converge* vers ℓ, et on note $\lim\limits_{n \to +\infty} u_n = \ell$, si :

$$\forall \varepsilon > 0,\ \exists n_0 \in \mathbb{N},\ \forall n \geq n_0,\ \left|u_n - \ell\right| \leq \varepsilon$$

Une suite qui n'est pas convergente est dite *divergente*.

Convergence et suite bornée

Toute suite convergente est bornée (la réciproque est fausse).

Limite infinie

On dit que (u_n) tend vers $+\infty$, et on écrit $\lim\limits_{n \to +\infty} u_n = +\infty$, lorsque :

$$\forall A > 0,\ \exists n_0 \in \mathbb{N},\ \forall n \geq n_0,\ u_n \geq A$$

On dit que (u_n) tend vers $-\infty$, et on écrit $\lim\limits_{n \to +\infty} u_n = -\infty$, lorsque :

$$\forall B < 0,\ \exists n_0 \in \mathbb{N},\ \forall n \geq n_0,\ u_n \leq B$$

Convergence et opérations

$\lim\limits_{n\to+\infty} u_n$	$-\infty$	$+\infty$	$-\infty$	ℓ	ℓ
$\lim\limits_{n\to+\infty} v_n$	$-\infty$	$+\infty$	$+\infty$	$+\infty$	$-\infty$
$\lim\limits_{n\to+\infty} (u_n + v_n)$	$-\infty$	$+\infty$	FI	$+\infty$	$-\infty$

$\lim\limits_{n\to+\infty} u_n$	$\pm\infty$	$\pm\infty$	$\pm\infty$
$\lim\limits_{n\to+\infty} v_n$	$\pm\infty$	$\ell \neq 0$	0
$\lim\limits_{n\to+\infty} (u_n v_n)$	$\pm\infty$	$\pm\infty$	FI
FI : forme indéterminée	la règle des signes donne le signe de la limite du produit		

Limite de l'inverse d'une suite

$\lim\limits_{n\to+\infty} u_n$	$\pm\infty$	$\ell \neq 0$	0^-	0^+
$\lim\limits_{n\to+\infty} \frac{1}{u_n}$	0	$\frac{1}{\ell}$	$-\infty$	$+\infty$

Théorème de la limite monotone

Si (u_n) est **croissante** et **majorée**, alors (u_n) est **convergente**.

Si (u_n) est **croissante mais non majorée**, alors : $\lim\limits_{n\to+\infty} u_n = +\infty$.

Si (u_n) est **décroissante** et **minorée**, alors (u_n) est **convergente**.

Si (u_n) est **décroissante mais non minorée**, alors : $\lim\limits_{n\to+\infty} u_n = -\infty$.

Théorème de prolongement des inégalités

Soit deux suites (u_n) et (v_n) telles que $u_n \leq v_n$, au moins à partir d'un certain rang.

Si (u_n) converge vers ℓ_1 et (v_n) converge vers ℓ_2, alors $\ell_1 \leq \ell_2$.

Si l'on a $u_n < v_n$ à la place de $u_n \leq v_n$, la conclusion reste $\ell_1 \leq \ell_2$.

Théorème d'encadrement

Soit trois suites (u_n), (v_n) et (w_n) telles que $v_n \le u_n \le w_n$, au moins à partir d'un certain rang. Si (v_n) et (w_n) convergent vers la même limite ℓ, alors (u_n) converge et $\lim_{n \to +\infty} u_n = \ell$.

Théorème de comparaison

Soit deux suites (u_n) et (v_n) telles que $u_n \le v_n$, au moins à partir d'un certain rang.

- Si $\lim_{n \to +\infty} u_n = +\infty$, alors $\lim_{n \to +\infty} v_n = +\infty$.
- Si $\lim_{n \to +\infty} v_n = -\infty$, alors $\lim_{n \to +\infty} u_n = -\infty$.

Convergence et composition

Soit une fonction f de $\mathbb{R}$ dans $\mathbb{R}$ et une suite (u_n).

Si $\lim_{n \to +\infty} u_n = a$ et si $\lim_{x \to a} f(x) = \ell$, alors $\lim_{n \to +\infty} f(u_n) = \ell$.

Théorème du point fixe

Soit une suite (u_n) vérifiant $u_{n+1} = f(u_n)$. Si $\lim_{n \to +\infty} u_n = \ell$ et si f est continue en ℓ, alors on a : $f(\ell) = \ell$.

Suites adjacentes

On dit que deux suites (u_n) et (v_n) sont *adjacentes* lorsque l'une est croissante, l'autre décroissante, et $\lim_{n \to +\infty} (u_n - v_n) = 0$.

Convergence des suites adjacentes

Deux suites adjacentes (u_n) et (v_n) sont convergentes et elles ont la même limite ℓ.
Si la suite (u_n) est croissante et si la suite (v_n) est décroissante, alors on a : $\forall n \in \mathbb{N}$, $u_n \le \ell \le v_n$.

12. NÉGLIGEABILITÉ ET ÉQUIVALENCE (SUITES)

Négligeabilité

La suite (u_n) est *négligeable* devant la suite (v_n) lorsqu'il existe une suite (ε_n) qui converge vers 0 et qui vérifie $u_n = \varepsilon_n v_n$ (à partir d'un certain rang). On note : $u_n \underset{+\infty}{=} o(v_n)$ ou $u_n \underset{n\to+\infty}{=} o(v_n)$.

Caractérisation de la négligeabilité

Si au voisinage de $+\infty$, $v_n \neq 0$, alors :

$$u_n \underset{+\infty}{=} o(v_n) \Leftrightarrow \lim_{n\to+\infty} \frac{u_n}{v_n} = 0$$

Négligeabilité et opérations

- Si $u_n \underset{+\infty}{=} o(v_n)$ et $v_n \underset{+\infty}{=} o(w_n)$, alors : $u_n \underset{+\infty}{=} o(w_n)$.
- Si $u_n \underset{+\infty}{=} o(w_n)$ et $v_n \underset{+\infty}{=} o(w_n)$, alors :

$$\forall (a,b) \in \mathbb{R}^2,\ au_n + bv_n \underset{+\infty}{=} o(w_n)\ .$$

Négligeabilités usuelles

$$\forall (a,b) \in \left(\mathbb{R}_+^*\right)^2, \forall q > 1, (\ln n)^b \underset{+\infty}{=} o(n^a),\ n^a = o(q^n) \text{ et } q^n = o(n!)$$

Équivalence

Les suites (u_n) et (v_n) sont *équivalentes* s'il existe une suite (α_n) qui converge vers 1 et qui vérifie $u_n = \alpha_n v_n$. On note : $u_n \underset{+\infty}{\sim} v_n$.

Lien entre équivalence et négligeabilité

$$u_n \underset{+\infty}{\sim} v_n \Leftrightarrow u_n \underset{+\infty}{=} v_n + o(v_n)$$

En d'autres termes :

$$v_n + o(v_n) \underset{+\infty}{\sim} v_n$$

Caractérisation de l'équivalence

Si au voisinage de $+\infty$, $v_n \neq 0$, alors :

$$u_n \underset{+\infty}{\sim} v_n \Leftrightarrow \lim_{n\to+\infty} \frac{u_n}{v_n} = 1$$

Équivalence et opérations

• Si $u_n \underset{+\infty}{\sim} v_n$ et si $t_n \underset{+\infty}{\sim} w_n$, alors : $u_n t_n \underset{+\infty}{\sim} v_n w_n$.

• Si $u_n \underset{+\infty}{\sim} v_n$ et si $u_n \neq 0$ et $v_n \neq 0$, alors $\dfrac{1}{u_n} \underset{+\infty}{\sim} \dfrac{1}{v_n}$.

• Si $u_n \underset{+\infty}{\sim} v_n$, si $u_n > 0$ et $v_n > 0$, alors quel que soit le réel a strictement positif : ${u_n}^a \underset{+\infty}{\sim} {v_n}^a$ (avec a indépendant de n).

L'équivalence n'est en général pas compatible avec l'addition des suites et la composition par une fonction.

Équivalents usuels

On désigne par α un réel non nul. Si $\lim\limits_{n\to+\infty} u_n = 0$, alors :

$\ln(1+u_n) \underset{+\infty}{\sim} u_n$	$e^{u_n} - 1 \underset{+\infty}{\sim} u_n$	$(1+u_n)^\alpha - 1 \underset{+\infty}{\sim} \alpha u_n$
$\sin u_n \underset{+\infty}{\sim} u_n$	$1 - \cos u_n \underset{+\infty}{\sim} \dfrac{1}{2} u_n^2$	$\tan u_n \underset{+\infty}{\sim} u_n$

Équivalents et limites

• Si $u_n \underset{+\infty}{\sim} v_n$ et si $\lim\limits_{n\to+\infty} u_n = \ell$, alors $\lim\limits_{n\to+\infty} v_n = \ell$.

• Si (u_n) converge vers un réel ℓ **non nul**, alors $u_n \underset{+\infty}{\sim} \ell$.

13. SUITES USUELLES

Suites arithmétiques

On dit que la suite (u_n) est *arithmétique* s'il existe un réel r, indépendant de n, appelé *raison* de (u_n), tel que :

$$\forall n \in \mathbb{N},\ u_{n+1} = u_n + r$$

Forme explicite d'une suite arithmétique

Soit une suite arithmétique (u_n) de raison r. On a alors :

$$\forall n \in \mathbb{N},\ u_n = u_0 + nr$$

Plus généralement, on a :

$$\forall p \in \mathbb{N},\ \forall n \geq p,\ u_n = u_p + (n-p)r$$

Suites géométriques

On dit que la suite (u_n) est *géométrique* s'il existe un réel q, indépendant de n, appelé *raison* de (u_n), tel que :

$$\forall n \in \mathbb{N},\ u_{n+1} = q u_n$$

Forme explicite d'une suite géométrique

Soit une suite géométrique (u_n) de raison q. On a alors :

$$\forall n \in \mathbb{N},\ u_n = u_0 q^n$$

Plus généralement, on a :

$$\forall p \in \mathbb{N},\ \forall n \geq p,\ u_n = u_p q^{n-p}$$

Convergence de la suite (q^n)

$\lvert q \rvert < 1$	$q = 1$	$q > 1$	$q \leq -1$
$\lim\limits_{n\to+\infty} q^n = 0$	$\lim\limits_{n\to+\infty} q^n = 1$	$\lim\limits_{n\to+\infty} q^n = +\infty$	(q^n) diverge

Suites arithmético-géométriques

La suite $(u_n)_{n\in\mathbb{N}}$ est *arithmético-géométrique* lorsqu'il existe deux réels a et b, indépendants de n, avec $a \neq 1$, tels que :

$$\forall n \in \mathbb{N},\ u_{n+1} = a u_n + b$$

Étude d'une suite arithmético-géométrique

Si x est le réel vérifiant $x = ax + b$, alors la suite $(u_n - x)_{n\in\mathbb{N}}$ est géométrique de raison a, ce qui permet d'obtenir $u_n - x$, puis u_n.

Suites récurrentes linéaires d'ordre 2 (SRL 2)

La suite (u_n) vérifie une relation de récurrence linéaire d'ordre 2 lorsqu'il existe deux réels a et b, indépendants de n, tels que :

$$\forall n \in \mathbb{N},\ u_{n+2} = a u_{n+1} + b u_n$$

(E) : $x^2 - ax - b = 0$ est appelée *équation caractéristique* de (u_n).

Forme explicite des SRL 2

- Si (E) admet deux solutions réelles r_1 et r_2 distinctes, alors :

$$\exists(\lambda, \mu) \in \mathbb{R}^2,\ \forall n \in \mathbb{N},\ u_n = \lambda r_1^n + \mu r_2^n$$

- Si (E) admet une seule solution r, alors :

$$\exists(\lambda, \mu) \in \mathbb{R}^2,\ \forall n \in \mathbb{N},\ u_n = (\lambda + \mu n) r^n$$

- Si (E) admet deux solutions complexes distinctes $\rho e^{i\theta}$ et $\rho e^{-i\theta}$:

$$\exists(\lambda, \mu) \in \mathbb{R}^2,\ \forall n \in \mathbb{N},\ u_n = \rho^n(\lambda \cos(n\theta) + \mu \sin(n\theta))$$

&

Nous devons plutôt nous fier au calcul algébrique
qu'à notre jugement

Leonhard Euler

14. SÉRIES

Somme partielle

Soit une suite (u_n). On appelle *suite des sommes partielles* de la série Σu_n la suite (S_n) définie par :

$$\forall n \in \mathbb{N},\ S_n = \sum_{k=0}^{n} u_k$$

Nature d'une série

La série Σu_n *converge* lorsque la suite (S_n) des sommes partielles associée converge. Dans ce cas, la limite de (S_n) est appelée *somme de la série* Σu_n. On a donc, en cas de convergence :

$$\sum_{k=0}^{+\infty} u_k = \lim_{n \to +\infty} \sum_{k=0}^{n} u_k$$

Dans le cas contraire, on dit que la série *diverge*.

Condition nécessaire de convergence

Si la série Σu_n converge, alors $\lim\limits_{n \to +\infty} u_n = 0$.

Séries et combinaisons linéaires

Si les séries Σu_n et Σv_n convergent, alors quels que soient les réels a et b, la série $\Sigma(au_n + bv_n)$ converge. Dans ce cas, on a :

$$\sum_{n=0}^{+\infty} (au_n + bv_n) = a\sum_{n=0}^{+\infty} u_n + b\sum_{n=0}^{+\infty} v_n$$

Reste d'une série convergente

Si la série Σu_n converge, alors on a : $\lim\limits_{n \to +\infty} \sum\limits_{k=n+1}^{+\infty} u_k = 0$.

La quantité $\sum\limits_{k=n+1}^{+\infty} u_k$ est appelée *reste d'ordre n de la série* Σu_n.

Séries télescopiques

Pour tout entier naturel n non nul, on a : $\sum_{k=0}^{n-1}\left(u_{k+1}-u_k\right)=u_n-u_0$.

Par conséquent :

La série de terme général $u_{n+1}-u_n$ converge si, et seulement si, la suite (u_n) converge.

Si c'est le cas, en notant $\ell=\lim_{n\to+\infty} u_n$, on a : $\sum_{k=0}^{+\infty}\left(u_{k+1}-u_k\right)=\ell-u_0$.

Séries absolument convergentes

La série Σu_n *converge absolument* lorsque la série $\Sigma|u_n|$ converge.

Toute série absolument convergente est convergente.

Absolue convergence et sommation

Si une série converge absolument, alors on ne change ni sa nature, ni sa somme, en changeant l'ordre de sommation de ses termes.

Somme partielle dans le cas où $u_n \geq 0$

La suite (S_n) des sommes partielles associée à une série Σu_n à termes positifs est croissante.

- Si (S_n) est majorée alors la série Σu_n converge.
- Sinon, la série diverge et $\lim_{n\to+\infty} S_n=+\infty$.

Critère d'équivalence

Si $u_n \underset{+\infty}{\sim} v_n$ et si les séries Σu_n et Σv_n sont à termes positifs (à partir d'un certain rang), alors elles sont de même nature.

Critère de comparaison

Supposons que $0\leq u_n\leq v_n$ (à partir d'un certain rang).

- Si la série Σv_n converge, alors la série Σu_n converge aussi.
- Si la série Σu_n diverge, alors la série Σv_n diverge aussi.

Critère de négligeabilité

Si $u_n \underset{+\infty}{=} o(v_n)$, si la série Σv_n converge et si les séries Σu_n et Σv_n sont à termes positifs, alors la série Σu_n converge.

Séries géométriques

Les séries $\sum q^k$, $\sum kq^{k-1}$ et $\sum k(k-1)q^{k-2}$ sont appelée *séries géométriques* (*dérivées d'ordre* 1 et 2 pour les deux dernières). Elles convergent si et seulement si $|q|<1$. On a alors :

$\sum_{k=0}^{+\infty} q^k = \frac{1}{1-q}$	$\sum_{k=1}^{+\infty} kq^{k-1} = \frac{1}{(1-q)^2}$	$\sum_{k=2}^{+\infty} k(k-1)q^{k-2} = \frac{2}{(1-q)^3}$

Séries de Riemann

On appelle *série de Riemann* toute série $\sum \frac{1}{n^\alpha}$, où α est un réel ne dépendant pas de *n*. Elle converge si, et seulement si : $\alpha > 1$.

Séries exponentielles

Pour tout réel *x*, la série $\sum \frac{x^n}{n!}$ converge, et on a : $\sum_{n=0}^{+\infty} \frac{x^n}{n!} = e^x$.

Convergence absolue de Σu_i, $i \in I$ (I dénombrable)

Pour une bijection φ de $\mathbb{N}$ sur I fixée, si la série $\sum_{n\in\mathbb{N}} u_{\varphi(n)}$ converge absolument alors sa somme ne dépend pas de la bijection φ choisie. Dans ce cas, on dit que la série $\sum_{i\in I} u_i$ converge absolument (on dit parfois que la famille $(u_i)_{i\in I}$ est sommable) et sa somme est définie par $\sum_{i\in I} u_i = \sum_{n\in\mathbb{N}} u_{\varphi(n)}$, quelle que soit la bijection φ choisie.

Critère de comparaison

Le programme stipule que « *l'on admettra que les théorèmes ou les techniques classiques concernant les séries s'étendent dans le cadre des familles sommables* ».

Sommation par paquets

Lorsqu'une série converge absolument, alors on peut calculer sa somme en effectuant n'importe quelle partition de l'ensemble I des indices puis en sommant sur chaque classe (paquet) de la partition, et finir en sommant le tout.
En d'autres termes, si I est dénombrable et si $I = \bigcup_{j \in J} I_j$, où les ensembles I_j sont dénombrables, alors on a : $\sum_{i \in I} u_i = \sum_{j \in J} \sum_{k \in I_j} u_k$.

Série double

On appelle *série double* une série indexée sur $\mathbb{N} \times \mathbb{N}$ ou sur $I \times J$ où I et J sont deux sous-ensembles dénombrables de $\mathbb{N}$.

Convergence des séries doubles

Si l'une des trois sommes $\sum_{i=0}^{+\infty} \sum_{j=0}^{+\infty} u_{i,j}$, $\sum_{j=0}^{+\infty} \sum_{i=0}^{+\infty} u_{i,j}$ ou $\sum_{k=0}^{+\infty} \sum_{i+j=k} u_{i,j}$,

est la somme d'une série absolument convergente, alors la série double définie par la famille $(u_{i,j})_{(i,j) \in \mathbb{N}^2}$ est absolument convergente, et on a :

$$\sum_{i=0}^{+\infty} \sum_{j=0}^{+\infty} u_{i,j} = \sum_{j=0}^{+\infty} \sum_{i=0}^{+\infty} u_{i,j} = \sum_{k=0}^{+\infty} \sum_{i+j=k} u_{i,j}$$

15. INTÉGRATION SUR UN SEGMENT

Intégrale et primitive

Soit une fonction f continue sur un intervalle I et F une primitive de f sur I. On a l'égalité fondamentale suivante :

$$\forall(a,b)\in I^2,\ \int_a^b f(x)dx = F(b)-F(a)$$

Tableaux des primitives

$f(x)$	$F(x)$
a ($a\in\mathbb{R}$)	ax
x^α ($\alpha\neq-1$)	$\frac{x^{\alpha+1}}{\alpha+1}$
$\cos x$	$\sin x$
e^x	e^x
$\ln x$	$x\ln x - x$

$f(x)$	$F(x)$
$\frac{1}{x}$	$\ln\lvert x\rvert$
$\frac{1}{\sqrt{x}}$	$2\sqrt{x}$
$\sin x$	$-\cos x$
a^x $a>0$	$\frac{a^x}{\ln a}$
$\frac{1}{1+x^2}$	$\operatorname{Arctan} x$

f	F
$au'+bv'$ $(a,b)\in\mathbb{R}^2$	$au+bv$
$u'u^\alpha$ ($\alpha\neq-1$)	$\frac{u^{\alpha+1}}{\alpha+1}$
$u'\cos u$	$\sin u$
$u'e^u$	e^u
Dans ce tableau u et v sont des fonctions	

f	F
$\frac{u'}{u}$	$\ln\lvert u\rvert$
$\frac{u'}{\sqrt{u}}$	$2\sqrt{u}$
$u'\sin u$	$-\cos u$
$u'a^u$ ($a>0$)	$\frac{a^u}{\ln a}$
$\frac{u'}{1+u^2}$	$\operatorname{Arctan} u$

Linéarité de l'intégration

Soit deux fonctions f et g continues sur un intervalle $[a,b]$. On a :

$$\forall(\lambda,\mu)\in\mathbb{R}^2,\ \int_a^b(\lambda f(x)+\mu g(x))dx=\lambda\int_a^b f(x)dx+\mu\int_a^b g(x)dx$$

Relation de Chasles

Soit une fonction f continue sur un intervalle I.

$$\forall(a,b,c)\in I^3,\ \int_a^b f(x)dx=\int_a^c f(x)dx+\int_c^b f(x)dx$$

Positivité de l'intégrale

Si f est continue, positive sur $[a,b]$, avec $a\leq b$, alors on a :

$$\int_a^b f(x)dx\geq 0$$

Cas de stricte positivité

• Si une fonction f est continue, positive sur $[a,b]$, avec $a<b$, et si f n'est pas la fonction nulle, alors on a : $\int_a^b f(x)dx>0$.

• Si une fonction f est continue, positive sur $[a,b]$, si $a<b$, et si $\int_a^b f(x)dx=0$, alors f est identiquement nulle sur $[a,b]$.

Croissance de l'intégrale

Soit deux fonctions f et g continues sur $[a,b]$, avec $a\leq b$.
Si pour tout réel x de $[a,b]$, on a $f(x)\leq g(x)$, alors :

$$\int_a^b f(x)dx\leq\int_a^b g(x)dx$$

Inégalité triangulaire

Si a et b sont deux réels tels que $a\leq b$ et si f est une fonction continue sur $[a,b]$, alors on a : $\left|\int_a^b f(t)dt\right|\leq\int_a^b|f(t)|dt$

Primitive qui s'annule en *a*

Soit une fonction f continue sur un intervalle I, a un élément de I et G la fonction définie par : $\forall x \in I,\ G(x) = \int_a^x f(t)dt$.

La fonction G est de classe C^1 sur I et c'est **la** primitive de f qui s'annule en a.

Sommes de Riemann

Soit une fonction f continue sur $[a,b]$ et un entier naturel n non nul. On appelle *sommes de Riemann* associées à f sur $[a,b]$ les sommes

$$S_n = \frac{b-a}{n}\sum_{k=0}^{n-1} f\left(a+k\frac{b-a}{n}\right) \quad \text{et} \quad T_n = \frac{b-a}{n}\sum_{k=1}^{n} f\left(a+k\frac{b-a}{n}\right).$$

On a alors :

$$\lim_{n\to+\infty} S_n = \lim_{n\to+\infty} T_n = \int_a^b f(t)dt$$

Intégration par parties

Pour toutes fonctions u et v de classe C^1 sur $[a,b]$, on a :

$$\int_a^b u'(x)v(x)dx = \left[u(x)v(x)\right]_a^b - \int_a^b u(x)v'(x)dx$$

Changement de variable

Soit une fonction f continue sur un intervalle I, et φ une fonction de classe C^1 sur $[a,b]$, telle que $\varphi([a,b]) \subset I$. On a alors :

$$\int_a^b f(\varphi(x))\varphi'(x)dx = \int_{\varphi(a)}^{\varphi(b)} f(u)du$$

Fonctions continues par morceaux

Soit une fonction f continue par morceaux sur $[a,b]$ et $x_1, \ldots, x_n$ ses points de discontinuité sur $[a, b]$, avec $x_1 < \ldots < x_n$. L'intégrale $\int_a^b f(x)dx$ se calcule grâce à la relation de Chasles en ajoutant les intégrales $\int_a^{x_1} f(x)dx$, $\int_{x_1}^{x_2} f(x)dx$, …, $\int_{x_{n-1}}^{x_n} f(x)dx$ et $\int_{x_n}^b f(x)dx$.

16. FORMULES DE TAYLOR DÉVELOPPEMENTS LIMITÉS

Formule de Taylor avec reste intégral

Soit n un entier naturel. Si une fonction f est de classe C^{n+1} sur un intervalle I, et si a et b sont dans I ($a \leq b$ ou $b \leq a$), alors :

$$f(b) = \sum_{k=0}^{n} \frac{f^{(k)}(a)}{k!}(b-a)^k + \int_a^b \frac{(b-t)^n}{n!} f^{(n+1)}(t)dt$$

On dit que la formule précédente est écrite à l'ordre n.

Inégalité de Taylor-Lagrange à l'ordre *n*

Si f est de classe C^{n+1} sur I, si a et b sont dans I ($a \leq b$ ou $b \leq a$), si de plus, pour tout réel x de I, on a $\left| f^{(n+1)}(x) \right| \leq M$, alors :

$$\left| f(b) - \sum_{k=0}^{n} \frac{f^{(k)}(a)}{k!}(b-a)^k \right| \leq \frac{M \left| b-a \right|^{n+1}}{(n+1)!}$$

Formule de Taylor-Young à l'ordre *n*

Si f est de classe C^n sur I, et si a est un réel de I alors, lorsque x est au voisinage de a, on a :

$$f(x) \underset{a}{=} \sum_{k=0}^{n} \frac{f^{(k)}(a)}{k!}(x-a)^k + o\left((x-a)^n\right)$$

En posant $h = x - a$, on obtient, lorsque h est au voisinage de 0 :

$$f(a+h) \underset{0}{=} f(a) + f'(a)\frac{h}{1!} + f''(a)\frac{h^2}{2!} + \cdots + f^{(n)}(a)\frac{h^n}{n!} + o(h^n)$$

Développement limité d'ordre n

On dit qu'une fonction f définie au voisinage d'un réel x_0 admet un *développement limité d'ordre n* en x_0 lorsqu'il existe $n+1$ réels $a_0, a_1, ..., a_n$ tels que, au voisinage de x_0 :

$$f(x) \underset{x_0}{=} \underbrace{a_0 + a_1(x-x_0) + a_2(x-x_0)^2 + \cdots + a_n(x-x_0)^n}_{\text{ce polynôme est appelé la } \textit{partie régulière} \text{ du développement limité}} + o((x-x_0)^n)$$

Unicité

Si f admet un développement limité, alors il est unique.

Existence

Si une fonction est de classe C^n au voisinage de x_0, alors elle admet un développement limité d'ordre n en x_0, donné par la formule de Taylor-Young.

Développement limité et continuité

Une fonction f est continue en x_0 si, et seulement si, au voisinage de x_0, elle admet le développement d'ordre 0 suivant :

$$f(x) \underset{x_0}{=} f(x_0) + o(1)$$

Développement limité et dérivabilité

Si la fonction f est dérivable en x_0, alors f admet un développement limité en x_0 à l'ordre 1. On a alors :

$$f(x) \underset{x_0}{=} f(x_0) + f'(x_0)(x-x_0) + o(x-x_0)$$

Si la fonction f admet le développement limité en x_0 à l'ordre 1 suivant : $f(x) \underset{x_0}{=} f(x_0) + a(x-x_0) + o(x-x_0)$, alors f est dérivable en x_0, et dans ce cas, $a = f'(x_0)$.

Développement limité et parité

Si f est paire (respectivement impaire) et admet un développement limité en 0, alors sa partie régulière ne comporte que des puissances paires (respectivement impaires).

Développements limités et équivalents

S'il existe deux entiers naturels p et n tels que $p \leq n$ pour lesquels on a $f(x) \underset{0}{=} a_p x^p + ... + a_n x^n + o(x^n)$, avec $a_p \neq 0$, alors :

$$f(x) \underset{0}{\sim} a_p x^p$$

Développements limités usuels

$$\forall \alpha \in \mathbb{R},\ (1+u)^\alpha \underset{0}{=} 1 + \frac{\alpha}{1!}u + ... + \frac{\alpha(\alpha-1)...(\alpha-n+1)}{n!}u^n + o(u^n)$$

$$\ln(1+u) \underset{0}{=} u - \frac{u^2}{2} + \frac{u^3}{3} + \cdots + (-1)^{n-1}\frac{u^n}{n} + o(u^n)$$

$$e^u \underset{0}{=} 1 + \frac{u}{1!} + \frac{u^2}{2!} + ... + \frac{u^n}{n!} + o(u^n)$$

$$\sin u \underset{0}{=} u - \frac{u^3}{3!} + \cdots + (-1)^n \frac{u^{2n+1}}{(2n+1)!} + o(u^{2n+1})$$

$$\cos u \underset{0}{=} 1 - \frac{u^2}{2!} + \frac{u^4}{4!} + \cdots + (-1)^n \frac{u^{2n}}{(2n)!} + o(u^{2n})$$

Cas particuliers du premier développement limité ci-dessus

Avec $\alpha = -1$:

$$\frac{1}{1+u} \underset{0}{=} 1 - u + u^2 - u^3 + ... + (-1)^n u^n + o(u^n)$$

Avec $\alpha = \frac{1}{2}$:

$$\sqrt{1+u} \underset{0}{=} 1 + \frac{1}{2}u - \frac{1}{8}u^2 + o(u^2)$$

Avec $\alpha = -\frac{1}{2}$:

$$\frac{1}{\sqrt{1+u}} \underset{0}{=} 1 - \frac{1}{2}u + \frac{3}{8}u^2 + o(u^2)$$

17. INTÉGRALES IMPROPRES

Définitions

Si f est continue sur $[a,b[$, avec b réel ou $b=+\infty$, on dit que l'intégrale impropre $\int_a^b f(t)\,dt$ *converge* si $\int_a^x f(t)\,dt$ admet une limite finie lorsque x tend vers b.
On a alors :

$$\int_a^b f(t)\,dt = \lim_{x\to b}\int_a^x f(t)\,dt$$

Si f est continue sur $]a,b]$, avec a réel ou $a=-\infty$, on dit que l'intégrale $\int_a^b f(t)\,dt$ *converge* si $\int_x^b f(t)\,dt$ admet une limite finie lorsque x tend vers a.
On a alors :

$$\int_a^b f(t)\,dt = \lim_{x\to a}\int_x^b f(t)\,dt$$

On dit qu'une intégrale *diverge* si elle n'est pas convergente.

Reste d'une intégrale convergente

Si l'intégrale $\int_a^b f(t)\,dt$, impropre en b, converge, alors $\lim\limits_{x\to b^-}\int_x^b f(t)\,dt=0$. On dit que *le reste d'une intégrale impropre convergente tend vers* 0.

Intégrale faussement impropre

Si une fonction f est continue sur $[a,b[$, et prolongeable par continuité en b, alors l'intégrale $\int_a^b f(t)\,dt$ converge. En notant $\tilde{f}$ ce prolongement, on a : $\int_a^b f(t)\,dt=\int_a^b \tilde{f}(t)\,dt$.

On dit parfois que l'intégrale $\int_a^b f(t)\,dt$ est "*faussement*" *impropre*.

Intégrale deux fois impropre

L'intégrale $\int_a^b f(t)\,dt$, impropre en a et en b, est dite convergente lorsque, pour un réel c arbitrairement choisi dans $]a,b[$, les deux intégrales, chacune une fois impropre, $\int_a^c f(t)\,dt$ et $\int_c^b f(t)\,dt$ convergent. On pose alors :

$$\int_a^b f(t)\,dt = \int_a^c f(t)\,dt + \int_c^b f(t)\,dt$$

Si au moins l'une des deux intégrales $\int_a^c f(t)\,dt$ et $\int_c^b f(t)\,dt$ diverge, l'intégrale $\int_a^b f(t)\,dt$ est divergente.

Linéarité

Si les intégrales $\int_a^b f(t)\,dt$ et $\int_a^b g(t)\,dt$ convergent, alors quels que soient les réels λ et μ, l'intégrale $\int_a^b (\lambda f(t) + \mu g(t))\,dt$ converge et on a :

$$\int_a^b (\lambda f(t) + \mu g(t))\,dt = \lambda \int_a^b f(t)\,dt + \mu \int_a^b g(t)\,dt$$

Relation de Chasles

Soit une fonction f continue sur $[a,b[$, et un réel c de $[a,b[$. Si l'intégrale $\int_a^b f(t)\,dt$ converge, alors :

$$\int_a^b f(t)\,dt = \int_a^c f(t)\,dt + \int_c^b f(t)\,dt$$

Positivité de l'intégrale

On suppose que $-\infty \leq a < b \leq +\infty$.

Si f est positive sur $]a,b[$ et si l'intégrale $\int_a^b f(t)\,dt$ converge, alors $\int_a^b f(t)\,dt \geq 0$.

Cas de stricte positivité

On suppose que $-\infty \leq a < b \leq +\infty$.

Si une fonction f est continue, positive sur $[a,b[$ et si $\int_a^b f(x)dx = 0$, alors f est identiquement nulle sur $[a,b[$.

Croissance de l'intégrale

On suppose que $-\infty \leq a < b \leq +\infty$.

Si pour tout réel t de $]a,b[$, $f(t) \leq g(t)$ et si les intégrales impropres $\int_a^b f(t)\,dt$ et $\int_a^b g(t)\,dt$ convergent, alors on a :

$$\int_a^b f(t)\,dt \leq \int_a^b g(t)\,dt$$

Intégration par parties

On ne procède pas à une intégration par parties directement dans une intégrale impropre. On se ramène à une intégrale définie sur un segment et on passe ensuite à la limite.

Changement de variable

Soit une fonction f continue sur $]a,b[$ et φ une bijection de classe C^1 **strictement croissante**, de $]\alpha,\beta[$ sur $]a,b[$ (a, b, α et β réels ou infinis). Les intégrales $\int_a^b f(u)\,du$ et $\int_\alpha^\beta f(\varphi(t))\varphi'(t)\,dt$ sont de même nature, et en cas de convergence, on a :

$$\int_a^b f(u)\,du = \int_\alpha^\beta f(\varphi(t))\varphi'(t)\,dt$$

Soit une fonction f continue sur $]a,b[$ et φ une bijection de classe C^1 **strictement décroissante**, de $]\alpha,\beta[$ sur $]a,b[$ (a, b, α et β réels ou infinis). Les intégrales $\int_a^b f(u)\,du$ et $\int_\beta^\alpha f(\varphi(t))\varphi'(t)\,dt$ sont de même nature, et en cas de convergence, on a :

$$\int_a^b f(u)\,du = \int_\beta^\alpha f(\varphi(t))\varphi'(t)\,dt$$

Parité-imparité

Si f est **paire** et si $\int_0^{+\infty} f(t)\,dt$ converge, alors on a :

$$\int_{-\infty}^{+\infty} f(t)\,dt = 2\int_0^{+\infty} f(t)\,dt$$

Si f est **impaire** et si $\int_0^{+\infty} f(t)\,dt$ converge, alors on a :

$$\int_{-\infty}^{+\infty} f(t)\,dt = 0$$

Intégrale de fonction positive

Si f est continue et positive sur $[a,b[$ (b réel ou $+\infty$), $\int_a^b f(t)\,dt$ *converge* si, et seulement si, $\int_a^x f(t)\,dt$ est majorée sur $[a,b[$.

Critère d'équivalence

Soit f et g deux fonctions continues sur $[a,b[$.

Si f et g sont de signe constant au voisinage de b et si $f(t) \underset{b}{\sim} g(t)$, alors les intégrales $\int_a^b f(t)\,dt$ et $\int_a^b g(t)\,dt$ sont de même nature.

Critère de comparaison

Soit f et g deux fonctions continues sur $[a,b[$.

- Si, au voisinage de b, $0 \leq f(t) \leq g(t)$, et si $\int_a^b g(t)\,dt$ converge, alors $\int_a^b f(t)\,dt$ converge.
- Si, au voisinage de b, $0 \leq f(t) \leq g(t)$, et si $\int_a^b f(t)\,dt$ diverge, alors $\int_a^b g(t)\,dt$ diverge.

Critère de négligeabilité

Si f et g sont continues sur $[a,b[$ et positives au voisinage de b, si $f(t) \underset{b}{=} o(g(t))$ et si $\int_a^b g(t)\,dt$ converge, alors $\int_a^b f(t)\,dt$ converge.

Convergence absolue

$\int_a^b f(t)\,dt$ est *absolument convergente* si $\int_a^b |f(t)|\,dt$ converge.

Toute intégrale absolument convergente est convergente, mais la réciproque est fausse.

Inégalité triangulaire

Si l'intégrale $\int_a^b f(t)\,dt$ est absolument convergente, et si $a \leq b$,

alors : $\left|\int_a^b f(t)\,dt\right| \leq \int_a^b |f(t)|\,dt$

Intégrales de Riemann

- Pour tout réel a strictement positif : $\int_a^{+\infty} \frac{dx}{x^\alpha}$ converge $\Leftrightarrow$ $\alpha > 1$.
- Pour tous réels a et b ($a < b$) : $\int_a^b \frac{dx}{(x-a)^\alpha}$ converge $\Leftrightarrow$ $\alpha < 1$.

Autres intégrales de référence

L'intégrale $\int_0^{+\infty} e^{-\lambda x}\,dx$ converge si, et seulement si : $\lambda > 0$.

Fonction gamma

L'intégrale $\Gamma(t) = \int_0^{+\infty} x^{t-1} e^{-x} dx$ converge si, et seulement si : $t > 0$.

$$\forall t \in \mathbb{R}_+^*, \ \Gamma(t+1) = t\,\Gamma(t)$$
$$\forall n \in \mathbb{N}^*, \ \Gamma(n) = (n-1)!$$

18. FONCTIONS DE n VARIABLES CONTINUITÉ

L'espace $\mathbb{R}^n$ est muni de la norme euclidienne usuelle.

Droites affines de $\mathbb{R}^n$

Soit deux points A et B de $\mathbb{R}^n$ et un vecteur u non nul de $\mathbb{R}^n$.
La *droite* passant par A, de vecteur directeur u, est l'ensemble :

$$d_{A,u} = \{A + tu,\ t \in \mathbb{R}\}$$

L'application $t \mapsto A + tu, t \in \mathbb{R}$, est la *paramétrisation* de $d_{A,u}$.

Parties ouvertes, parties fermées

Une partie Ω de $\mathbb{R}^n$ est un *ouvert* si elle est vide, ou si, pour tout point x_0 de Ω, il existe un réel $r > 0$ tel que tout point x vérifiant $\| x - x_0 \| < r$ appartient à Ω.

Elle est *fermée* si son complémentaire est un ouvert de $\mathbb{R}^n$.

« *La détermination de la nature topologique d'un ensemble n'est pas un objectif du programme ; elle devra toujours être précisée* ».

Opérations sur les ouverts, sur les fermés

Une intersection finie d'ouverts de $\mathbb{R}^n$, une réunion quelconque d'ouverts de $\mathbb{R}^n$, sont des ouverts de $\mathbb{R}^n$.

Exemples fondamentaux d'ouverts

Si φ est une fonction continue sur $\mathbb{R}^n$ et a un réel, alors les ensembles $\{x \in \mathbb{R}^n,\ \varphi(x) < a\}$ et $\{x \in \mathbb{R}^n,\ \varphi(x) > a\}$ sont ouverts.

Partie bornée

Une partie U de $\mathbb{R}^n$ est *bornée* si : $\exists r \geq 0, \forall x \in U, \ \|x\| \leq r$

Graphe

On appelle *graphe* de f l'ensemble des points $(x_1,...,x_n,y)$ de $\mathbb{R}^{n+1}$, vérifiant l'équation : $y = f(x_1,...,x_n)$.

Lignes de niveau

Soit une fonction f définie sur une partie U de $\mathbb{R}^n$.
Pour tout réel λ, $\{x \in U, \ f(x) = \lambda\}$ est la ligne de niveau λ de f.

Continuité

Une fonction f est continue en un point a de l'ouvert U lorsque :

$$\forall \varepsilon > 0, \exists r > 0, \forall x \in U, \left(\|x - a\| < r \Rightarrow \ |f(x) - f(a)| \leq \varepsilon \right)$$

Elle est continue sur U si elle est continue en tout point de U.

Continuité et opérations

• Toute fonction polynomiale de n variables est continue sur $\mathbb{R}^n$.
• Somme, combinaisons linéaires, produit et quotient bien défini de fonctions continues sur U, sont continues sur U.
• Si f est continue sur U, à valeurs dans une partie I de $\mathbb{R}$, et si φ est continue sur I, alors $\varphi \circ f$ est continue sur U.

Continuité et extremums

Une fonction continue sur un fermé borné de $\mathbb{R}^n$ est bornée, et elle atteint ses bornes (c'est-à-dire qu'elle y admet un maximum global et un minimum global).

19. FONCTIONS DE n VARIABLES CALCUL DIFFÉRENTIEL D'ORDRE 1

Dans ce chapitre, Ω désigne un ouvert de $\mathbb{R}^n$.

Dérivées partielles d'ordre 1

Soit $a=(a_1,\dots,a_n)$ un élément de $\mathbb{R}^n$.

• On appelle dérivée partielle d'ordre 1 de f en a par rapport à la i ème variable, le réel défini par la limite suivante, si elle existe :

$$\partial_i(f)(a)=\lim_{h\to 0}\frac{f(a_1,\dots,a_{i-1},a_i+h,a_{i+1},\dots,a_n)-f(a)}{h}$$

• Si $\partial_i(f)(a)$ existe pour tout point a de Ω, la fonction définie sur Ω par $(x_1,\dots,x_n)\mapsto\partial_i(f)(x_1,\dots,x_n)$ est la fonction dérivée partielle d'ordre 1 de f par rapport à la i ème variable.

Gradient

Si f admet une dérivée partielle en a par rapport à x_i pour tout i de $[\![1,n]\!]$, le gradient de f en a est le vecteur noté $\nabla(f)(a)$, défini par : $\nabla(f)(a)=\left(\partial_1(f)(a),\dots,\partial_n(f)(a)\right)$.

Fonction de classe C^1

Une fonction f est de classe C^1 sur Ω, si elle y admet des dérivées partielles continues par rapport à chaque variable.

Classe C^1 et opérations

• Toute fonction polynomiale de n variables est de classe C^1 sur $\mathbb{R}^n$.
• Somme, combinaisons linéaires, produit et quotient bien défini de fonctions de classe C^1 sur Ω, sont de classe C^1 sur Ω.
• Si f est de classe C^1 sur Ω, à valeurs dans une partie I de $\mathbb{R}$, et si φ est de classe C^1 sur I à valeurs dans $\mathbb{R}$, alors $\varphi\circ f$ est de classe C^1 sur Ω.

Dérivée de la fonction g : t ↦ f(a+tu)

Si f est de classe C^1 sur $\mathbb{R}^n$, si a est un point de $\mathbb{R}^n$ et si u est un vecteur de $\mathbb{R}^n$, alors la fonction $g : t \mapsto f(a+tu)$ est dérivable sur $\mathbb{R}$ et pour tout réel t, on a : $g'(t) = \left\langle \nabla\left(f\right)(a+tu), u\right\rangle$.

Dérivée première directionnelle

Soit f de classe C^1 sur Ω, a un point de Ω et u un vecteur **normé** de $\mathbb{R}^n$. On appelle *dérivée première directionnelle en a, dans la direction u*, le réel $g'(0)$ égal à : $\left\langle \nabla\left(f\right)(a), u\right\rangle = \sum_{i=1}^{n} u_i \, \partial_i\left(f\right)(a)$.

Interprétation du gradient

$\nabla(f)(a)$, s'il n'est pas nul, donne la direction dans laquelle la variation de f au voisinage de a est la plus forte. Il est orthogonal aux lignes de niveau.

Développement limité d'ordre 1

Si f est de classe C^1 sur Ω, alors pour tout point a de Ω, il existe une fonction ε continue en (0, 0, …, 0) telle que $\varepsilon\left(0,...,0\right) = 0$ et vérifiant pour tout $h = (h_1,\ldots, h_n)$ tel que $a + h \in \Omega$:

$$f(a+h) = f(a) + \left\langle \nabla\left(f\right)(a), h\right\rangle + \left\| h \right\| \varepsilon(h)$$

Ceci s'écrit également :

$$f(a+h) = f(a) + \sum_{i=1}^{n} h_i \, \partial_i\left(f\right)(a) + \sqrt{h_1^2 + \cdots + h_n^2}\; \varepsilon(h_1,...,h_n)$$

Fonction affine tangente

Si f admet un développement limité d'ordre 1 en $a = (a_1,\ldots, a_n)$, on appelle fonction affine tangente de f en a, la fonction définie par :

$$(x_1,...,x_n) \mapsto f(a) + \partial_1\left(f\right)(a)(x_1 - a_1) + \cdots + \partial_n\left(f\right)(a)(x_n - a_n)$$

Son graphe est appelé hyperplan tangent au graphe de f en a.

20. FONCTIONS DE n VARIABLES CALCUL DIFFÉRENTIEL D'ORDRE 2

La fonction f est définie sur un ouvert Ω de $\mathbb{R}^n$.

Dérivées partielles d'ordre 2

Soit deux entiers i et j de $[\![1,n]\!]$. On définit, sous réserve d'existence, la dérivée partielle d'ordre 2 de f par rapport à la $i^{\text{ème}}$ variable, puis par rapport à la $j^{\text{ème}}$ variable, de la façon suivante :

$$\partial^2_{i,j}(f)=\partial_i\left(\partial_j(f)\right)$$

Fonction de classe C^2

On dit que f est de classe C^2 sur Ω si f admet des dérivées partielles d'ordre 2 toutes continues sur Ω.

Théorème de Schwarz

Si f est de classe C^2 sur Ω, alors on a :

$$\forall(i,j)\in[\![1,n]\!]^2,\ \ \partial^2_{i,j}(f)=\partial^2_{j,i}(f)$$

Matrice hessienne

Si f est de classe C^2 sur Ω, alors pour tout point a de Ω, on appelle *matrice hessienne* de f en a la matrice suivante :

$$\nabla^2(f)(a)=\left(\partial^2_{i,j}(f)(a)\right)_{1\le i,j\le n}$$

$\nabla^2(f)(a)$ est symétrique et on note q_a la forme quadratique associée.

Classe C^2 et opérations

• Toute fonction polynomiale de n variables est de classe C^2 sur $\mathbb{R}^n$.

• Somme, combinaisons linéaires, produit et quotient bien défini de fonctions de classe C^2 sur Ω, sont de classe C^2 sur Ω.
• Si f est de classe C^2 sur Ω, à valeurs dans une partie I de $\mathbb{R}$, et si φ est de classe C^2 sur I à valeurs dans $\mathbb{R}$, alors $\varphi \circ f$ est de classe C^2 sur Ω.

Dérivée seconde directionnelle

Si f est de classe C^2 sur Ω, alors pour tout a de Ω et tout u normé de $\mathbb{R}^n$, la fonction $t \mapsto f(a+tu)$ est dérivable en 0. La valeur de la dérivée en 0 est appelée *dérivée seconde directionnelle* de f en a dans la direction u. Elle est égale à :

$$q_a(u) = \sum_{i=1}^{n}\sum_{j=1}^{n} u_i\, u_j\, \partial_{i,j}^2(f)(a)$$

Développement limité d'ordre 2

Si f est de classe C^2 sur Ω, alors pour tout point a de Ω, il existe une fonction ε continue en (0, 0, …, 0) telle que $\varepsilon(0,...,0) = 0$, et vérifiant pour tout $h = (h_1,\dots, h_n)$ tel que $a+h \in \Omega$:

$$f(a+h) = f(a) + \left\langle \nabla(f)(a), h \right\rangle + \frac{1}{2} q_a(h) + \| h \|^2 \varepsilon(h)$$

Ceci s'écrit également :

$$f(a+h) = f(a) + \sum_{i=1}^{n} h_i\, \partial_i(f)(a) + \frac{1}{2} \sum_{\substack{1\le i\le n\\ 1\le j\le n}} h_i\, h_j\, \partial_{i,j}^2(f)(a) + (\sum_{i=1}^{n} h_i^2)\varepsilon(h)$$

&

L'étude des mathématiques,
en comprimant la sensibilité et l'imagination,
rend quelquefois l'explosion des passions terrible.

Monseigneur Dupanloup

21. FONCTIONS DE *n* VARIABLES EXTREMUMS

Extremum et continuité

Une fonction continue sur une partie fermée bornée admet un maximum global et un minimum global sur cette partie.

Application aux formes quadratiques

Si q est une forme quadratique associée à une matrice symétrique, alors elle admet un maximum et un minimum sur le fermé borné $\{x \in \mathbb{R}^n,\ \|x\| = 1\}$. Il existe alors deux réels α et β tels que :

$$\forall h \in \mathbb{R}^n, \alpha\|h\|^2 \leq q(h) \leq \beta\|h\|^2$$

Point critique

Soit une fonction f de classe C^1 sur un ouvert Ω de $\mathbb{R}^n$.
Un point a de Ω est un point critique de f lorsque $\nabla(f)(a)$ est nul, c'est-à-dire :

$$\forall i \in [\![1,n]\!],\ \partial_i(f)(a) = 0$$

Condition nécessaire d'extremum

Soit une fonction f de classe C^1 sur un ouvert Ω de $\mathbb{R}^n$. Si f admet un extremum en un point a de Ω, alors a est un point critique de f.

Point critique et dérivées directionnelles

Si a est un point critique de f, alors toutes les dérivées directionnelles de f en a sont nulles.

Point selle, point col

On appelle *point selle*, ou *point col*, de f, tout point critique en lequel f ne présente pas d'extremum.

Condition suffisante d'extremum (avec q_a)

Soit une fonction f de classe C^2 sur un ouvert Ω de $\mathbb{R}^n$ et ***a* un point critique** de f. On note q_a la forme quadratique associée à la hessienne $\nabla^2(f)(a)$ de f en a.

- Si pour tout vecteur h non nul de $\mathbb{R}^n$, on a $q_a(h) > 0$, alors f a un minimum local en a.
- Si pour tout vecteur h non nul de $\mathbb{R}^n$, on a $q_a(h) < 0$, alors f a un maximum local en a.
- Si q_a ne garde pas un signe constant sur $\mathbb{R}^n$, alors f n'a pas d'extremum en a.

Condition suffisante d'extremum (avec $\nabla^2(f)(a)$)

Soit une fonction f de classe C^2 sur un ouvert Ω de $\mathbb{R}^n$ et ***a* un point critique** de f.

- Si toutes les valeurs propres de $\nabla^2(f)(a)$ sont strictement positives, alors f a un minimum local en a.
- Si toutes les valeurs propres de $\nabla^2(f)(a)$ sont strictement négatives, alors f a un maximum local en a.
- Si $\nabla^2(f)(a)$ possède (au moins) une valeur propre strictement positive et (au moins) une valeur propre strictement négative, alors f n'a pas d'extremum en a.

Extremums liés

Soit f une fonction définie sur un ouvert Ω de $\mathbb{R}^n$. Si $\mathcal{C}$ désigne un sous-ensemble de $\mathbb{R}^n$, on appelle extremums de f sous la contrainte $\mathcal{C}$, les extremums de f sur l'ensemble $\Omega \cap \mathcal{C}$ (c'est-à-dire les extremums de la restriction de f à $\mathcal{C}$).

La contrainte est dite linéaire lorsque $\mathcal{C}$ est défini par :

$$\mathcal{C} = \left\{ (x_1,...,x_n) \in \mathbb{R}^n,\ \forall i \in [\![1,p]\!],\ \alpha_{i,1}x_1 + \cdots + \alpha_{i,n}x_n = \beta_i \right\}$$

où les réels $\alpha_{i,j}$ et β_i, $(i,j) \in [\![1,p]\!] \times [\![1,n]\!]$, sont donnés.

Point critique sous contrainte linéaire

Si f est de classe C^1 sur Ω et admet un extremum en un point a sous la contrainte linéaire $\mathcal{C}$, alors on a : $\nabla(f)(a) \perp \mathcal{H}$, où $\mathcal{H}$ est le sous-espace vectoriel de $\mathbb{R}^n$ défini par :

$$\mathcal{H} = \{(x_1,\dots,x_n) \in \mathbb{R}^n,\ \forall i \in [\![1,p]\!],\ \alpha_{i,1}x_1 + \dots + \alpha_{i,n}x_n = 0\}$$

On parle alors, pour a, de point critique de f sous la contrainte $\mathcal{C}$.

Point critique sous contraintes quelconques

Soit φ une fonction de classe C^1 sur un ouvert Ω de $\mathbb{R}^n$. On note $\mathcal{C} = \{x \in \Omega,\ \varphi(x) = c\}$, où c est un réel et l'on suppose que $\nabla(\varphi)(x) \neq 0$ pour tout élément x de $\mathcal{C}$ (*contrainte non critique*).

Si f est de classe C^1 sur Ω et présente un extremum local en un point a sous la contrainte $\mathcal{C}$ non critique, alors il existe un réel λ tel que :

$$\begin{cases} \varphi(a) = c \\ \nabla(f)(a) = \lambda \nabla(\varphi)(a) \end{cases}$$

On dit alors que a est un *point critique de f sous la contrainte* $\mathcal{C}$.

Le réel λ s'appelle le *multiplicateur de Lagrange*.

Cas d'une forme quadratique sur {x∈Rⁿ, ||x||=1}

Si q est une forme quadratique associée à une matrice symétrique A, alors q admet un maximum global (respectivement un minimum global) sous la contrainte $\|x\| = 1$, en un point correspondant à un vecteur propre de la matrice A associé à la plus grande valeur propre (respectivement la plus petite).

&

La mathématique ne constitue pas une terre aride dans l'univers scientifique. Elle est à la fois reine, servante et fille des sciences de l'observation.

Gustave Choquet

22. MATRICES ET SYSTÈMES

$\mathbb{K}$ désigne $\mathbb{R}$ ou $\mathbb{C}$. Les éléments de $\mathbb{K}$ sont appelés scalaires.

Égalité de deux matrices

Deux matrices sont égales si elles ont le même nombre de lignes, le même nombre de colonnes et les mêmes coefficients.

Somme de matrices

Soit deux matrices $A=(a_{i,j})$ et $B=(b_{i,j})$ de $\mathcal{M}_{n,p}(\mathbb{K})$.

On appelle somme de A et B la matrice de $\mathcal{M}_{n,p}(\mathbb{K})$, notée $A+B$, définie par $A+B=(c_{i,j})$ où :

$$\forall (i,j)\in [\![1,n]\!]\times[\![1,p]\!],\ c_{i,j}=a_{i,j}+b_{i,j}$$

Multiplication d'une matrice par un scalaire

Soit une matrice $A=(a_{i,j})$ de $\mathcal{M}_{n,p}(\mathbb{K})$ et λ un élément de $\mathbb{K}$.

On appelle produit de A par le scalaire λ, la matrice de $\mathcal{M}_{n,p}(\mathbb{K})$, notée λA, définie par $\lambda A=(a'_{i,j})$ où :

$$\forall (i,j)\in [\![1,n]\!]\times[\![1,p]\!],\ a'_{i,j}=\lambda a_{i,j}$$

Produit de matrices

Soit $A=(a_{i,j})$ une matrice de $\mathcal{M}_{n,p}(\mathbb{K})$ et $B=(b_{i,j})$ une matrice de $\mathcal{M}_{p,q}(\mathbb{K})$. On appelle produit de A par B la matrice de $\mathcal{M}_{n,q}(\mathbb{K})$, notée AB, définie par $AB=(c_{i,j})_{1\le i\le n,\ 1\le j\le q}$ où :

$$\forall (i,j)\in [\![1,n]\!]\times[\![1,q]\!],\ c_{i,j}=\sum_{k=1}^{p} a_{i,k}\, b_{k,j}$$

Le produit matriciel n'est pas commutatif.

Associativité, distributivité

Pour toutes matrices A, B, C telles que les opérations ci-dessous soient possibles, on a :

$$A(BC)=(AB)C$$
$$A(B+C)=AB+AC \text{ et } (A+B)C=AC+BC$$
$$\forall\lambda\in\mathbb{R},\ A(\lambda B)=(\lambda A)B=\lambda AB$$

Puissance d'une matrice carrée

Soit A une matrice de $\mathcal{M}_n(\mathbb{K})$.

Par convention, on pose $A^0=I_n$ et, pour tout entier naturel p non nul, on pose : $A^p=A^{p-1}A$.

En fait, pour tout p de $\mathbb{N}^*$, A^p est le produit de p matrices toutes égales à A.

Produit de matrices diagonales

Le produit de deux matrices diagonales est la matrice diagonale obtenue en multipliant entre eux les coefficients diagonaux de même place.

Puissance d'une matrice diagonale

La puissance $p^{\text{ème}}$ ($p\in\mathbb{N}$) d'une matrice diagonale est la matrice diagonale obtenue en élevant les coefficients diagonaux à la puissance p.

Formule du binôme

Soit A et B deux matrices de $\mathcal{M}_n(\mathbb{K})$ qui commutent (c'est-à-dire telles que $AB=BA$). Alors pour tout entier naturel p, on a :

$$(A+B)^p=\sum_{k=0}^{p}\binom{p}{k}A^kB^{p-k}=\sum_{k=0}^{p}\binom{p}{k}A^{p-k}B^k$$

Transposée d'une matrice

Soit une matrice $A=(a_{i,j})$ de $\mathcal{M}_{n,p}(\mathbb{K})$. On appelle *transposée* de A la matrice de $\mathcal{M}_{p,n}(\mathbb{K})$, notée ${}^tA$, définie par ${}^tA=(a'_{i,j})$ où :

$$\forall (i,j)\in[\![1,p]\!]\times[\![1,n]\!] \quad a'_{i,j}=a_{j,i}$$

$${}^t(A+B)={}^tA+{}^tB \qquad \forall\lambda\in\mathbb{K},\ {}^t(\lambda A)=\lambda\,{}^tA$$
$${}^t({}^tA)=A \qquad {}^t(AB)={}^tB\,{}^tA$$

La matrice carrée A est dite *symétrique* si

$${}^tA=A$$

La matrice carrée A est dite *antisymétrique* si

$${}^tA=-A$$

Trace d'une matrice

Soit A une matrice de $\mathcal{M}_n(\mathbb{K})$. On appelle *trace* de A le réel noté $\mathrm{Tr}(A)$ égal à la somme des éléments diagonaux de A. On a donc :

$$\mathrm{Tr}(A)=\sum_{i=1}^{n}a_{i,i}$$

La trace est une forme linéaire sur $\mathcal{M}_n(\mathbb{K})$.

Deux matrices semblables ont la même trace.

Matrices carrées inversibles

On dit qu'une matrice A de $\mathcal{M}_n(\mathbb{K})$ est *inversible* s'il existe une matrice B de $\mathcal{M}_n(\mathbb{K})$ telle que $AB=I$ ou $BA=I$.

La matrice B est l'inverse de A et on note $B=A^{-1}$.
L'ensemble des matrices inversibles est noté $\mathrm{GL}_n(\mathbb{K})$.

Si A et B sont deux matrices de $\mathcal{M}_n(\mathbb{K})$ telles que $AB = I$, alors A et B sont inversibles et on a : $A^{-1} = B$ et $B^{-1} = A$.

Si A et B sont inversibles, alors A^{-1}, ${}^tA$, A^p ($p \in \mathbb{N}$) et AB sont inversibles et on a :

$$\left(A^{-1}\right)^{-1} = A \qquad \left({}^tA\right)^{-1} = {}^t\left(A^{-1}\right)$$

$$\left(A^p\right)^{-1} = \left(A^{-1}\right)^p \text{ que l'on note } A^{-p}$$

$$\left(AB\right)^{-1} = B^{-1}A^{-1}$$

Matrices et systèmes linéaires

Le système linéaire (S) $\begin{cases} a_{1,1}x_1 + \cdots + a_{1,p}x_p = b_1 \\ \vdots \\ a_{n,1}x_1 + \ldots + a_{n,p}x_p = b_n \end{cases}$ s'écrit $AX = B$,

en posant $A = \begin{pmatrix} a_{1,1} & \cdots & a_{1,p} \\ \vdots & & \vdots \\ a_{n,1} & \cdots & a_{n,p} \end{pmatrix}$, $X = \begin{pmatrix} x_1 \\ \vdots \\ x_p \end{pmatrix}$ et $B = \begin{pmatrix} b_1 \\ \vdots \\ b_n \end{pmatrix}$.

La matrice A est appelée matrice associée au système (S).

Système échelonné

Un système linéaire de n équations à p inconnues est *échelonné* si les coefficients $a_{i,j}$ de la matrice A vérifient : $\forall i > j$, $a_{i,j} = 0$.

Si $n = p$, un système échelonné est dit triangulaire et les coefficients $a_{i,i}$ sont appelés pivots.

Système de Cramer et inversibilité

Soit (S) un système linéaire de n équations à n inconnues. Le système (S) est de Cramer s'il admet un unique n-uplet solution.

Soit A une matrice de $\mathcal{M}_n(\mathbb{K})$. La matrice A est inversible si et seulement si A est la matrice d'un système de Cramer.

La matrice A de $\mathcal{M}_n(\mathbb{K})$ est inversible si et seulement si, pour toute matrice X de $\mathcal{M}_{n,1}(\mathbb{K})$, on a : $AX = 0 \Leftrightarrow X = 0$.

Opérations élémentaires

Les opérations suivantes sur les lignes d'un système ou d'une matrice sont appelées *opérations élémentaires* (on suppose $i \neq j$) :
$L_i \leftrightarrow L_j$, $L_i \leftarrow aL_i$ avec $a \neq 0$ et $L_i \leftarrow L_i + bL_j$.

Méthode du pivot de Gauss

Tout système linéaire (S) peut être transformé, à l'aide d'opérations élémentaires, en un système échelonné (S').

Dans le cas où (S) est un système à n équations et n inconnues, (S) est un système de Cramer si et seulement si (S') possède n pivots non nuls.

Réduite de Gauss

Soit A une matrice carrée de $\mathcal{M}_n(\mathbb{K})$. On appelle *réduite de Gauss* de A, toute matrice triangulaire obtenue par des opérations élémentaires effectuées sur les lignes de A.

Soit A une matrice carrée de $\mathcal{M}_n(\mathbb{K})$.

Si une réduite de Gauss de A est inversible, alors A est inversible.
Si A est inversible, alors toutes ses réduites sont inversibles.

Méthode de Gauss Jordan

Toute matrice inversible peut se transformer en la matrice identité à l'aide d'opérations élémentaires sur les lignes de cette matrice, et son inverse s'obtient en effectuant, dans le même ordre, les mêmes opérations élémentaires sur les lignes de la matrice identité.

Inversibilité des matrices triangulaires

Soit A une matrice triangulaire.
A est inversible si, et seulement si, ses coefficients diagonaux sont tous non nuls.

Inversibilité des matrices diagonales

Une matrice diagonale D est inversible lorsque tous ses coefficients diagonaux sont non nuls. La matrice D^{-1} est alors obtenue en inversant les coefficients diagonaux de D.

Inversibilité des matrices carrées d'ordre 2

Soit A la matrice définie par : $A = \begin{pmatrix} a & b \\ c & d \end{pmatrix}$.

La matrice A est inversible si, et seulement si : $ad - bc \neq 0$.

Dans ce cas, on a :

$$A^{-1} = \frac{1}{ad - bc} \begin{pmatrix} d & -b \\ -c & a \end{pmatrix}$$

&

On se souviendra d'Archimède
quand on aura oublié Eschyle,
parce que les langues meurent,
mais pas les idées mathématiques.

Godfrey Hardy

23. ESPACES VECTORIELS

$\mathbb{K}$ désigne $\mathbb{R}$ ou $\mathbb{C}$. Les éléments de $\mathbb{K}$ sont appelés scalaires. La lettre E désigne un espace vectoriel sur $\mathbb{K}$.

Sous-espaces vectoriels (ou sous-espaces)

F est un *sous-espace vectoriel* de E si, et seulement si :

$$\begin{array}{c} F \text{ est une partie non vide de } E \\ \forall (x,y) \in F^2,\ \forall \lambda \in \mathbb{K},\ \lambda x + y \in F \end{array}$$

Tout sous-espace vectoriel de E est lui-même un espace vectoriel.

Les seuls sous-espaces vectoriels de $\mathbb{K}$ sont $\{0\}$ et $\mathbb{K}$.

L'intersection de deux sous-espaces de E est un sous-espace de E.

Combinaisons linéaires

Soit $\mathcal{F} = (e_1, \ldots, e_p)$, où $p \in \mathbb{N}^*$, une famille de p vecteurs de E. On dit qu'un vecteur x de E est *combinaison linéaire* des p vecteurs de $\mathcal{F}$ s'il existe p scalaires $\lambda_1, \ldots, \lambda_p$ tels que : $x = \sum_{i=1}^{p} \lambda_i e_i$.

Sous-espace vectoriel engendré

Soit $\mathcal{F} = (e_1, \ldots, e_p)$ une famille de vecteurs de E.

L'ensemble de toutes les combinaisons linéaires de vecteurs de $\mathcal{F}$ est un sous-espace vectoriel de E appelé *sous-espace vectoriel engendré* par $\mathcal{F}$. Il est noté $\text{Vect}\,(e_1, \ldots, e_p)$.

Si e_{p+1} est combinaison linéaire des vecteurs $e_1, \ldots, e_p$, on a :

$$\text{Vect}\,(e_1, \ldots, e_{p+1}) = \text{Vect}\,(e_1, \ldots, e_p)$$

Si les scalaires $\alpha_1, \ldots, \alpha_p$ sont tous non nuls, on a :

$$\text{Vect}\,(\alpha_1 e_1, \ldots, \alpha_p e_p) = \text{Vect}\,(e_1, \ldots, e_p)$$

Familles génératrices

Soit $\mathcal{F} = (e_1, \ldots, e_p)$ une famille de p vecteurs de E.

On dit que $\mathcal{F}$ est une *famille génératrice* de E si tout vecteur de E peut s'écrire comme combinaison linéaire de vecteurs de $\mathcal{F}$.

Familles libres

Soit $\mathcal{F} = (e_1, \ldots, e_p)$ une famille de p vecteurs de E.

On dit que $\mathcal{F}$ est une *famille libre*, ou que les vecteurs $e_1, \ldots, e_p$ sont linéairement indépendants, si :

$$\sum_{i=1}^{p} \lambda_i e_i = 0 \Rightarrow \forall i \in [\![1, p]\!], \ \lambda_i = 0$$

Soit x un vecteur de E.

La famille (x) est libre si, et seulement si, x est différent de 0_E.

Soit x et y deux vecteurs de E.

La famille (x, y) est libre si, et seulement si, x et y ne sont pas proportionnels.

Toute famille contenue dans une famille libre est libre.

Toute famille de polynômes non nuls, de degrés deux à deux distincts, est libre.

Si L est une famille libre de E et si G est une famille génératrice de E, alors le cardinal de L est inférieur ou égal au cardinal de G.

Familles liées

Une *famille liée* est une famille qui n'est pas libre.

Une famille de vecteurs de E est liée si et seulement si l'un des vecteurs de cette famille est combinaison linéaire des autres.

Toute famille contenant le vecteur nul est liée.

Toute famille de vecteurs de E qui contient une famille liée est liée.

Bases

Soit $\mathcal{B}=(e_1,\ldots,e_n)$ une famille de n vecteurs de E. On dit que $\mathcal{B}$ est une *base de E* si $\mathcal{B}$ est à la fois libre et génératrice de E.

La famille $\mathcal{B}=(e_1,\ldots,e_n)$ est une base de E si, et seulement si, pour tout vecteur x de E, il existe un unique n-uplet $(x_1,\ldots,x_n)$ d'éléments de $\mathbb{K}$ tel que : $x=\sum_{i=1}^{n} x_i e_i$.

Les scalaires $x_1,\ldots,x_n$ sont les *coordonnées* de x dans la base $\mathcal{B}$.

Dimension

L'espace vectoriel E est dit de *dimension finie* s'il possède une famille génératrice ayant un nombre fini de vecteurs.

Tout espace vectoriel de dimension finie, **non réduit au seul vecteur nul**, admet une base.

Si E possède une base formée de n vecteurs de E (où $n\in\mathbb{N}^*$), alors toutes les bases de E sont formées de n vecteurs.

On dit alors que E est de dimension n et on note : $\dim(E)=n$ ou plus simplement $\dim E=n$.
Si l'espace E est réduit au seul vecteur 0_E, on pose : $\dim E=0$.

Soit E un espace vectoriel de dimension n ($n\in\mathbb{N}^*$).
Toute famille libre de E possède au plus n vecteurs et toute famille libre de n vecteurs de E est une base de E.

Soit E un espace vectoriel de dimension n ($n\in\mathbb{N}^*$).
Toute famille génératrice de E possède au moins n vecteurs et toute famille génératrice de n vecteurs de E est une base de E.

Théorème de la base incomplète

Soit E un espace vectoriel de dimension n ($n \geq 2$). Toute famille libre $(e_1,\ldots,e_p)$ de p vecteurs de E $(1 \leq p < n)$ peut être complétée par $n-p$ vecteurs $e_{p+1},\ldots,e_n$ de E, de telle sorte que la famille $(e_1,\ldots,e_p,e_{p+1},\ldots,e_n)$ soit une base de E.

Matrice d'une famille de vecteurs

Soit E un espace vectoriel de dimension n ($n \in \mathbb{N}^*$) de base $\mathcal{B} = (e_1,\ldots,e_n)$.

Soit $\mathcal{F} = (f_1,\ldots,f_p)$ une famille de p vecteurs de E ($p \in \mathbb{N}^*$).

On appelle matrice de la famille $\mathcal{F}$ dans la base $\mathcal{B}$, la matrice de $\mathcal{M}_{n,p}(\mathbb{K})$ dont les coefficients de la $j^{\text{ème}}$ colonne sont les coordonnées de f_j dans la base $\mathcal{B}$.

Soit E un espace vectoriel de dimension n ($n \in \mathbb{N}^*$) de base $\mathcal{B} = (e_1,\ldots,e_n)$ et $\mathcal{F} = (f_1,\ldots,f_n)$ une famille de n vecteurs de E.
La famille $\mathcal{F}$ est une base de E si, et seulement si, la matrice P de $\mathcal{F}$ dans la base $\mathcal{B}$ est inversible. Dans ce cas, P est appelée matrice de passage de $\mathcal{B}$ à $\mathcal{F}$.

Rang d'une famille de vecteurs

Soit E un espace vectoriel et $(e_1,\ldots,e_n)$ une famille de vecteurs de E. On appelle *rang de la famille* $(e_1,\ldots,e_n)$, et on note $\text{rg}(e_1,\ldots,e_n)$, la dimension de $\text{Vect}(e_1,\ldots,e_n)$.

Le rang de $(e_1,\ldots,e_n)$ est égal au cardinal de la plus grande famille libre contenue dans $(e_1,\ldots,e_n)$.

Rang et base

Soit E un espace vectoriel de dimension n ($n \in \mathbb{N}^*$).
La famille $(e_1, \ldots, e_n)$ est une base de E si, et seulement si :

$$\text{rg}(e_1, \ldots, e_n) = n$$

Dimension et sous-espaces vectoriels

Si E est un espace vectoriel de dimension n, tout sous-espace vectoriel F de E vérifie : $\dim F \leq \dim E$.

Si $\dim F = 1$, F est appelé droite.
Si $\dim F = 2$, F est appelé plan.
Si $\dim F = n-1$, F est appelé hyperplan.

Théorème du sous-espace

Soit E un espace vectoriel de dimension finie. Si F est un sous-espace vectoriel de E tel que $\dim F = \dim E$, alors $F = E$.

Espaces vectoriels de référence

$\mathbb{K}^n$ est un espace vectoriel sur $\mathbb{K}$ de dimension n.

Pour tout i de $[\![1, n]\!]$, on note $e_i = (0, \ldots, 0, 1, 0, \ldots, 0)$ (le nombre 1 se trouve en $i^{\text{ème}}$ position). La famille $(e_1, \ldots, e_n)$ est une base de $\mathbb{K}^n$, appelée base canonique de $\mathbb{K}^n$.

$\mathcal{M}_{n,p}(\mathbb{K})$ est un espace vectoriel sur $\mathbb{K}$ de dimension np.

Pour tout couple (i, j) de $[\![1, n]\!] \times [\![1, p]\!]$, on note $E_{i,j}$ la matrice de $\mathcal{M}_{n,p}(\mathbb{K})$ dont tous les coefficients sont nuls sauf celui situé sur la $i^{\text{ème}}$ ligne et la $j^{\text{ème}}$ colonne qui vaut 1. La famille $(E_{i,j})_{\substack{1 \leq i \leq n \\ 1 \leq j \leq p}}$ est une base de $\mathcal{M}_{n,p}(\mathbb{K})$, appelée base canonique de $\mathcal{M}_{n,p}(\mathbb{K})$.

L'ensemble $\mathbb{R}^{\mathbb{N}}$ des suites réelles est un espace vectoriel sur $\mathbb{R}$.

Soit A une partie de $\mathbb{R}$. L'ensemble $\mathcal{A}(A,\mathbb{R})$ des applications de A dans $\mathbb{R}$ est un espace vectoriel sur $\mathbb{R}$.

$\mathbb{K}[X]$ est un espace vectoriel sur $\mathbb{K}$.

$\mathbb{K}_n[X]$ est un espace vectoriel sur $\mathbb{K}$, de dimension $n+1$.

La famille $\mathcal{B}=(1,X,X^2,\dots,X^n)$ est une base de $\mathbb{K}_n[X]$, appelée base canonique de $\mathbb{K}_n[X]$.

&

Il est difficile de faire la différence entre un mathématicien qui dort et un mathématicien qui travaille.

André Lichnerowicz

24. APPLICATIONS LINÉAIRES

$\mathbb{K}$ désigne $\mathbb{R}$ ou $\mathbb{C}$ et E, F, G sont des espaces vectoriels sur $\mathbb{K}$.

Définitions

Une *application linéaire* f de E dans F est une application vérifiant

$$\forall (x,y) \in E^2,\ \forall \lambda \in \mathbb{K},\ f(\lambda x + y) = \lambda f(x) + f(y)$$

L'ensemble des applications linéaires de E dans F est un espace vectoriel, noté $\mathcal{L}(E,F)$.

On appelle *forme linéaire* sur E, toute application linéaire de E dans $\mathbb{K}$. L'espace des formes linéaires sur E est noté $\mathcal{L}(E,\mathbb{K})$.

On appelle *endomorphisme* de E, toute application linéaire de E dans E. L'espace des endomorphismes de E est noté $\mathcal{L}(E)$.

On appelle *isomorphisme* de E dans F, toute application linéaire bijective de E dans F.

On appelle *automorphisme* de E, tout endomorphisme bijectif de E. L'ensemble des automorphismes de E est noté $GL(E)$.

Image d'une combinaison linéaire

Soit f une application linéaire de E dans F. Quels que soient les vecteurs $x_1,\dots,x_p$ de E et les scalaires $\lambda_1,\dots,\lambda_p$, on a :

$$f\left(\sum_{i=1}^{p} \lambda_i x_i\right) = \sum_{i=1}^{p} \lambda_i f(x_i)$$

Égalité de deux applications linéaires

Soit E un espace vectoriel de dimension finie, dont $\mathcal{B} = (e_1,\dots,e_n)$ est une base, et soit f et g deux applications linéaires de E dans F.

$$f = g \Leftrightarrow \forall i \in [\![1,n]\!],\ f(e_i) = g(e_i)$$

Composition des applications linéaires

Si f est une application linéaire de E dans F et si g est une application linéaire de F dans G, alors :

$$g \circ f \text{ est une application linéaire de } E \text{ dans } G.$$

En particulier, la composée de deux endomorphismes de E est un endomorphisme de E.

Automorphisme et composition

Si f est un automorphisme de E, alors :

$$f^{-1} \text{ est un automorphisme de } E.$$

La composée de deux automorphismes f et g de E est un automorphisme de E et on a :

$$(g \circ f)^{-1} = f^{-1} \circ g^{-1}$$

Formule du binôme de Newton

Soit f un endomorphisme de E. Par convention, on pose $f^0 = Id_E$ et, pour tout entier naturel p non nul, on pose $f^p = f^{p-1} \circ f$.

Soit f et g deux endomorphismes de E qui commutent (c'est-à-dire tels que $f \circ g = g \circ f$). Alors pour tout entier naturel p, on a :

$$(f+g)^p = \sum_{k=0}^{p} \binom{p}{k} f^k \circ g^{p-k} = \sum_{k=0}^{p} \binom{p}{k} f^{p-k} \circ g^k$$

Noyau

Soit f une application linéaire de E dans F. On appelle *noyau* de f, noté $\operatorname{Ker} f$, le sous-ensemble de E défini par :

$$\operatorname{Ker} f = \{ x \in E, f(x) = 0_F \}$$

$$\operatorname{Ker} f \text{ est un sous-espace vectoriel de } E$$

Noyau et injectivité

L'application f est injective si, et seulement si : $\operatorname{Ker} f = \{0_E\}$

Image

Soit f une application linéaire de E dans F. On appelle *image* de f, notée $\operatorname{Im} f$, le sous-ensemble de F défini par :

$$\operatorname{Im} f = \{y \in F, \exists x \in E, y = f(x)\}$$

$\operatorname{Im} f$ est un sous-espace vectoriel de F

Image d'une base

Soit f une application linéaire de E dans F et $\mathcal{B} = (e_1, \ldots, e_n)$ une base de E. On a :

$$\operatorname{Im} f = \operatorname{Vect}\left(f(e_1), \ldots, f(e_n)\right)$$

Image et surjectivité

L'application f est surjective si, et seulement si : $\operatorname{Im} f = F$.

Sous-espace stable

On désigne par f un endomorphisme de E.

On dit qu'un sous-espace F de E est stable par f si $f(F) \subset F$.

Autrement dit : F est stable par f si : $\forall x \in F$, $f(x) \in F$

&

Les mathématiques ne sont écrites
que pour les mathématiciens.
Nicolas Copernic

25. APPLICATIONS LINÉAIRES EN DIMENSION FINIE

Espaces isomorphes

Deux espaces vectoriels E et F de dimension finie sont *isomorphes* s'il existe un isomorphisme de E dans F.

Tout $\mathbb{K}$-espace vectoriel de dimension n est isomorphe à $\mathbb{K}^n$.

Espaces isomorphes et dimension

Soit deux espaces vectoriels E et F de **dimension finie**.

E et F sont isomorphes si, et seulement si : $\dim E = \dim F$.

Isomorphismes et bases

Si f est un isomorphisme de E dans F, alors l'image par f d'une base de E est une base de F.
Réciproquement, si l'image d'une base de E par une application linéaire f est une base de F, alors f est un isomorphisme de E dans F.

Rang d'une application linéaire

Soit f une application linéaire de E dans F. Si $\operatorname{Im} f$ est de dimension finie, on appelle *rang* de f, le nombre défini par :

$$\operatorname{rg}(f) = \dim \operatorname{Im} f$$

Rang et application nulle

Soit f une application linéaire de E dans F. On a :

$$\operatorname{rg}(f) = 0 \Leftrightarrow f = 0$$

Rang et bijection

Soit f une application linéaire de E dans F, où E et F sont deux espaces vectoriels de **même dimension n**.

f est bijective si, et seulement si : $\mathrm{rg}(f) = n$.

En particulier, si f est un endomorphisme de E, où E est un espace vectoriel de **dimension finie**, alors f est un automorphisme si, et seulement si : $\mathrm{rg}(f) = \dim E$.

Théorème du rang

Soit f une application linéaire de E dans F, où E est un espace vectoriel de dimension finie. On a :

$$\dim E = rg(f) + \dim \mathrm{Ker}\, f$$

Caractérisation d'un isomorphisme

Soit f une application linéaire de E dans F, où E et F sont deux espaces vectoriels de **même dimension n**. On a :

f injective $\Leftrightarrow$ f surjective $\Leftrightarrow$ f bijective

Caractérisation d'un automorphisme

Soit f un endomorphisme de E, où E un espace vectoriel de **dimension finie**.

f injectif $\Leftrightarrow$ f surjectif $\Leftrightarrow$ f bijectif

Hyperplan et forme linéaire

Soit E un espace de **dimension finie** et H un sous-espace de E.

H est un hyperplan de E si et seulement si H est le noyau d'une forme linéaire non nulle.

26. APPLICATIONS LINÉAIRES ET MATRICES

Matrice d'une application linéaire

Soit E un espace vectoriel de dimension p, de base $\mathcal{B}=(e_1,\ldots,e_p)$, et F un espace vectoriel de dimension n, de base $\mathcal{B}'=(e'_1,\ldots,e'_n)$.
Si f est une application linéaire de E dans F, on appelle matrice de f relativement aux bases $\mathcal{B}$ et $\mathcal{B}'$, la matrice de $\mathcal{M}_{n,p}(\mathbb{K})$, souvent notée $\operatorname{mat}_{\mathcal{B},\mathcal{B}'}(f)$, dont la $j^{\text{ème}}$ colonne est formée des coordonnées du vecteur $f(e_j)$ dans la base $\mathcal{B}'$.

La matrice d'une forme linéaire est une matrice ligne.

Matrice d'un endomorphisme

Soit E un espace vectoriel de dimension p, de base $\mathcal{B}=(e_1,\ldots,e_p)$.
Si f est un endomorphisme de E, on appelle matrice de f dans la base $\mathcal{B}$, la matrice de $\mathcal{M}_p(\mathbb{K})$, notée $\operatorname{mat}_{\mathcal{B}}(f)$, dont la $j^{\text{ème}}$ colonne est formée des coordonnées du vecteur $f(e_j)$ dans la base $\mathcal{B}$.

Soit E un espace vectoriel de **dimension** $\boldsymbol{p}$. Quelle que soit la base $\mathcal{B}$ de E, on a :

$$\operatorname{mat}_{\mathcal{B}}(Id_E)=I_p$$

Isomorphisme canonique

Soit E un espace vectoriel de dimension p, de base $\mathcal{B}$, et F un espace vectoriel de dimension n, de base $\mathcal{B}'$. L'application qui à tout f de $\mathcal{L}(E,F)$ associe la matrice $\operatorname{mat}_{\mathcal{B},\mathcal{B}'}(f)$ de $\mathcal{M}_{n,p}(\mathbb{K})$ est un isomorphisme d'espaces vectoriels. On a donc :

$$\dim \mathcal{L}(E,F)=\dim \mathcal{M}_{n,p}(\mathbb{K})=np=\dim E\times \dim F$$

Application linéaire canoniquement associée

Soit A une matrice de $\mathcal{M}_{n,p}(\mathbb{K})$. Si $\mathcal{B}$ et $\mathcal{B}'$ désignent les bases canoniques respectives de $\mathbb{K}^p$ et $\mathbb{K}^n$, l'application linéaire f de $\mathbb{K}^p$ dans $\mathbb{K}^n$ telle que $\text{mat}_{\mathcal{B},\mathcal{B}'}(f) = A$ est appelée application linéaire canoniquement associée à A.

Elle est définie pour tout $(x_1,\ldots,x_p)$ de $\mathbb{K}^p$ par :

$$f((x_1,\ldots,x_p)) = (y_1,\ldots,y_n)\text{, où } \forall i \in [\![1,n]\!],\ y_i = \sum_{k=1}^{p} a_{i,k}x_k$$

Opérations sur les matrices

Soit E un espace vectoriel de base $\mathcal{B}$ et F un espace vectoriel de base $\mathcal{B}'$. Pour toutes applications linéaires f et g de E dans F et pour tout scalaire λ, on a :

$$\text{mat}_{\mathcal{B},\mathcal{B}'}(f+g) = \text{mat}_{\mathcal{B},\mathcal{B}'}(f) + \text{mat}_{\mathcal{B},\mathcal{B}'}(g)$$

$$\text{mat}_{\mathcal{B},\mathcal{B}'}(\lambda f) = \lambda \text{mat}_{\mathcal{B},\mathcal{B}'}(f)$$

Soit E, F et G trois espaces vectoriels de bases respectives $\mathcal{B}_1$, $\mathcal{B}_2$ et $\mathcal{B}_3$. Si f est une application linéaire de E dans F et g une application linéaire de F dans G, alors :

$$\text{mat}_{\mathcal{B}_1,\mathcal{B}_3}(g \circ f) = \text{mat}_{\mathcal{B}_2,\mathcal{B}_3}(g)\,\text{mat}_{\mathcal{B}_1,\mathcal{B}_2}(f)$$

Soit E un espace vectoriel de base $\mathcal{B}$. Si f est un endomorphisme de E, alors :

$$\forall k \in \mathbb{N},\ \text{mat}_{\mathcal{B}}(f^k) = (\text{mat}_{\mathcal{B}}(f))^k$$

Inversibilité et bijection

Soit E et F deux espaces vectoriels de **même dimension**, de bases respectives $\mathcal{B}$ et $\mathcal{B}'$, f une application linéaire de E dans F.

f est bijective si et seulement si $\text{mat}_{\mathcal{B},\mathcal{B}'}(f)$ est inversible.

Lorsque f est bijective, on a :

$$\text{mat}_{\mathcal{B}',\mathcal{B}}\left(f^{-1}\right)=\left(\text{mat}_{\mathcal{B},\mathcal{B}'}(f)\right)^{-1}$$

Image d'un vecteur

Soit E un espace vectoriel de dimension p de base $\mathcal{B}$ et F un espace vectoriel de dimension n de base $\mathcal{B}'$. Soit f une application linéaire de E dans F et $A=\text{mat}_{\mathcal{B},\mathcal{B}'}(f)$. Soit x un vecteur de E et y un vecteur de F. On note X (respectivement Y) le vecteur colonne de $\mathcal{M}_{p,1}(\mathbb{K})$ (respectivement $\mathcal{M}_{n,1}(\mathbb{K})$) formé des coordonnées de x (respectivement y) dans la base $\mathcal{B}$ (respectivement dans la base $\mathcal{B}'$). On a :

$$y=f(x) \Leftrightarrow Y=AX$$

Rang d'une famille de vecteurs (rappel)

Soit E un espace vectoriel et $(e_1,\ldots,e_n)$ une famille de vecteurs de E. On appelle *rang* de la famille $(e_1,\ldots,e_n)$, le nombre défini par :

$$\text{rg}(e_1,\ldots,e_n)=\dim \text{Vect}(e_1,\ldots,e_n)$$

Rang d'une matrice

Le *rang* d'une matrice A de $\mathcal{M}_{n,p}(\mathbb{K})$ est le rang de la famille de ses vecteurs colonnes dans $\mathcal{M}_{n,1}(\mathbb{K})$. On le note $\text{rg}(A)$.

Pour toute matrice A de $\mathcal{M}_{n,p}(\mathbb{K})$, on a :

$$\text{rg}(A)=0 \Leftrightarrow A=0$$

Pour toute matrice A de $\mathcal{M}_n(\mathbb{K})$:

A est inversible si, et seulement si : $\text{rg}(A)=n$.

Soit f une application linéaire de E dans F, où E et F sont deux espaces vectoriels de bases respectives $\mathcal{B}$ et $\mathcal{B}'$. Si A est la matrice de f relativement aux bases $\mathcal{B}$ et $\mathcal{B}'$. On a :

$$\text{rg}(f) = \text{rg}(A)$$

27. SOMMES, SOMMES DIRECTES SOUS-ESPACES SUPPLÉMENTAIRES

La lettre E désigne un espace vectoriel sur $\mathbb{K}$ ($\mathbb{K} = \mathbb{R}$ ou $\mathbb{C}$).

Somme de deux sous-espaces

Soit F_1 et F_2 deux sous-espaces vectoriels de E.

On appelle *somme* de F_1 et F_2 l'ensemble, noté $F_1 + F_2$, défini par :

$$F_1 + F_2 = \left\{x_1 + x_2,\ (x_1, x_2) \in F_1 \times F_2\right\}$$

La somme de deux sous-espaces de E est un sous-espace de E.

Formule de Grassmann

Si E est un espace vectoriel de dimension finie et si F_1 et F_2 sont deux sous-espaces de E, on a :

$$\dim(F_1 + F_2) = \dim F_1 + \dim F_2 - \dim(F_1 \cap F_2)$$

Somme directe de deux sous-espaces

Soit F_1 et F_2 deux sous-espaces vectoriels de E.

On dit que la somme $F_1 + F_2$ est *directe* si :

$$F_1 \cap F_2 = \{0_E\}$$

Lorsque la somme $F_1 + F_2$ est directe, elle est notée $F_1 \oplus F_2$.

Somme de *r* sous-espaces

La lettre *r* désigne un entier supérieur ou égal à 2 et F_1, F_2, ..., F_r sont des sous-espaces vectoriels de E.

On appelle somme de F_1, F_2, ..., F_r, l'ensemble noté $F_1 + ... + F_r$ ou $\sum_{i=1}^{r} F_i$, et défini par :

$$F_1 + F_2 + ... + F_r = \left\{ x_1 + x_2 + ... + x_r, \left(x_1, x_2, ..., x_r \right) \in F_1 \times F_2 \times ... \times F_r \right\}$$

La somme de *r* sous-espaces de E est un sous-espace de E.

Somme directe de *r* sous-espaces

La lettre *r* désigne un entier supérieur ou égal à 2 et F_1, F_2, ..., F_r sont des sous-espaces vectoriels de E.

On dit que la somme $F = \sum_{i=1}^{r} F_i$ est directe si pour tout vecteur x de F, il existe un unique *r*-uplet $\left(x_1, x_2, ..., x_r \right)$ de $F_1 \times F_2 \times ... \times F_r$ tel que : $x = x_1 + x_2 + ... + x_r$.

Dans ce cas, on note $F = F_1 \oplus F_2 \oplus \ldots \oplus F_r$ ou $F = \bigoplus_{i=1}^{r} F_i$.

La somme $F_1 + F_2 + ... + F_r$ est directe si, et seulement si, pour tout *r*-uplet $\left(x_1, ..., x_r \right)$ de $F_1 \times ... \times F_r$, on a :

$$x_1 + x_2 + ... + x_r = 0 \ \Rightarrow\ \forall i \in [\![1, r]\!],\ x_i = 0$$

On suppose que F_1, ..., F_r sont des sous-espaces de dimension finie, de bases respectives $\mathcal{B}_1$, ..., $\mathcal{B}_r$.

La somme $F = F_1 + F_2 + ... + F_r$ est directe si, et seulement si :

$$\dim F = \sum_{i=1}^{r} \dim F_i$$

La somme $F = F_1 + F_2 + ... + F_r$ est directe si, et seulement si, la famille obtenue par concaténation (on dit aussi juxtaposition) des bases $\mathcal{B}_1$, $\mathcal{B}_2$, ..., $\mathcal{B}_r$ est une base de F.

Sous-espaces supplémentaires

Soit F_1 et F_2 deux sous-espaces vectoriels de E.

On dit que F_1 et F_2 sont *supplémentaires* dans E (ou que E est somme directe de F_1 et F_2) si :

$$\boxed{E = F_1 \oplus F_2}$$

F_1 et F_2 sont supplémentaires dans E si, et seulement si, pour tout vecteur x de E, il existe un unique couple (x_1, x_2) de $F_1 \times F_2$ tel que $x = x_1 + x_2$.

F_1 et F_2 sont supplémentaires dans E si, et seulement si :

$$F_1 \cap F_2 = \{0_E\} \text{ et } \dim F_1 + \dim F_2 = \dim E$$

La lettre r désigne un entier supérieur ou égal à 2 et F_1, F_2, ..., F_r sont des sous-espaces vectoriels de E.

$E = \bigoplus_{i=1}^{r} F_i$ si, et seulement si, les deux propriétés suivantes sont vérifiées :

- $E = \sum_{i=1}^{r} F_i$, c'est-à-dire que pour tout vecteur x de E, il existe un r-uplet $(x_1, x_2, ..., x_r)$ de $F_1 \times F_2 \times ... \times F_r$ tel que : $x = x_1 + x_2 + ... + x_r$.
- La somme $F_1 + F_2 + ... + F_r$ est directe.

&

Les mathématiques consistent à démontrer
des choses évidentes par des moyens complexes.

George Polya

28. PROJECTEURS

La lettre E désigne un espace vectoriel sur $\mathbb{K}$ ($\mathbb{K}=\mathbb{R}$ ou $\mathbb{C}$).

Définitions

Soit F_1 et F_2 deux sous-espaces vectoriels supplémentaires dans E. Pour tout vecteur x de E, on note (x_1,x_2) l'unique couple de $F_1\times F_2$ tel que : $x=x_1+x_2$.

On appelle *projecteur* de E sur F_1, parallèlement à F_2 (ou de direction F_2), l'application p qui, à tout vecteur x de E, associe $p(x)=x_1$. Le vecteur $p(x)$ est appelé le projeté de x.

Projecteurs, image et noyau

Tout projecteur de E est un endomorphisme de E.

Soit p le projecteur sur F_1, parallèlement à F_2. On a :

$$F_1=\operatorname{Im} p=\operatorname{Ker}(Id_E-p) \text{ et } F_2=\operatorname{Ker} p=\operatorname{Im}(Id_E-p)$$

$$E=\operatorname{Ker} p\oplus \operatorname{Im} p$$

Projecteurs associés

Soit F_1 et F_2 deux sous-espaces supplémentaires dans E.

Le projecteur p sur F_1, parallèlement à F_2 et le projecteur q sur F_2, parallèlement à F_1 sont appelés *projecteurs associés*.

Soit p et q deux projecteurs de E. Les projecteurs p et q sont associés si, et seulement si : $\begin{cases} p+q=Id_E \\ p\circ q=q\circ p=0 \end{cases}$.

Caractérisation du projeté

Soit p le projecteur sur F_1, parallèlement à F_2. Pour tout vecteur x de E, on a :

$y = p(x)$ si, et seulement si : $y \in F_1$ et $x - y \in F_2$.

Caractérisation des projecteurs

L'endomorphisme f de E est un projecteur de E si, et seulement si :

$$f \circ f = f$$

Plus précisément :

- Si l'endomorphisme f de E est un projecteur, alors : $f \circ f = f$.
- Si f est un endomorphisme de E tel que $f \circ f = f$, alors f est le projecteur sur $\operatorname{Im} f$ parallèlement à $\operatorname{Ker} f$.

Caractérisation matricielle des projecteurs

On suppose que l'espace E est de dimension finie. On note $\mathcal{B}$ une base de E et f un endomorphisme de E dont la matrice dans la base $\mathcal{B}$ est A.

f est un projecteur de E si, et seulement si : $A^2 = A$.

&

L'étude des mathématiques est comme le Nil,
qui commence en modestie et finit en magnificence.

Charles Caleb Colton

29. CHANGEMENT DE BASE

E désigne un espace vectoriel de dimension n ($n \in \mathbb{N}^*$), $\mathcal{B} = (e_1, \dots, e_n)$ et $\mathcal{B}' = (e'_1, \dots, e'_n)$ sont deux bases de E.

Matrice de passage

On appelle matrice de passage de la base $\mathcal{B}$ à la base $\mathcal{B}'$, la matrice de $\mathcal{B}'$ dans la base $\mathcal{B}$.

Si P est la matrice de passage de $\mathcal{B}$ à $\mathcal{B}'$, alors P est inversible et P^{-1} est la matrice de passage de $\mathcal{B}'$ à $\mathcal{B}$.

Formules de changement de base

On note P la matrice de passage de $\mathcal{B}$ à $\mathcal{B}'$.
Si, pour tout vecteur x de E, on note X la matrice de x dans la base $\mathcal{B}$ et X' la matrice de x dans la base $\mathcal{B}'$, alors on a :

$$X = PX'$$

Si, pour tout endomorphisme f de E, on note A la matrice de f dans la base $\mathcal{B}$ et A' la matrice de f dans la base $\mathcal{B}'$, alors on a :

$$A' = P^{-1}AP$$

Matrices semblables

Deux matrices A et A' de $\mathcal{M}_n(\mathbb{K})$ sont dites *semblables* s'il existe une matrice P de $\mathcal{M}_n(\mathbb{K})$ inversible telle que :

$$A' = P^{-1}AP$$

Deux matrices sont semblables si, et seulement si, elles sont les matrices d'un même endomorphisme de E, dans des bases différentes.

Deux matrices semblables ont même trace.

30. RÉDUCTION DES MATRICES CARRÉES

La lettre $\mathbb{K}$ désigne $\mathbb{R}$ ou $\mathbb{C}$ et A est une matrice de $\mathcal{M}_n(\mathbb{K})$.

Éléments propres d'une matrice

Le scalaire λ est une *valeur propre* de A s'il existe un vecteur colonne X **non nul** de $\mathcal{M}_{n,1}(\mathbb{K})$ tel que : $AX = \lambda X$.

L'ensemble des valeurs propres de A est appelé *spectre* de A, on le note $\mathrm{Sp}(A)$.

Si λ est une valeur propre de A, tout vecteur colonne X **non nul** de $\mathcal{M}_{n,1}(\mathbb{K})$ tel que $AX = \lambda X$ est appelé *vecteur propre* de A associé à la valeur propre λ.

L'ensemble $E_\lambda(A)$ de tous les vecteurs X tels que $AX = \lambda X$ (y compris le vecteur nul) est un sous-espace de $\mathcal{M}_{n,1}(\mathbb{K})$, appelé *sous-espace propre* de A associé à la valeur propre λ.

On a :

$$E_\lambda(A) = \left\{ X \in \mathcal{M}_{n,1}(\mathbb{K}), (A - \lambda I)X = 0 \right\}$$

Toute matrice de $\mathcal{M}_n(\mathbb{K})$ possède au plus n valeurs propres.

Le scalaire λ est valeur propre de A si, et seulement si, la matrice $A - \lambda I$ n'est pas inversible.

Les valeurs propres d'une matrice triangulaire sont ses coefficients diagonaux.

Valeurs propres et inversibilité

0 est valeur propre de A si, et seulement si, A n'est pas inversible.

A est inversible si, et seulement si, 0 n'est pas valeur propre de A.

Polynôme matriciel

A désigne une matrice de $\mathcal{M}_n(\mathbb{K})$.

Soit P un polynôme de $\mathbb{K}[X]$ tel que : $P = \sum_{k=0}^{r} a_k X^k$.

$P(A)$ est la matrice de $\mathcal{M}_n(\mathbb{K})$ définie par :

$$P(A) = \sum_{k=0}^{r} a_k A^k = a_0 I + a_1 A + \ldots + a_r A^r$$

Soit P et Q deux polynômes de $\mathbb{K}[X]$, α et β deux scalaires.

On a :

$$(\alpha P + \beta Q)(A) = \alpha P(A) + \beta Q(A) \text{ et } (PQ)(A) = P(A)Q(A)$$

Éléments propres d'un polynôme matriciel

Si P est un polynôme et si X est un vecteur propre de la matrice A, associé à la valeur propre λ, alors X est aussi vecteur propre de la matrice $P(A)$, associé à la valeur propre $P(\lambda)$.

Polynôme annulateur d'une matrice

A désigne une matrice de $\mathcal{M}_n(\mathbb{K})$.

On dit que le polynôme P est *annulateur* de A si $P(A) = 0$.

Toute matrice carrée admet au moins un polynôme annulateur non nul.

Si P est un polynôme annulateur de A, alors les valeurs propres de A sont parmi les racines de P.

Matrices diagonalisables

La matrice A de $\mathcal{M}_n(\mathbb{K})$ est *diagonalisable* dans $\mathcal{M}_n(\mathbb{K})$ s'il existe une matrice P inversible et une matrice D diagonale telles que :

$$A = PDP^{-1}$$

En d'autres termes :

A est diagonalisable si A est semblable à une matrice diagonale.

Conditions suffisantes de diagonalisabilité

Soit A une matrice de $\mathcal{M}_n(\mathbb{K})$. Si A possède exactement n valeurs propres distinctes 2 à 2, alors A est diagonalisable et ses sous-espaces propres sont de dimension 1.

Toute matrice symétrique **réelle** est diagonalisable.

Critères de diagonalisabilité d'une matrice

On note λ_1, ..., λ_p $(p \leq n)$ les valeurs propres d'une matrice A de $\mathcal{M}_n(\mathbb{K})$, et on désigne par $E_{\lambda_1}(A)$, ..., $E_{\lambda_p}(A)$ les sous-espaces propres de A respectivement associés à ces valeurs propres.

A est diagonalisable si, et seulement si : $\mathcal{M}_{n,1}(\mathbb{K}) = \bigoplus_{i=1}^{p} E_{\lambda_i}(A)$.

A est diagonalisable si, et seulement si : $\sum_{i=1}^{p} \dim E_{\lambda_i}(A) = n$.

A est diagonalisable si, et seulement si, il existe une base de $\mathcal{M}_{n,1}(\mathbb{K})$ formée de vecteurs propres de A.

Si l'on désigne par $(E_1,\ldots,E_n)$ une base de $\mathcal{M}_{n,1}(\mathbb{K})$ formée de vecteurs propres de A associés respectivement aux valeurs propres λ_1, ..., λ_n (non forcément distinctes), alors on a $A = PDP^{-1}$, où les colonnes de P sont $E_1,\ldots,E_n$ et où D est la matrice diagonale dont les coefficients diagonaux sont λ_1, ..., λ_n.

31. RÉDUCTION DES ENDOMORPHISMES

E est un espace vectoriel et f est un endomorphisme de E.

Éléments propres d'un endomorphisme

Le scalaire λ est une *valeur propre* de f s'il existe un vecteur x non nul de E tel que $f(x) = \lambda x$.

L'ensemble des valeurs propres de f est appelé *spectre* de f, on le note $\text{Sp}(f)$.

Si λ est une valeur propre de f, tout vecteur x non nul tel que $f(x) = \lambda x$ est appelé *vecteur propre* de f associé à la valeur propre λ.

L'ensemble $E_\lambda(f)$ de tous les vecteurs x tels que $f(x) = \lambda x$ (y compris le vecteur nul), est un sous-espace vectoriel de E, appelé *sous-espace propre* de f associé à la valeur propre λ et on a :

$$E_\lambda(f) = \text{Ker}(f - \lambda Id_E)$$

Recherche des valeurs propres

λ est valeur propre de f si, et seulement si, $f - \lambda Id_E$ n'est pas injectif.

0 est valeur propre de l'endomorphisme f si, et seulement si, f n'est pas injectif.

Valeurs propres en dimension finie

On suppose que E est un espace vectoriel de **dimension finie n**.

L'endomorphisme f possède au plus n valeurs propres.

λ est valeur propre de f si, et seulement si, $f - \lambda Id_E$ n'est pas bijectif (synonyme d'injectif car E est ici de dimension finie).

0 est valeur propre de l'endomorphisme f si, et seulement si, f n'est pas bijectif (synonyme de "pas injectif" car E est de dimension finie).

On note $\mathcal{B}$ une base de E et A la matrice de f dans la base $\mathcal{B}$. Soit un vecteur x de E et X la matrice du vecteur x dans la base $\mathcal{B}$.

Le scalaire λ est valeur propre de f si, et seulement si, λ est valeur propre de A.
x est vecteur propre de f associé à la valeur propre λ si et seulement si X est vecteur propre de A associé à la valeur λ.

Vecteurs propres et liberté

Si $\lambda_1, ..., \lambda_p$ sont des valeurs propres 2 à 2 distinctes de f et si $x_1, ..., x_p$ sont des vecteurs propres de f associés respectivement à $\lambda_1, ..., \lambda_p$, alors $(x_1, ..., x_p)$ est libre.

Si $\lambda_1, ..., \lambda_p$ sont des valeurs propres 2 à 2 distinctes de f et si $\mathcal{B}_1, ..., \mathcal{B}_p$ sont des bases des sous-espaces propres de f associés à ces valeurs propres, alors la famille obtenue en concaténant les bases $\mathcal{B}_1, ..., \mathcal{B}_p$ est libre.

Polynôme d'endomorphisme

Soit E un espace vectoriel et f un endomorphisme de E.

Soit P un polynôme de $\mathbb{K}[X]$ tel que : $P = \sum_{k=0}^{r} a_k X^k$.

$P(f)$ est l'endomorphisme de E défini par :

$$P(f) = \sum_{k=0}^{r} a_k f^k = a_0 Id_E + a_1 f + ... + a_r f^r$$

Soit P et Q deux polynômes de $\mathbb{K}[X]$, α et β deux éléments de $\mathbb{K}$. On a :

$$(\alpha P + \beta Q)(f) = \alpha P(f) + \beta Q(f) \text{ et } (PQ)(f) = P(f) \circ Q(f)$$

Éléments propres d'un polynôme d'endomorphisme

Si P est un polynôme et si x est un vecteur propre de l'endomorphisme f, associé à la valeur propre λ, alors x est vecteur propre de l'endomorphisme $P(f)$, associé à la valeur propre $P(\lambda)$.

Polynôme annulateur d'un endomorphisme

Soit E un espace vectoriel et f un endomorphisme de E.

On dit que le polynôme P est *annulateur* de f si : $P(f)=0$.

Si E est de dimension **finie**, tout endomorphisme de E admet au moins un polynôme annulateur non nul.

Soit P un polynôme annulateur de f. Les valeurs propres de f sont parmi les racines de P.

Endomorphisme diagonalisable

Soit E un espace vectoriel de **dimension finie** et f un endomorphisme de E.

On dit que f est *diagonalisable* s'il existe une base de E formée de vecteurs propres de f.

Condition suffisante de diagonalisabilité

Soit E un espace vectoriel de **dimension *n*** et f un endomorphisme de E.

Si f possède exactement n valeurs propres 2 à 2 distinctes, alors f est diagonalisable et ses sous-espaces propres sont de dimension 1.

Critères de diagonalisabilité d'un endomorphisme

On note $\lambda_1, \ldots, \lambda_p$ $(p \leq n)$ les valeurs propres de f, et on désigne par $E_{\lambda_1}(f), \ldots, E_{\lambda_p}(f)$ les sous-espaces propres de f respectivement associés à ces valeurs propres.

f est diagonalisable si, et seulement si : $E = \bigoplus_{i=1}^{p} E_{\lambda_i}(f)$.

f est diagonalisable si, et seulement si : $\sum_{i=1}^{p} \dim E_{\lambda_i}(f) = \dim E$.

Diagonalisabilité endomorphisme-matrice

L'endomorphisme f de E est diagonalisable si, et seulement si, il existe une base de E dans laquelle sa matrice est diagonale.

Soit $\mathcal{B}$ une base de E et A la matrice d'un endomorphisme f dans la base $\mathcal{B}$.

L'endomorphisme f est diagonalisable si, et seulement si, la matrice A est diagonalisable.

Dans ce cas, si $\mathcal{B}' = (\varepsilon_1, \ldots, \varepsilon_n)$ est une base de E formée de vecteurs propres de f respectivement associés aux valeurs propres λ_1, ..., λ_n, on a $A = PDP^{-1}$, où P est la matrice de passage de $\mathcal{B}$ à $\mathcal{B}'$ et D la matrice diagonale dont les coefficients diagonaux sont λ_1, ..., λ_n.

&

Les mathématiques peuvent être définies
comme une science dans laquelle on ne sait jamais
de quoi on parle ni si ce que l'on dit est vrai.

Bertrand Russel

32. PRODUIT SCALAIRE ET NORME

La lettre E désigne un espace vectoriel sur $\mathbb{R}$.

Forme bilinéaire

On appelle *forme bilinéaire* sur E, toute application f de $E \times E$ dans $\mathbb{R}$ qui vérifie :

- $\forall (x_1, x_2, y) \in E^3,\ \forall \lambda \in \mathbb{R},\ f(\lambda x_1 + x_2, y) = \lambda f(x_1, y) + f(x_2, y)$.
- $\forall (x, y_1, y_2) \in E^3,\ \forall \mu \in \mathbb{R},\ f(x, \mu y_1 + y_2) = \mu f(x, y_1) + f(x, y_2)$.

Définitions

On dit que la forme bilinéaire f sur E est *symétrique* si, pour tout couple (x, y) de vecteurs de E, on a : $f(x,y) = f(y,x)$.

On dit que la forme bilinéaire f sur E est *positive* si, pour tout vecteur x de E, on a : $f(x,x) \geq 0$.

On dit que la forme bilinéaire f sur E est *définie* si, pour tout vecteur x de E, on a : $f(x,x) = 0 \ \Rightarrow\ x = 0$.

Produit scalaire

On appelle *produit scalaire sur E*, toute forme bilinéaire sur E, symétrique, positive et définie.

Lorsque f est un produit scalaire sur E, $f(x,y)$ est noté $\langle x,y \rangle$.

Pour tout couple (x,y) de vecteurs de E, on a :

$$\langle x,0 \rangle = 0 \quad \text{et} \quad \langle 0,y \rangle = 0$$

Formule de bilinéarité

Soit E un espace vectoriel muni d'un produit scalaire noté $\langle \ , \ \rangle$.

Quels que soient les vecteurs $e_1, \ldots, e_n, f_1, \ldots, f_p$ de E et les réels $\lambda_1, \ldots, \lambda_n, \mu_1, \ldots, \mu_p$, on a :

$$\left\langle \sum_{i=1}^{n} \lambda_i e_i, \sum_{j=1}^{p} \mu_j f_j \right\rangle = \sum_{i=1}^{n} \sum_{j=1}^{p} \lambda_i \mu_j \langle e_i, f_j \rangle$$

Norme euclidienne

E est un espace vectoriel muni d'un produit scalaire noté $\langle \ , \ \rangle$.

On appelle *norme euclidienne* associée au produit scalaire $\langle \ , \ \rangle$, l'application qui, à tout vecteur x de E, associe le réel $\sqrt{\langle x, x \rangle}$.

Ce réel est appelé norme du vecteur x et on note : $\| x \| = \sqrt{\langle x, x \rangle}$.

On dit qu'un vecteur x de E est *normé* ou *unitaire* si : $\| x \| = 1$.

Propriétés

Pour tout vecteur x de E et pour tout réel λ, on a :

- $\| x \| \geq 0$.
- $\| x \| = 0 \iff x = 0$.
- $\| \lambda x \| = |\lambda| \| x \|$.

Produit scalaire et norme

Pour tout couple (x, y) de vecteurs de E, on a :

$$\| x + y \|^2 = \| x \|^2 + \| y \|^2 + 2\langle x, y \rangle$$

De façon équivalente, on a aussi :

$$\langle x,y\rangle=\frac{1}{2}\left(\|x+y\|^2-\|x\|^2-\|y\|^2\right)$$

Il faut savoir montrer que

$$\langle x,y\rangle=\frac{1}{4}\left(\|x+y\|^2-\|x-y\|^2\right)$$

Inégalité triangulaire

Pour tout couple (x, y) de vecteurs de E, on a :

$$\|x+y\|\leq\|x\|+\|y\|$$

Il faut savoir en déduire que, pour tout couple (x, y) de vecteurs de E, on a :

$$\big|\,\|x\|-\|y\|\,\big|\leq\|x-y\|$$

Inégalité de Cauchy-Schwarz

Pour tout couple (x, y) de vecteurs de E, on a :

$$\left|\langle x,y\rangle\right|\leq\|x\|\,\|y\| \text{ ou } \langle x,y\rangle^2\leq\|x\|^2\,\|y\|^2$$

avec égalité si, et seulement si, la famille (x,y) est liée.

Produit scalaire canonique de $\mathbb{R}^n$

Soit deux vecteurs $x=(x_1,\ldots,x_n)$ et $y=(y_1,\ldots,y_n)$ de $\mathbb{R}^n$.

$\langle x,y\rangle=\sum_{i=1}^{n}x_iy_i$ définit un produit scalaire sur $\mathbb{R}^n$, appelé *produit scalaire canonique de* $\mathbb{R}^n$.

$\|x\|=\sqrt{\sum_{i=1}^{n}x_i^2}$ est la *norme euclidienne canonique* du vecteur x.

Produit scalaire canonique de $\mathcal{M}_{n,1}(\mathbb{R})$

Soit deux vecteurs $X = \begin{pmatrix} x_1 \\ \vdots \\ x_n \end{pmatrix}$ et $Y = \begin{pmatrix} y_1 \\ \vdots \\ y_n \end{pmatrix}$ de $\mathcal{M}_{n,1}(\mathbb{R})$.

$\langle X, Y \rangle = {}^tXY = \sum_{i=1}^{n} x_i y_i$ définit un produit scalaire sur $\mathcal{M}_{n,1}(\mathbb{R})$, appelé *produit scalaire canonique de* $\mathcal{M}_{n,1}(\mathbb{R})$.

$\| x \| = \sqrt{{}^tXX} = \sqrt{\sum_{i=1}^{n} x_i^2}$ est la *norme euclidienne canonique* du vecteur X.

Inégalité de Cauchy-Schwarz dans $\mathbb{R}^n$

Cette inégalité, appliquée au produit scalaire canonique de $\mathbb{R}^n$ ou à celui de $\mathcal{M}_{n,1}(\mathbb{R})$, s'écrit :

Quels que soient les réels $x_1, \ldots, x_n, y_1, \ldots, y_n$, on a :

$$\left(\sum_{i=1}^{n} x_i y_i \right)^2 \leq \left(\sum_{i=1}^{n} x_i^2 \right) \left(\sum_{i=1}^{n} y_i^2 \right)$$

&

Les mathématiques sont la clef pour comprendre
et maîtriser nos mondes physiques sociaux et biologiques.

Morris Kline

33. ORTHOGONALITÉ

La lettre E désigne un $\mathbb{R}$-espace vectoriel muni d'un produit scalaire noté $\langle\ ,\ \rangle$. La norme d'un vecteur x de E est notée $\|x\|$.

Vecteurs orthogonaux

Deux vecteurs x et y de E sont *orthogonaux*, et on note $x \perp y$, si :

$$\langle x, y \rangle = 0$$

Le seul vecteur orthogonal à tout vecteur de E est le vecteur nul.

Théorème de Pythagore

Soit x et y deux vecteurs de E. On a :

$$x \perp y \iff \|x+y\|^2 = \|x\|^2 + \|y\|^2$$

Sous-espaces orthogonaux

On dit que deux sous-espaces vectoriels A et B de E sont *orthogonaux*, et on note $A \perp B$, si :

$$\forall (a,b) \in A \times B,\ \langle a, b \rangle = 0$$

Familles orthogonales

On dit que la famille $(e_1, \ldots, e_p)$ de vecteurs de E est *orthogonale* si :

$$\forall (i,j) \in [\![1, p]\!]^2,\ i \neq j \Rightarrow \langle e_i, e_j \rangle = 0$$

Toute famille orthogonale de E ne contenant pas le vecteur nul est libre.

Familles orthonormales

On dit que la famille $(e_1,...,e_p)$ de vecteurs de E est *orthonormale* si elle est orthogonale et si :

$$\forall i \in [\![1,p]\!],\ \|e_i\|=1$$

Toute famille orthonormale de E est libre.

Procédé d'orthonormalisation de Schmidt

Soit p un entier supérieur ou égal à 2 et $(e_1,...,e_p)$ une famille libre de vecteurs de E. On note ε_1, ..., ε_p les vecteurs définis de la manière suivante :

$$\varepsilon_1 = \frac{1}{\|e_1\|} e_1$$

$$\forall k \in [\![2,p]\!],\ \varepsilon_k = \frac{1}{\left\| e_k - \sum_{i=1}^{k-1} \langle e_k,\varepsilon_i\rangle \varepsilon_i \right\|}\left(e_k - \sum_{i=1}^{k-1} \langle e_k,\varepsilon_i\rangle \varepsilon_i \right)$$

La famille $(\varepsilon_1,...,\varepsilon_p)$, ainsi construite, est orthonormale.

De plus, pour tout k élément de $[\![1,p]\!]$, on a :

$$\text{Vect}(\varepsilon_1,...,\varepsilon_k) = \text{Vect}(e_1,...,e_k)$$

&

Les mathématiques ne sont pas
une moindre immensité que la mer.

Victor Hugo

34. ESPACES EUCLIDIENS

E désigne un espace vectoriel sur $\mathbb{R}$, de dimension finie n, et muni d'un produit scalaire noté $\langle\ ,\ \rangle$. La norme d'un vecteur x de E est notée $\|x\|$.

Définition

On appelle *espace euclidien*, tout $\mathbb{R}$-espace vectoriel de dimension finie, muni d'un produit scalaire.

Base orthogonale

On dit qu'une famille $\mathcal{B}$ de vecteurs de E est une *base orthogonale* de E si $\mathcal{B}$ est à la fois une famille orthogonale et une base de E.

Toute famille orthogonale formée de n vecteurs non nuls de E (avec $n = \dim E$), est une base orthogonale de E.

Base orthonormale

On dit qu'une famille $\mathcal{B}$ de vecteurs de E est une *base orthonormale* (ou *orthonormée*) de E si $\mathcal{B}$ est à la fois une famille orthonormale et une base de E.

Toute famille orthonormale formée de n vecteurs de E (avec $n = \dim E$), est une base orthonormale de E.

Exemples fondamentaux

L'espace vectoriel $\mathbb{R}^n$ est un espace vectoriel euclidien et la base canonique de $\mathbb{R}^n$ est une base orthonormale pour le produit scalaire canonique de $\mathbb{R}^n$.

L'espace vectoriel $\mathcal{M}_{n,1}(\mathbb{R})$ est un espace vectoriel euclidien et la base canonique de $\mathcal{M}_{n,1}(\mathbb{R})$ est une base orthonormale pour le produit scalaire canonique de $\mathcal{M}_{n,1}(\mathbb{R})$.

Existence de bases orthonormales

Tout espace vectoriel euclidien possède au moins une base orthonormale.

Théorème de la base orthonormale incomplète

Toute famille orthonormale de E peut être complétée en une base orthonormale de E.

Calculs en base orthonormale

Soit $\mathcal{B}=(\varepsilon_1,...,\varepsilon_n)$ une **base orthonormale** de E.

Pour tout vecteur x de E, on a :

$$x=\sum_{i=1}^{n}\langle x,\varepsilon_i\rangle\,\varepsilon_i$$

Soit $\mathcal{B}=(\varepsilon_1,...,\varepsilon_n)$ une **base orthonormale** de E, x et y deux vecteurs de E de coordonnées respectives $(x_1,...,x_n)$ et $(y_1,...,y_n)$ dans la base $\mathcal{B}$. On note X et Y les matrices de x et de y dans $\mathcal{B}$, c'est-à-dire : $X=\begin{pmatrix}x_1\\ \vdots\\ x_n\end{pmatrix}$ et $Y=\begin{pmatrix}y_1\\ \vdots\\ y_n\end{pmatrix}$. On a les égalités suivantes :

$$\langle x,y\rangle=\sum_{i=1}^{n}x_iy_i={}^tXY \quad \text{et} \quad \|x\|^2=\sum_{i=1}^{n}x_i^2={}^tXX$$

Supplémentaire orthogonal d'un sous-espace

Soit F un sous-espace vectoriel de E. On appelle *supplémentaire orthogonal* de F, et on note $F^\perp$, l'ensemble défini par :

$$F^\perp=\{x\in E,\ \forall y\in F,\ \langle x,y\rangle=0\}$$

Propriétés du supplémentaire orthogonal

$$\{0_E\}^\perp=E \text{ et } E^\perp=\{0_E\}$$

Pour tout sous-espace vectoriel F de E, $F^{\perp}$ est un sous-espace vectoriel de E.

Pour tout sous-espace vectoriel F de E, on a : $\left(F^{\perp}\right)^{\perp} = F$.

Si A et B sont deux sous-espaces de E, on a les équivalences :

$$A \perp B \Leftrightarrow A \subset B^{\perp} \Leftrightarrow B \subset A^{\perp}$$

Théorème du supplémentaire orthogonal

Pour tout sous-espace F de E, on a :

$$E = F \oplus F^{\perp}$$

Parmi les supplémentaires de F, $F^{\perp}$ est le seul qui est orthogonal à F.

Pour tout sous-espace vectoriel F de E, on a :

$$\dim F^{\perp} = \dim E - \dim F$$

Projecteur orthogonal

Soit F un sous-espace de E. On appelle projecteur orthogonal sur F, noté p_F, le projecteur sur F parallèlement à $F^{\perp}$.

Le projecteur associé à p_F est $p_{F^{\perp}}$, qui est le projecteur orthogonal sur $F^{\perp}$.

Projecteurs orthogonaux, noyau, image

Soit p un projecteur. Le projecteur p est orthogonal si, et seulement si :

$$\operatorname{Im} p \perp \operatorname{Ker} p$$

Caractérisation du projeté orthogonal

Soit F un sous-espace vectoriel de E et p_F le projecteur orthogonal sur F. Pour tout vecteur x de E, on a :

$$p_F(x) \in F \text{ et } x - p_F(x) \in F^{\perp}$$

Matrice d'un projecteur orthogonal

Soit F un sous-espace vectoriel de E et p_F le projecteur orthogonal sur F. Si $(u_1,...,u_r)$ est une **base orthonormale de F**, alors, pour tout vecteur x de E, on a :

$$p_F(x)=\sum_{i=1}^{r}\langle x,u_i\rangle u_i$$

Si $\mathcal{B}$ est une base orthonormale de E, alors en notant U_i le vecteur colonne des coordonnées de u_i dans $\mathcal{B}$, on a :

$$\text{mat}_{\mathcal{B}}(p_F)=\sum_{i=1}^{r}U_i\,{}^tU_i$$

Minimisation par projection orthogonale

Soit a un vecteur de E, F un sous-espace de E et p_F le projecteur orthogonal sur F. L'ensemble $\{\|a-u\|,\ u\in F\}$ admet un minimum atteint en un unique vecteur v de F défini par $v=p_F(a)$.

On a donc l'équivalence :

$$v=p_F(a)\ \Leftrightarrow\ \|a-v\|=\min_{u\in F}\|a-u\|$$

Théorème des pseudo solutions

La norme utilisée est la norme euclidienne canonique de $\mathcal{M}_{n,1}(\mathbb{R})$.

Soit A une matrice de $\mathcal{M}_{n,p}(\mathbb{R})$ de rang p et B une matrice de $\mathcal{M}_{n,1}(\mathbb{R})$. L'ensemble $\{\|AX-B\|,\ X\in\mathcal{M}_{p,1}(\mathbb{R})\}$ admet un minimum atteint en un unique vecteur colonne X_0 de $\mathcal{M}_{p,1}(\mathbb{R})$.

On dit que X_0 est une pseudo solution de l'équation $AX=B$.

Remarque. Il n'est pas nécessaire de l'apprendre, mais X_0 est défini par : $X_0=({}^tAA)^{-1}\,{}^tAB$.

35. ENDOMORPHISMES SYMÉTRIQUES FORMES QUADRATIQUES

Dans ce chapitre, E désigne un espace vectoriel euclidien de dimension n ($n \in \mathbb{N}^*$). Le produit scalaire est noté $\langle \, , \, \rangle$.

Endomorphisme symétrique

Un endomorphisme f de E est dit *symétrique* si, pour tout couple (x, y) de vecteurs de E, on a :

$$\langle f(x), y \rangle = \langle x, f(y) \rangle$$

L'ensemble des endomorphismes symétriques de E est un sous-espace vectoriel de $\mathcal{L}(E)$.

L'endomorphisme f de E est symétrique si, et seulement si, il existe une base orthonormale $\mathcal{B}$ de E dans laquelle la matrice de f est symétrique à coefficients réels.

Réduction des endomorphismes symétriques

Tout endomorphisme symétrique de E possède au moins une valeur propre, et toutes ses valeurs propres sont réelles.

Tout endomorphisme symétrique de E est diagonalisable, et ses sous-espaces propres sont deux à deux orthogonaux.

L'endomorphisme f de E est symétrique si, et seulement si, il existe une base orthonormale de E formée de vecteurs propres pour f.

Ce dernier théorème est souvent utilisé dans le sens suivant :
Si l'endomorphisme f est symétrique, alors il existe une base orthonormale de E formée de vecteurs propres pour f (la matrice de f dans cette base étant, bien sûr, diagonale).

Matrices orthogonales

Toute matrice Ω de $\mathcal{M}_n(\mathbb{R})$ qui vérifie ${}^t\Omega\Omega = I_n$ est appelée matrice *orthogonale*.

Si Ω est une matrice orthogonale, alors Ω est inversible et $\Omega^{-1} = {}^t\Omega$.

Toute matrice de passage entre deux bases orthonormales de E est une matrice orthogonale.

Réduction des matrices symétriques réelles

L'expression "*A est une matrice symétrique réelle*" signifie que A est une matrice symétrique à coefficients réels.

Toute matrice symétrique réelle possède au moins une valeur propre et toutes ses valeurs propres sont réelles.

Toute matrice symétrique réelle est diagonalisable et ses sous-espaces propres sont deux à deux orthogonaux.

La matrice A de $\mathcal{M}_n(\mathbb{R})$ est symétrique si, et seulement si, il existe une base orthonormale de $\mathcal{M}_{n,1}(\mathbb{R})$ formée de vecteurs propres pour A.

La matrice A de $\mathcal{M}_n(\mathbb{R})$ est symétrique si, et seulement si, il existe une matrice orthogonale P et une matrice diagonale D telles que : $A = P D {}^tP$.

Soit A une matrice symétrique réelle d'ordre *n*. Si on note $(X_1, X_2, \dots, X_n)$ une **base orthonormale** de $\mathcal{M}_{n,1}(\mathbb{R})$ telle que, pour tout *i* élément de $[\![1,n]\!]$, X_i soit un vecteur propre de A associé à la valeur propre λ_i, alors on a :

$$A = \sum_{i=1}^{n} \lambda_i X_i {}^tX_i$$

Formes quadratiques

$\mathbb{R}^n$ est muni de sa structure euclidienne canonique. Pour tout vecteur x de $\mathbb{R}^n$, on note X l'élément de $\mathcal{M}_{n,1}(\mathbb{R})$ formé des coordonnées du vecteur x dans la base canonique de $\mathbb{R}^n$.

Soit A une matrice symétrique réelle. On appelle *forme quadratique* associée à la matrice A, l'application q de $\mathbb{R}^n$ dans $\mathbb{R}$ définie, pour tout vecteur x de $\mathbb{R}^n$, par :

$$q(x) = {}^tX\,A\,X$$

Soit A une matrice symétrique réelle et q la forme quadratique associée à la matrice A. Si f désigne l'endomorphisme symétrique de $\mathbb{R}^n$ canoniquement associé à la matrice A, alors pour tout vecteur x de $\mathbb{R}^n$, on a : $q(x) = \langle x,\ f(x) \rangle$.

Une forme quadratique est ainsi indifféremment associée à une matrice symétrique réelle A ou à l'endomorphisme symétrique de $\mathbb{R}^n$ canoniquement associé à A.

Signe d'une forme quadratique

Soit f un endomorphisme symétrique et q la forme quadratique associée à f.

Les valeurs propres de f sont positives si, et seulement si :

$$\forall x \in \mathbb{R}^n,\ q(x) \geq 0$$

Les valeurs propres de f sont négatives si, et seulement si :

$$\forall x \in \mathbb{R}^n,\ q(x) \leq 0$$

Les valeurs propres de f sont strictement positives si, et seulement si : $\forall x \in \mathbb{R}^n \setminus \{0\},\ q(x) > 0$.

Les valeurs propres de f sont strictement négatives si, et seulement si : $\forall x \in \mathbb{R}^n \setminus \{0\},\ q(x) < 0$.

36. ESPACES PROBABILISÉS

Épreuve aléatoire

On appelle *épreuve aléatoire* (ou expérience aléatoire) une expérience dont les résultats ne dépendent que du hasard.

L'ensemble de tous les résultats possibles, noté Ω, est appelé *univers* associé à l'expérience.

Tribu d'événements

On appelle *tribu* (ou σ-algèbre) tout sous-ensemble de $\mathcal{P}(\Omega)$, noté $\mathcal{A}$, et vérifiant :

(1) $\Omega \in \mathcal{A}$.

(2) Si $A \in \mathcal{A}$, alors $\overline{A} \in \mathcal{A}$.

(3) Si I désigne une partie quelconque de $\mathbb{N}$ et si $(A_k)_{k\in I}$ est une suite d'événements (éléments de $\mathcal{A}$), alors $\bigcup_{k\in I} A_k \in \mathcal{A}$.

Tout élément de $\mathcal{A}$ est appelé *événement* et le couple $(\Omega, \mathcal{A})$ est appelé espace probabilisable.

Événements particuliers

Ω est appelé l'événement certain.
$\varnothing$ est appelé l'événement impossible.
Les singletons de Ω (parties à 1 élément) sont appelés événements élémentaires.

Intersection

L'événement $A \cap B$ est l'événement qui est réalisé si A **et** B le sont.

Réunion

$A \cup B$ est l'événement qui est réalisé si **l'un au moins** des événements A ou B est réalisé.

Événement contraire

$\overline{A}$ est l'événement qui est réalisé si et seulement si A ne l'est pas.

Comparaison des événements

$A \subset B$ signifie que A est inclus dans B, c'est-à-dire que la réalisation de A implique celle de B.

Deux événements A et B sont égaux si l'on a : $A \subset B$ et $B \subset A$.

Incompatibilité

Deux événements A et B sont dits incompatibles si $A \cap B = \varnothing$.

Système complet d'événements

En désignant par I une partie (finie ou infinie) de $\mathbb{N}$, la famille $(A_k)_{k\in I}$ est un système complet d'événements si :

(1) $\bigcup\limits_{k\in I} A_k = \Omega$

(2) $\forall (i,j) \in I^2,\ i \neq j,\ A_i \cap A_j = \varnothing$ (incompatibilité)

Probabilité

On appelle *probabilité* définie sur un espace probabilisable $(\Omega, \mathcal{A})$, toute application P de $\mathcal{A}$ dans $[0,1]$, σ-additive et telle que $P(\Omega) = 1$.

Remarque. « P est σ-additive » signifie que, si I désigne une partie quelconque de $\mathbb{N}$ et si $(A_k)_{k\in I}$ est une suite d'événements 2 à 2 incompatibles, alors on a : $P(\bigcup\limits_{k\in I} A_k) = \sum\limits_{k\in I} P(A_k)$.

Espace probabilisé

Le triplet $(\Omega, \mathcal{A}, P)$ est appelé espace probabilisé.

Événements quasi certains, quasi impossibles

Un événement A de probabilité égale à 1 est dit *quasi certain*. On dit aussi qu'*il est presque sûr* que A se réalise.

Un événement A de probabilité nulle est dit *quasi impossible*. On dit aussi qu'*il est presque sûr* que A ne se réalise pas.

Équiprobabilité

Lors d'une épreuve aléatoire pour laquelle Ω est fini, on dit que l'on est en situation d'équiprobabilité lorsque les événements élémentaires ont tous la même probabilité.

Dans le cas de l'équiprobabilité, on a : $P(A) = \dfrac{\text{card}(A)}{\text{card}(\Omega)}$.

Conséquences de la définition d'une probabilité

Pour toute famille finie ou dénombrable $(A_i)_{i\in I}$ d'événements deux à deux incompatibles, on a :

$$P\left(\bigcup_{i\in I} A_i\right) = \sum_{i\in I} P(A_i)$$

Pour tout événement A, on a : $P(\overline{A}) = 1 - P(A)$.

On a, en particulier : $P(\varnothing) = 0$.

Pour tout événement A, on a : $0 \leq P(A) \leq 1$.

Croissance de la probabilité

Si A et B sont deux événements et si $A \subset B$, alors $P(A) \leq P(B)$.

Théorèmes de limite monotone

Si (A_n) est une suite **croissante** d'événements, alors :

$$P\left(\bigcup_{n=0}^{+\infty} A_n\right) = \lim_{n\to+\infty} P(A_n)$$

Si (A_n) est une suite **décroissante** d'événements, alors :

$$P\left(\bigcap_{n=0}^{+\infty} A_n\right) = \lim_{n\to+\infty} P(A_n)$$

Conséquence des théorèmes de limite monotone

Si (A_n) est une suite **quelconque** d'événements, alors on a :

$$P\left(\bigcup_{k=0}^{+\infty} A_k\right) = \lim_{n\to+\infty} P\left(\bigcup_{k=0}^{n} A_k\right)$$

$$P\left(\bigcap_{k=0}^{+\infty} A_k\right) = \lim_{n\to+\infty} P\left(\bigcap_{k=0}^{n} A_k\right)$$

Formule du crible (ou formule de Poincaré)

Si A et B sont deux événements, on a :

$$P(A\cup B) = P(A) + P(B) - P(A\cap B)$$

Si A, B et C sont trois événements, on a :

$$\begin{aligned} P(A\cup B\cup C) = {} & P(A) + P(B) + P(C) \\ & - P(A\cap B) - P(B\cap C) - P(A\cap C) \\ & + P(A\cap B\cap C) \end{aligned}$$

37. CONDITIONNEMENT ET INDÉPENDANCE

Probabilité conditionnelle

Soit A et B deux événements d'un espace probabilisé $(\Omega, \mathcal{A}, P)$, l'événement B étant de probabilité non nulle.
On appelle *probabilité de A sachant que B est réalisé* ou *probabilité de A sachant B* ou encore *probabilité de A conditionnellement à l'événement B*, le réel noté $P_B(A)$, défini par :

$$P_B(A) = \frac{P(A \cap B)}{P(B)}$$

Une nouvelle probabilité

L'application P_B est une probabilité définie sur $(\Omega, \mathcal{A})$.

Conséquences

$P_B(\Omega) = 1$ et $P_B(\varnothing) = 0$
$P_B(\overline{A}) = 1 - P_B(A)$
$P_B(E \cup F) = P_B(E) + P_B(F) - P_B(E \cap F)$

Formule des probabilités composées

Si $A_1, A_2, ..., A_n$ sont n événements d'un même espace probabilisé $(\Omega, \mathcal{A}, P)$, tels que $P(A_1 \cap A_2 \cap ... \cap A_{n-1}) \neq 0$, alors on a :

$$P\left(\bigcap_{k=1}^{n} A_k\right) = P(A_1)\, P_{A_1}(A_2)\, P_{A_1 \cap A_2}(A_3) \dots P_{A_1 \cap A_2 \cap \dots \cap A_{n-1}}(A_n)$$

Formule des probabilités totales

Soit I une partie de $\mathbb{N}$. Si $(A_k)_{k \in I}$ est un système complet d'événements, alors pour tout événement B, on a :

$$P(B) = \sum_{k \in I} P(B \cap A_k)$$

Formule des probabilités totales (bis)

Soit I une partie de $\mathbb{N}$.

Si $(A_k)_{k\in I}$ est un système complet d'événements, tous de probabilité non nulle, alors pour tout événement B, on a :

$$P(B) = \sum_{k\in I} P(A_k)P_{A_k}(B)$$

Formule de Bayes

Si A et B sont deux événements de probabilité non nulle, on a :

$$P_B(A) = \frac{P(A)P_A(B)}{P(B)}$$

Formule de Bayes généralisée

Soit I une partie de $\mathbb{N}$.

Si $(A_k)_{k\in I}$ est un système complet d'événements, tous de probabilité non nulle, alors pour tout événement B de probabilité non nulle, on a :

$$\forall i \in I,\ P_B(A_i) = \frac{P(A_i)P_{A_i}(B)}{\sum_{k\in I} P(A_k)P_{A_k}(B)}$$

Indépendance de deux événements

Deux événements A et B définis sur un même espace probabilisé $(\Omega, \mathcal{A}, P)$ sont indépendants si :

$$P(A\cap B) = P(A)P(B)$$

Si A est de probabilité non nulle, alors A et B sont indépendants si et seulement si :

$$P_A(B) = P(B)$$

Si deux événements A et B sont indépendants, alors A et $\overline{B}$ sont indépendants, $\overline{A}$ et B sont indépendants, et, pour finir, $\overline{A}$ et $\overline{B}$ sont indépendants.

Indépendance deux à deux d'événements

Soit I une partie de $\mathbb{N}$ et $(E_k)_{k \in I}$ une famille d'événements définis sur un espace probabilisé $(\Omega, \mathcal{A}, P)$.
On dit que ces événements sont deux à deux indépendants si, pour tout couple (i, j) d'éléments distincts de I, les événements E_i et E_j sont indépendants.

Indépendance mutuelle

Soit I une partie, finie ou non, de $\mathbb{N}$ et $(E_k)_{k \in I}$ une famille d'événements définis sur un espace probabilisé $(\Omega, \mathcal{A}, P)$.
On dit que ces événements sont mutuellement indépendants si, pour tout k de $\mathbb{N}^*$ et pour toute liste $(i_1, i_2, ..., i_k)$ d'éléments distincts de I, on a :

$$P(E_{i_1} \cap E_{i_2} \cap ... \cap E_{i_k}) = P(E_{i_1})P(E_{i_2}) ... P(E_{i_k})$$

"Lemme des coalitions"

Si des événements sont mutuellement indépendants alors tout événement formé avec certains d'entre eux est indépendant de tout événement formé à partir des autres.

&

Si nous attribuons les phénomènes inexpliqués au hasard,
ce n'est que par des lacunes de notre connaissance.

Pierre-Simon Laplace

38. VARIABLES ALÉATOIRES : GÉNÉRALITÉS

Définition d'une variable aléatoire

On appelle *variable aléatoire* définie sur l'espace probabilisable $(\Omega, \mathcal{A})$, toute application X de Ω dans $\mathbb{R}$ telle que, pour tout réel x, l'ensemble $\{\omega \in \Omega,\ X(\omega) \leq x\}$, noté $(X \leq x)$, appartient à $\mathcal{A}$.

Support d'une variable aléatoire

L'ensemble des valeurs que peut prendre une variable aléatoire X est appelé le *support* de X et est noté $X(\Omega)$.

Fonction de répartition

Si X est une variable aléatoire, on appelle *fonction de répartition* de X, la fonction F définie, pour tout réel x, par :

$$F(x) = P(X \leq x)$$

Fonction de répartition et intervalles

Soit X une variable aléatoire, de fonction de répartition F.

$$\forall (a,b) \in \mathbb{R}^2,\ a < b,\ P(a < X \leq b) = F(b) - F(a)$$

Caractérisation des fonctions de répartition

Toute fonction de $\mathbb{R}$ dans $\mathbb{R}$, croissante sur $\mathbb{R}$, continue à droite en tout point de $\mathbb{R}$, et telle que $\lim\limits_{x \to -\infty} F(x) = 0$ et $\lim\limits_{x \to +\infty} F(x) = 1$, peut être considérée comme la fonction de répartition d'une certaine variable aléatoire X, discrète ou non.

39. VARIABLES ALÉATOIRES DISCRÈTES LOI ET FONCTION DE RÉPARTITION

Variable aléatoire discrète

Une variable aléatoire est discrète si son support est fini ou dénombrable.

Système complet d'événements associé

La famille $(X = x)_{x \in X(\Omega)}$ est appelée *système complet d'événements* associé à la variable aléatoire discrète X.

Loi d'une variable aléatoire discrète

Déterminer la loi d'une variable aléatoire discrète X, définie sur $(\Omega, \mathcal{A}, P)$, c'est trouver $X(\Omega)$, puis donner, pour tout x de $X(\Omega)$, la valeur de $P(X = x)$.

Si X est une variable aléatoire discrète, définie sur $(\Omega, \mathcal{A}, P)$, dont le support est $X(\Omega)$, on a : $\sum_{x \in X(\Omega)} P(X = x) = 1$.

Soit une partie I de $\mathbb{N}$. On dit que la suite $(u_n)_{n \in I}$ définit la loi de probabilité d'une certaine variable aléatoire X dont le support est I, si :

$$\forall n \in I,\ u_n > 0 \text{ et } \sum_{n \in I} u_n = 1$$

Si tel est le cas, on a : $\forall n \in I,\ P(X = n) = u_n$.

Fonction de répartition d'une variable entière

Si X prend ses valeurs dans $\mathbb{N}$, alors, en désignant par F sa fonction de répartition, on a : $F(n) = P(X \leq n) = \sum_{k=0}^{n} P(X = k)$.

On en déduit : $\forall n \in \mathbb{N}^*,\ P(X = n) = F(n) - F(n-1)$

40. VARIABLES ALÉATOIRES DISCRÈTES ESPÉRANCE ET VARIANCE

Espérance d'une variable aléatoire discrète

Si X est une variable aléatoire discrète **finie**, définie sur l'espace probabilisé $(\Omega, \mathcal{A}, P)$, alors X admet une *espérance*.
Si X est une variable aléatoire discrète **infinie**, définie sur l'espace probabilisé $(\Omega, \mathcal{A}, P)$, alors X admet une *espérance* si et seulement si la série de terme général $x\,P(X = x)$ est **absolument convergente**.
Dans les deux cas, l'espérance $E(X)$ est définie par :

$$E(X) = \sum_{x \in X(\Omega)} x\,P(X = x)$$

Deux cas particuliers

Si $X(\Omega) = [\![0, n]\!]$, alors X possède une espérance et on a :

$$E(X) = \sum_{k=0}^{n} k\,P(X = k) = \sum_{k=1}^{n} k\,P(X = k)$$

Si $X(\Omega) = \mathbb{N}$ et si la série de terme général $k\,P(X = k)$ est **absolument convergente** (en fait, la convergence suffit puisque la série est à termes positifs), alors X possède une espérance et on a :

$$E(X) = \sum_{k=0}^{+\infty} k\,P(X = k) = \sum_{k=1}^{+\infty} k\,P(X = k)$$

Théorème de transfert

Soit X une variable aléatoire discrète définie sur $(\Omega, \mathcal{A}, P)$ et g une application de $X(\Omega)$ dans $\mathbb{R}$. Si la série de terme général $g(x)P(X = x)$ est **absolument convergente**, alors $g(X)$ admet une espérance et on a :

$$E(g(X)) = \sum_{x \in X(\Omega)} g(x)P(X = x)$$

Espérance et fonction affine

Si X est une variable aléatoire réelle admettant une espérance, alors, quels que soient les réels a et b, la variable aléatoire $aX + b$ admet elle aussi une espérance et on a :

$$E(aX+b) = a\,E(X)+b$$

Linéarité de l'espérance

Si X et Y sont deux variables aléatoires qui admettent chacune une espérance, alors, quel que soit le réel a, les variables aléatoires aX et $X + Y$ admettent une espérance. De plus, on a :

$$E(aX) = a\,E(X) \text{ et } E(X+Y) = E(X)+E(Y)$$

Existence de l'espérance par domination

Soit X et Y deux variables aléatoires telles que, presque sûrement, on ait $0 \leq |X| \leq Y$. Si Y admet une espérance, alors X admet une espérance et on a :

$$|E(X)| \leq E(Y)$$

Croissance de l'espérance

Si X et Y sont deux variables aléatoires, admettant chacune une espérance, et telles que $X \leq Y$, alors on a :

$$E(X) \leq E(Y)$$

Variable aléatoire centrée

Une variable aléatoire est dite *centrée* si son espérance est nulle.

Si X a une espérance, alors $X - E(X)$ est une variable centrée.

Espérance conditionnelle

Si la série de terme général $x P_A(X = x)$ est **absolument convergente**, on appelle *espérance conditionnelle* de X sachant que A est réalisé (ou espérance de X pour la probabilité conditionnelle P_A), le réel noté $E(X \mid A)$, défini par la relation :

$$E(X \mid A) = \sum_{x \in X(\Omega)} x P_A(X = x)$$

Si $X(\Omega) = \mathbb{N}$ ou si $X(\Omega) = \mathbb{N}^*$, on a plus simplement :

$$E(X \mid A) = \sum_{k=1}^{+\infty} k P_A(X = k)$$

Formule de l'espérance totale

Soit J une partie de $\mathbb{N}$, X une variable aléatoire et $(A_n)_{n \in J}$ un système complet d'événements de probabilité non nulle.
La variable X admet une espérance si, et seulement si, la série $\sum_{x,n} x P_{A_n}(X = x) P(A_n)$ est absolument convergente.
Dans ce cas, X admet une espérance pour toutes les probabilités P_{A_n} et on a :

$$E(X) = \sum_{n \in J} E(X \mid A_n) P(A_n)$$

Si le système complet d'événements $(A_n)_{n \in J}$ est fini, alors X admet une espérance si et seulement si toutes les espérances conditionnelles $E(X \mid A_n)$ existent.

Moment d'ordre *r*

Soit X une variable aléatoire discrète définie sur $(\Omega, \mathcal{A}, P)$. Si la variable aléatoire X^r possède une espérance, alors le réel $E(X^r)$ est appelé *moment d'ordre r* de X et on a : $E(X^r) = \sum_{x \in X(\Omega)} x^r P(X = x)$.

Moment d'ordre *r* si *X* est entière

Si $X(\Omega) = \mathbb{N}$ et si $E(X^r)$ existe, alors :

$$E(X^r) = \sum_{k=0}^{+\infty} k^r P(X = k)$$

Pour $r = 2$, on obtient :

$$E(X^2) = \sum_{k=0}^{+\infty} k^2 P(X = k)$$

Variance d'une variable aléatoire discrète

Si X admet un moment d'ordre 2, alors X admet une *variance* définie par :

$$V(X) = E\left(\left(X - E(X)\right)^2\right) = \sum_{x \in X(\Omega)} \left(x - E(X)\right)^2 P(X = x)$$

Écart-type d'une variable aléatoire discrète

Si X est une variable aléatoire discrète admettant une variance, on appelle *écart-type* de X, le réel σ_X défini par :

$$\sigma_X = \sqrt{V(X)}$$

Formule de Koenig-Huygens

Si X est une variable aléatoire discrète admettant une variance, alors :

$$V(X) = E(X^2) - (E(X))^2$$

Variance et fonction affine

Si a et b sont deux réels et si X est une variable aléatoire discrète admettant une variance, alors la variable aléatoire $aX + b$ admet une variance et on a :

$$V(aX + b) = a^2 V(X)$$

Variable aléatoire réduite

Une variable aléatoire discrète ayant une variance est dite *réduite* si sa variance est égale à 1.

Une variable aléatoire discrète X ayant une espérance et une variance est dite *centrée réduite* si : $E(X) = 0$ et $V(X) = 1$.

Si X possède une espérance et une variance non nulle, alors la variable aléatoire $X^* = \dfrac{X - E(X)}{\sqrt{V(X)}}$ est la variable centrée réduite associée à X.

&

Les propositions mathématiques sont reconnues
comme vraies parce que personne n'a intérêt
à ce qu'elles soient fausses.

Montesquieu

41. LOIS DISCRÈTES USUELLES

Variable aléatoire certaine

Support	Loi
$X(\Omega)=\{a\}$	$P(X=a)=1$
Espérance	**Variance**
$E(X)=a$	$V(X)=0$

On dit qu'une variable aléatoire X est une variable quasi certaine s'il existe un élément a de $X(\Omega)$ tel que $P(X=a)=1$. Dans ce cas, on a encore $E(X)=a$ et $V(X)=0$.

Si X est une variable aléatoire de variance nulle, alors X est une variable quasi certaine.

Loi uniforme $\mathcal{U}(\llbracket 1, n \rrbracket)$

Support	Loi
$X(\Omega)=\llbracket 1, n \rrbracket$	$P(X=k)=\dfrac{1}{n}$
Espérance	**Variance**
$E(X)=\dfrac{n+1}{2}$	$V(X)=\dfrac{n^2-1}{12}$

Loi uniforme $\mathcal{U}(\llbracket a, b \rrbracket)$

Support	Loi
$X(\Omega)=\llbracket a, b \rrbracket$	$P(X=k)=\dfrac{1}{b-a+1}$
Espérance	**Variance**
$E(X)=\dfrac{a+b}{2}$	$V(X)=\dfrac{(b-a+1)^2-1}{12}$

Les lois uniformes traduisent parfaitement la situation d'équiprobabilité.

Loi de Bernoulli $\mathcal{B}(p)$ avec $p \in [0, 1]$

Support	Loi
$X(\Omega) = \{0, 1\}$	$P(X = 1) = p$
Espérance	**Variance**
$E(X) = p$	$V(X) = p(1 - p)$

On a bien sûr : $P(X = 0) = 1 - p$.

Loi binomiale $\mathcal{B}(n, p)$ avec $p \in [0, 1]$

Support	Loi
$X(\Omega) = [\![0, n]\!]$	$P(X = k) = \binom{n}{k} p^k (1 - p)^{n-k}$
Espérance	**Variance**
$E(X) = np$	$V(X) = np(1 - p)$

Une variable aléatoire suivant la loi binomiale $\mathcal{B}(n, p)$ peut être considérée comme le nombre de succès obtenus au cours de n épreuves *indépendantes*, chacune ayant deux issues possibles, le succès de probabilité p et l'échec de probabilité $1 - p$.

Somme de variables de Bernoulli

Si n variables aléatoires $X_1, X_2, ..., X_n$ sont **mutuellement indépendantes** et suivent toutes la loi de Bernoulli $\mathcal{B}(p)$, alors $X_1 + X_2 + ... + X_n$ suit la loi binomiale $\mathcal{B}(n, p)$.

Une variable aléatoire binomiale peut toujours s'écrire comme somme de variables aléatoires de Bernoulli **mutuellement indépendantes et de même paramètre** p.

Stabilité de la loi binomiale par l'addition

Soit m un entier naturel supérieur ou égal à 2.
Si m variables aléatoires, $X_1, X_2, ..., X_m$ sont mutuellement indépendantes et si, pour tout j élément de $\{1, 2, ..., m\}$, X_j suit la loi $\mathcal{B}(n_j, p)$, alors $\sum_{j=1}^{m} X_j$ suit la loi binomiale $\mathcal{B}(\sum_{j=1}^{m} n_j, p)$.

Loi géométrique $\mathcal{G}(p)$ avec $0 < p < 1$

Support	Loi
$X(\Omega) = \mathbb{N}^*$	$P(X = k) = (1-p)^{k-1} p$
Espérance	**Variance**
$E(X) = \dfrac{1}{p}$	$V(X) = \dfrac{1-p}{p^2}$

Une variable aléatoire géométrique peut être considérée comme le rang du premier succès au cours d'une succession d'épreuves *indépendantes*, chacune ayant deux issues possibles, le succès de probabilité p et l'échec de probabilité $1-p$.

Loi de Poisson $\mathcal{P}(\lambda)$ avec $\lambda > 0$

Support	Loi
$X(\Omega) = \mathbb{N}$	$P(X = k) = \dfrac{\lambda^k}{k!} e^{-\lambda}$
Espérance	**Variance**
$E(X) = \lambda$	$V(X) = \lambda$

Stabilité de la loi de Poisson par l'addition

Soit m un entier naturel supérieur ou égal à 2.
Si m variables aléatoires, $X_1, X_2, ..., X_m$, sont mutuellement indépendantes et si, pour tout j élément de $\{1, 2, \ldots, m\}$, X_j suit la loi $\mathcal{P}(\lambda_j)$, alors $\sum_{j=1}^{m} X_j$ suit la loi de Poisson $\mathcal{P}(\sum_{j=1}^{m} \lambda_j)$.

&

Comment se fait-il qu'il y ait des gens
qui ne comprennent pas les mathématiques ?

Henri Poincaré

42. COUPLES DE VARIABLES DISCRÈTES

Loi d'un couple ou loi conjointe

Déterminer la loi d'un couple (X, Y) de variables aléatoires discrètes, c'est donner, pour tout (x, y) de $X(\Omega)\times Y(\Omega)$, la valeur de la probabilité $P(\ [X = x] \cap [Y = y]\ )$, que l'on peut écrire plus simplement $P(X = x \cap Y = y)$ ou $P(X = x\ ,\ Y = y)$.

Lois marginales

Soit (X, Y) un couple de variables aléatoires discrètes.
La loi de X est donnée par :

$$\forall x \in X(\Omega),\ P(X = x) = \sum_{y \in Y(\Omega)} P\big([X = x] \cap [Y = y]\big)$$

La loi de Y est donnée par :

$$\forall y \in Y(\Omega),\ P(Y = y) = \sum_{x \in X(\Omega)} P\big([X = x] \cap [Y = y]\big)$$

Indépendance de deux variables aléatoires

Deux variables aléatoires discrètes X et Y sont dites *indépendantes* si, pour tout couple $(x,y) \in X(\Omega)\times Y(\Omega)$, on a :

$$P\big([X = x] \cap [Y = y]\big) = P(X = x)\, P(Y = y)$$

Lois conditionnelles

La loi de X, conditionnellement à l'événement $(Y = y)$, est définie par la donnée, pour tout x de $X(\Omega)$, de $P_{(Y=y)}(X = x)$.

Si l'on connaît la loi marginale de Y, ainsi que la loi conditionnelle de X sachant que $(Y = y)$ est réalisé, alors la loi de X est déterminée par :

$$\forall x \in X(\Omega),\ P(X = x) = \sum_{y \in Y(\Omega)} P(Y = y) P_{(Y=y)}(X = x)$$

La loi de Y, conditionnellement à l'événement $(X = x)$, est définie par la donnée, pour tout y de $Y(\Omega)$, de $P_{(X=x)}(Y = y)$.

Si on connaît la loi marginale de X et la loi conditionnelle de Y sachant que $(X = x)$ est réalisé, alors la loi de Y est déterminée par :

$$\forall y \in Y(\Omega), P(Y = y) = \sum_{x \in X(\Omega)} P(X = x) P_{(X=x)}(Y = y)$$

Loi de somme

Soit X et Y deux variables aléatoires discrètes **à valeurs entières**.

$$\forall n \in (X+Y)(\Omega), P(X+Y=n) = \sum_{\substack{i \in X(\Omega) \\ n-i \in Y(\Omega)}} P([X = i] \cap [Y = n-i])$$

Si X et Y sont de plus indépendantes, on a :

$$P(X+Y=n) = \sum_{\substack{i \in X(\Omega) \\ n-i \in Y(\Omega)}} P(X = i) P(Y = n-i)$$

Loi de Max

Si l'on pose $M = \max(X, Y)$, où X et Y sont deux variables aléatoires **à valeurs entières**, alors :

$$\forall k \in M(\Omega)\,,\ (M \le k) = (X \le k) \cap (Y \le k)$$

Il reste ensuite à utiliser la formule :

$$P(M = k) = P(M \le k) - P(M \le k-1)$$

Loi de Min

Si l'on pose $I = \min(X, Y)$, où X et Y sont deux variables aléatoires **à valeurs entières**, alors :

$$\forall k \in I(\Omega)\,,\ (I > k) = (X > k) \cap (Y > k)$$

Il reste ensuite à justifier que :

$$P(I = k) = P(I > k-1) - P(I > k)$$

43. COVARIANCE ET CORRÉLATION

Espérance d'un produit

Soit (X, Y) un couple de variables aléatoires discrètes. Si la variable aléatoire XY possède une espérance, alors cette dernière est donnée par :

$$E(XY) = \sum_{x \in X(\Omega)} \sum_{y \in Y(\Omega)} x\,y\,P\big([X = x] \cap [Y = y]\big)$$

L'existence est acquise, soit si la somme est finie, soit si la série en jeu converge absolument.

Si X et Y sont **deux variables de Bernoulli**, alors on a :

$$E(XY) = P(X = 1 \cap Y = 1)$$

Définition de la covariance

On appelle *covariance* de X et Y, le réel défini, s'il existe, par :

$$\text{Cov}(X,Y) = E\big((X - E(X))(Y - E(Y))\big)$$

Formule de Huygens

$$\text{Cov}(X,Y) = E(XY) - E(X)E(Y)$$

Symétrie de la covariance

$$\text{Cov}(X,Y) = \text{Cov}(Y,X)$$

Lien entre covariance et variance

$$\text{Cov}(X,X) = V(X)$$

Bilinéarité de la covariance

$$\text{Cov}(aX_1 + bX_2, Y) = a\,\text{Cov}(X_1, Y) + b\,\text{Cov}(X_2, Y)$$

$$\text{Cov}(X, aY_1 + bY_2) = a\,\text{Cov}(X, Y_1) + b\,\text{Cov}(X, Y_2)$$

Variable quasi certaine et covariance

Si A est une variable aléatoire quasi certaine, alors $\text{Cov}(A, X) = 0$

Corrélation linéaire

On désigne par X et Y deux variables aléatoires de variances strictement positives.

On appelle *coefficient de corrélation linéaire* de X et Y, le réel

$$\rho_{X,Y} = \frac{\text{Cov}(X,Y)}{\sqrt{V(X)}\sqrt{V(Y)}}$$

Le coefficient de corrélation linéaire de X et Y appartient à $[-1, 1]$.

$$\rho_{X,Y} = \pm 1 \Leftrightarrow \exists (a,b) \in \mathbb{R}^* \times \mathbb{R},\ P(Y = aX + b) = 1.$$

a est positif si, et seulement si, $\rho_{X,Y} = 1$: dans ce cas, Y varie dans le même sens que X.
a est négatif si, et seulement si, $\rho_{X,Y} = -1$: dans ce cas, Y varie dans le sens contraire de X.

Variance de la somme de 2 variables

Si X et Y sont deux variables aléatoires discrètes, définies sur le même espace probabilisé $(\Omega, \mathcal{A}, P)$, et admettant des variances, alors, d'une part, la covariance de X et Y existe, d'autre part, $X + Y$ admet une variance, et l'on a :

$$V(X+Y) = V(X) + V(Y) + 2\,\text{Cov}(X,Y)$$

Variance de somme (indépendance)

Si X et Y sont deux variables aléatoires discrètes **indépendantes**, et telles que $E(XY)$ existe, alors on a : $E(XY) = E(X)\,E(Y)$.

Si X et Y sont deux variables aléatoires discrètes **indépendantes**, et telles que $E(XY)$ existe, alors on a : $\mathrm{Cov}(X,Y)=0$.

Si X et Y sont deux variables aléatoires discrètes **indépendantes**, admettant une variance, alors on a :

$$V(X+Y)=V(X)+V(Y)$$

La vie n'est bonne qu'à étudier
et à enseigner les mathématiques.

Blaise Pascal

44. SUITES DE VARIABLES DISCRÈTES

Vecteur aléatoire

Si $X_1, X_2, ..., X_n$ sont des variables aléatoires réelles discrètes, définies sur un espace probabilisable $(\Omega, \mathcal{A})$, alors le n-uplet $X = (X_1, X_2, ..., X_n)$ est appelé *vecteur aléatoire* sur $(\Omega, \mathcal{A})$.

Loi d'un vecteur aléatoire

Si $X_1, X_2, ..., X_n$ sont des variables aléatoires réelles discrètes, définies sur $(\Omega, \mathcal{A}, P)$, donner la loi du vecteur $(X_1, X_2, ..., X_n)$, ou loi conjointe de $X_1, X_2, ..., X_n$, c'est donner la valeur des probabilités $P\left(\left[X_1 = x_1\right] \cap \left[X_2 = x_2\right] \cap ... \cap \left[X_n = x_n\right]\right)$, où, pour tout i de $[\![1, n]\!]$, x_i est un élément quelconque de $X_i(\Omega)$.

Indépendance mutuelle

Les variables aléatoires discrètes $X_1, X_2, ..., X_n$ sont mutuellement indépendantes si, pour tout $(x_1, x_2, ..., x_n)$ de $\mathbb{R}^n$, on a :

$$P\left(\bigcap_{i=1}^{n} [X_i = x_i]\right) = \prod_{i=1}^{n} P(X_i = x_i)$$

Suite de variables discrètes indépendantes

On dit qu'une suite de variables aléatoires $(X_n)_{n \in \mathbb{N}^*}$ est une suite de variables aléatoires indépendantes si, pour toute partie I finie de $\mathbb{N}^*$, on a :

$$P\left(\bigcap_{i \in I} [X_i = x_i]\right) = \prod_{i \in I} P(X_i = x_i)$$

"Lemme des coalitions"

Si $X_1, X_2, ..., X_n$ sont n variables discrètes mutuellement indépendantes, alors toute fonction de certaines d'entre elles est indépendante de toute fonction d'autres de ces variables.

Recherche de la loi du Max de *n* variables

Si l'on pose $M_n = \max(X_1, X_2, ..., X_n)$, où $X_1, X_2, ..., X_n$ sont des variables aléatoires **à valeurs entières**, alors :

$$\forall k \in M_n(\Omega),\ (M_n \leq k) = \bigcap_{i=1}^{n} (X_i \leq k)$$

Si $X_1, X_2, ..., X_n$ sont **mutuellement indépendantes** et de même fonction de répartition F, on a : $P(M_n \leq k) = \left(F(k)\right)^n$.

Ensuite, on utilise : $P(M_n = k) = P(M_n \leq k) - P(M_n \leq k-1)$.

Recherche de la loi du Min de *n* variables

Si l'on pose $I_n = \min(X_1, X_2, ..., X_n)$, où $X_1, X_2, ..., X_n$ sont des variables aléatoires **à valeurs entières**, alors :

$$\forall k \in I_n(\Omega),\ (I_n > k) = \bigcap_{i=1}^{n} (X_i > k)$$

Si $X_1, X_2, ..., X_n$ sont **mutuellement indépendantes** et de même fonction de répartition F, on a : $P(I_n > k) = \left(1 - F(k)\right)^n$.

Ensuite, il faut justifier que $P(I_n = k) = P(I_n > k-1) - P(I_n > k)$.

Variance de somme (indépendance)

Si les variables aléatoires discrètes $X_1, X_2, ..., X_n$ sont **deux à deux indépendantes** et possèdent des variances, alors on a :

$$V\left(\sum_{k=1}^{n} X_k\right) = \sum_{k=1}^{n} V(X_k)$$

45. VARIABLES ALÉATOIRES À DENSITÉ

Définition

Soit X une variable aléatoire de fonction de répartition F_X.
On dit que X est une *variable à densité* lorsque F_X est continue sur $\mathbb{R}$ et est de classe C^1 sur $\mathbb{R}$, sauf éventuellement en un nombre fini de points.

Densité

Si X est une variable à densité, de fonction de répartition F_X, alors toute fonction f_X, définie et positive sur $\mathbb{R}$, telle que $f_X(x) = F_X'(x)$ en chaque réel x où F_X est de classe C^1, est une densité de X. On a alors les égalités très importantes :

$$\forall x \in \mathbb{R}\,,\ F_X(x) = P(X \leq x) = \int_{-\infty}^{x} f_X(t)\,dt$$

Propriété caractéristique d'une densité

Une fonction f est une densité si et seulement si :
- f est définie sur $\mathbb{R}$ et possède un nombre fini de points de discontinuité.
- f est une fonction à valeurs positives.
- $\int_{-\infty}^{+\infty} f(t)\,dt$ converge et est égale à 1.

Densité, fonction de répartition et probabilités

$$\forall x \in \mathbb{R}\,,\ 1 - F_X(x) = P(X > x) = \int_{x}^{+\infty} f_X(t)\,dt$$

Si X est une variable à densité, on a : $\forall x \in \mathbb{R}\,,\ P(X = x) = 0$

Soit X une variable aléatoire de densité f_X, de fonction de répartition F_X. Pour tout (a, b) de $\mathbb{R}^2$ tel que $a < b$, on a :

$$P(a < X \leq b) = F_X(b) - F_X(a) = \int_{a}^{b} f_X(t)\,dt$$

Si X est une variable à densité, on a :

$$P(a < X \leq b) = P(a < X < b) = P(a \leq X < b) = P(a \leq X \leq b)$$

Indépendance

Deux variables aléatoires à densité, X et Y, sont indépendantes si, pour tout couple de réels (x, y), on a :

$$P([X \leq x] \cap [Y \leq y]) = P(X \leq x)P(Y \leq y)$$

Les variables à densité $X_1, X_2, ..., X_n$ sont dites mutuellement indépendantes si, pour tout $(x_1, x_2, ..., x_n)$ de $\mathbb{R}^n$, on a :

$$P(\bigcap_{i=1}^{n} [X_i \leq x_i]) = \prod_{i=1}^{n} P(X_i \leq x_i)$$

On dit qu'une suite de variables aléatoires $(X_n)_{n\in\mathbb{N}^*}$ est une suite de variables aléatoires indépendantes si, pour toute partie I finie de $\mathbb{N}^*$, on a : $P(\bigcap_{i\in I}[X_i \leq x_i] = \prod_{i\in I} P(X_i \leq x_i)$.

"Lemme des coalitions"

Si $X_1, X_2, ..., X_n$ sont n variables à densité mutuellement indépendantes, alors toute fonction de certaines d'entre elles est indépendante de toute fonction d'autres de ces variables.

Définition de l'espérance

Sous réserve de convergence absolue de l'intégrale écrite, l'*espérance* de la variable X (de densité f_X) est le réel :

$$E(X) = \int_{-\infty}^{+\infty} t\, f_X(t)\, dt$$

Fonction affine et espérance

Si a et b sont deux réels et si X est une variable aléatoire à densité admettant une espérance, alors on a :

$$E(aX + b) = aE(X) + b$$

Linéarité de l'espérance

Si X et Y sont deux variables aléatoires à densité admettant chacune une espérance, alors $X+Y$ admet une espérance et on a :

$$E(X+Y)=E(X)+E(Y)$$

Si $X_1, X_2, ..., X_n$ sont n variables aléatoires à densité, possédant chacune une espérance, si $\alpha_1, \alpha_2, ..., \alpha_n$ sont n réels, alors $\sum_{i=1}^{n} \alpha_i X_i$ possède une espérance et :

$$E(\sum_{i=1}^{n} \alpha_i X_i)=\sum_{i=1}^{n} \alpha_i E(X_i)$$

En particulier : $E(\sum_{i=1}^{n} X_i)=\sum_{i=1}^{n} E(X_i)$.

Existence de l'espérance par domination

Soit X et Y sont deux variables aléatoires à densité telles que, presque sûrement, on ait : $0 \leq |X| \leq Y$. Si Y admet une espérance, alors X admet une espérance et on a :

$$|E(X)| \leq E(Y)$$

Croissance de l'espérance

Si X et Y sont deux variables aléatoires à densité, admettant chacune une espérance, et telles que $X \leq Y$, alors on a :

$$E(X) \leq E(Y)$$

Théorème de transfert

Si X est une variable aléatoire de densité f_X, dont le support est un intervalle I d'extrémités a et b (réels ou infinis), et si g est une fonction à valeurs dans $\mathbb{R}$ et continue sur I (sauf éventuellement en un nombre fini de points), alors $E(g(X))$ existe si, et seulement si, l'intégrale $\int_a^b g(t) f_X(t)\,dt$ est absolument convergente, et on a :

$$E(g(X)) = \int_a^b g(t) f_X(t)\,dt$$

Moment d'ordre *r*

Sous réserve de convergence absolue de l'intégrale écrite, le *moment d'ordre r* de la variable aléatoire X (de densité f_X) est le réel :

$$E(X^r) = \int_{-\infty}^{+\infty} t^r f_X(t)\,dt$$

Variance

Si X est une variable aléatoire de densité f_X admettant un moment d'ordre 2, alors elle possède une *variance* définie par :

$$V(X) = \int_{-\infty}^{+\infty} \left(t - E(X)\right)^2 f_X(t)\,dt$$

Formule de Koenig-Huygens

Si X est une variable aléatoire à densité possédant une variance, alors on a :

$$V(X) = E(X^2) - (E(X))^2$$

Fonction affine et variance

Si a et b sont deux réels et si X est une variable aléatoire à densité admettant une variance, alors on a :

$$V(aX + b) = a^2 V(X)$$

Variance d'une somme

Si X et Y sont deux variables aléatoires à densité, **indépendantes**, et admettant chacune une variance, alors $X+Y$ admet une variance et on a :

$$V(X+Y)=V(X)+V(Y)$$

Si $X_1, X_2, ..., X_n$ sont des variables aléatoires à densité, **mutuellement indépendantes** (ou même seulement **deux à deux indépendantes**), et ayant chacune une variance, alors $\sum_{i=1}^{n} X_i$ a une variance :

$$V\left(\sum_{i=1}^{n} X_i\right)=\sum_{i=1}^{n} V(X_i)$$

Convolution : loi de somme

Soit X et Y deux variables aléatoires à densité, **indépendantes**, de densités respectives f_X et f_Y. Si la fonction h, définie par

$$h(x)=\int_{-\infty}^{+\infty} f_X(t)\,f_Y(x-t)\,dt$$

est définie et continue, sauf éventuellement en un nombre fini de points, alors ***h* est une densité de** $X+Y$.

La convergence de l'intégrale définissant h, ainsi que la continuité de h (sauf peut-être en un nombre fini de points) sont assurées dès que f_X ou f_Y est bornée.

Loi de Max

Si l'on pose $M=\max(X,Y)$, où X et Y sont deux variables aléatoires à densité, alors : $\forall x\in\mathbb{R}$, $(M\le x)=(X\le x)\cap(Y\le x)$.

Loi de Min

Si l'on pose $I=\min(X,Y)$, où X et Y sont deux variables aléatoires à densité, alors : $\forall x\in\mathbb{R}$, $(I>x)=(X>x)\cap(Y>x)$.

46. LOIS À DENSITÉ USUELLES

Loi uniforme sur [*a*, *b*] avec *a* < *b*

Densité	Fonction de répartition
$f(x) = \begin{cases} \dfrac{1}{b-a} \text{ si } x \in [a, b] \\ 0 \text{ sinon} \end{cases}$	$F(x) = \begin{cases} 0 \text{ si } x < a \\ \dfrac{x-a}{b-a} \text{ si } x \in [a, b] \\ 1 \text{ si } x > b \end{cases}$
Espérance	**Variance**
$E(X) = \dfrac{a+b}{2}$	$V(X) = \dfrac{(b-a)^2}{12}$

Si X suit la loi $\mathcal{U}([a, b])$, le support de X peut être choisi égal à l'intervalle $[a, b]$, ou $[a, b[$, ou $]a, b]$, ou encore à $]a, b[$.

Cas particulier : loi uniforme sur [0, 1]

Densité	Fonction de répartition
$f(x) = \begin{cases} 1 \text{ si } x \in [0, 1] \\ 0 \text{ sinon} \end{cases}$	$F(x) = \begin{cases} 0 \text{ si } x < 0 \\ x \text{ si } x \in [0, 1] \\ 1 \text{ si } x > 1 \end{cases}$
Espérance	**Variance**
$E(X) = \dfrac{1}{2}$	$V(X) = \dfrac{1}{12}$

Lien entre les lois uniformes

X suit la loi $\mathcal{U}([0, 1]) \Leftrightarrow (b-a)X + a$ suit la loi $\mathcal{U}([a, b])$

Loi exponentielle de paramètre λ, avec $\lambda > 0$

Densité	Fonction de répartition
$f(x) = \begin{cases} 0 \text{ si } x < 0 \\ \lambda e^{-\lambda x} \text{ si } x \geq 0 \end{cases}$	$F(x) = \begin{cases} 0 \text{ si } x < 0 \\ 1 - e^{-\lambda x} \text{ si } x \geq 0 \end{cases}$
Espérance	**Variance**
$E(X) = \frac{1}{\lambda}$	$V(X) = \frac{1}{\lambda^2}$

Si X suit la loi $\mathcal{E}(\lambda)$, le support de X peut être choisi égal à $\mathbb{R}_+$ ou $\mathbb{R}_+^*$.

Absence de mémoire

Les variables aléatoires suivant une loi exponentielle sont (mises à part la variable quasi-certaine égale à 0) les seules variables aléatoires positives sans mémoire :

$$\forall (t,h) \in (\mathbb{R}_+)^2, \; P(X > t+h) = P(X > t)P(X > h)$$

Si $P(X > h) \neq 0$, la propriété d'absence de vieillissement s'écrit :

$$\forall (t,h) \in (\mathbb{R}_+)^2, \; P_{(X>h)}(X > t+h) = P(X > t)$$

Lien entre les lois exponentielles

$$X \text{ suit } \mathcal{E}(1) \Leftrightarrow \frac{1}{\lambda} X \text{ suit } \mathcal{E}(\lambda)$$

Loi gamma $\gamma(t)$ avec $t > 0$

Densité	Fonction de répartition
$f(x) = \begin{cases} 0 \text{ si } x \leq 0 \\ \frac{1}{\Gamma(t)} x^{t-1} e^{-x} \text{ si } x > 0 \end{cases}$	$F(x) = \begin{cases} 0 \text{ si } x \leq 0 \\ \int_0^x f(u)\,du \text{ si } x > 0 \end{cases}$
Espérance	**Variance**
$E(X) = t$	$V(X) = t$

Si X suit la loi $\gamma(t)$, le support de X est toujours choisi égal à $\mathbb{R}_+^*$.

Stabilité par l'addition des lois "gamma"

Si (X_i) est une suite de variables aléatoires indépendantes, et telles que pour tout i de $\mathbb{N}^*$, X_i suit la loi $\gamma(t_i)$, alors :

$$\sum_{i=1}^{n} X_i \text{ suit la loi } \gamma\left(\sum_{i=1}^{n} t_i\right)$$

Comme la loi exponentielle de paramètre 1 est la loi $\gamma(1)$, alors la somme de n variables indépendantes suivant toutes la loi exponentielle de paramètre 1 suit la loi $\gamma(n)$.

Loi normale $\mathcal{N}(m, \sigma^2)$, avec $\sigma > 0$

Densité	Fonction de répartition
$\varphi_{m,\sigma}(x) = \dfrac{1}{\sigma\sqrt{2\pi}} e^{-\frac{(x-m)^2}{2\sigma^2}}$	$\Phi_{m,\sigma}(x) = \int_{-\infty}^{x} \varphi_{m,\sigma}(t)\,dt$
Espérance	**Variance**
$E(X) = m$	$V(X) = \sigma^2$

Si X suit la loi $\mathcal{N}(m, \sigma^2)$, le support de X est toujours choisi égal à $\mathbb{R}$.

Loi normale centrée réduite $\mathcal{N}(0, 1)$

Densité	Fonction de répartition
$\varphi(x) = \dfrac{1}{\sqrt{2\pi}} e^{-\frac{x^2}{2}}$	$\Phi(x) = \dfrac{1}{\sqrt{2\pi}} \int_{-\infty}^{x} e^{-\frac{t^2}{2}}\,dt$
Espérance	**Variance**
$E(X) = 0$	$V(X) = 1$

Si X suit la loi $\mathcal{N}(0,1)$, le support de X est toujours choisi égal à $\mathbb{R}$.

Propriétés de Φ

Pour tout réel x, on a : $\Phi(-x) = 1 - \Phi(x)$

On en déduit :

$$\Phi(0) = \frac{1}{2}$$

Lien entre les lois normales

On désigne par a et b deux réels (avec $a \neq 0$).

$$X \text{ suit la loi } \mathcal{N}(m, \sigma^2) \Leftrightarrow aX + b \text{ suit la loi } \mathcal{N}(am + b, a^2\sigma^2)$$

En particulier :

$$X \text{ suit la loi } \mathcal{N}(m, \sigma^2) \Leftrightarrow \frac{X - m}{\sigma} \text{ suit la loi } \mathcal{N}(0, 1)$$

Stabilité par l'addition des lois normales

Si $(X_i)_{i \in \mathbb{N}^*}$ est une suite de variables aléatoires indépendantes, et telles que pour tout i de $\mathbb{N}^*$, X_i suit la loi $\mathcal{N}(m_i, \sigma_i^2)$, alors :

$$\sum_{i=1}^{n} X_i \text{ suit la loi } \mathcal{N}\left(\sum_{i=1}^{n} m_i, \sum_{i=1}^{n} \sigma_i^2\right).$$

&

Il n'y a pas de place durable dans le monde pour les mathématiques laides.

Godfrey Hardy

47. CONVERGENCES

Inégalité de Markov

Si X est une variable aléatoire positive (discrète ou à densité) possédant une espérance, alors on a :

$$\forall a > 0\,,\ P(X \geq a) \leq \frac{E(X)}{a}$$

Inégalité de Bienaymé-Tchebychev

Si X est une variable aléatoire (discrète ou à densité) possédant un moment d'ordre 2, alors on a :

$$\forall \varepsilon > 0\,,\ P(|X - E(X)| \geq \varepsilon) \leq \frac{V(X)}{\varepsilon^2}$$

Convergence en probabilité

Soit une variable aléatoire X et une suite $(X_n)_{n\geq 1}$ de variables aléatoires, définies sur le même espace probabilisé que X.
On dit que la suite $(X_n)_{n\geq 1}$ *converge en probabilité* vers la variable aléatoire X, et on note $X_n \xrightarrow{P} X$, si :

$$\forall \varepsilon > 0\,,\ \lim_{n\to+\infty} P(|X_n - X| \geq \varepsilon) = 0$$

Loi faible des grands nombres

Soit $(X_n)_{n\geq 1}$ une suite de variables aléatoires réelles définies sur le même espace probabilisé, de même loi, indépendantes, ayant chacune une espérance m et une variance.

Si l'on pose $\overline{X_n} = \frac{1}{n}\sum_{i=1}^{n} X_i$, alors la suite $\left(\overline{X_n}\right)_{n\geq 1}$ converge en probabilité vers la variable certaine égale à m. On a donc :

$$\forall \varepsilon > 0\,,\ \lim_{n\to+\infty} P\left(\left|\overline{X_n} - m\right| \geq \varepsilon\right) = 0$$

Composition par une fonction continue

Si $X_n \xrightarrow{P} X$ et si f est une fonction continue sur $\mathbb{R}$ à valeurs réelles, alors $f(X_n) \xrightarrow{P} f(X)$.

Convergence en loi

Soit $(X_n)_{n\in\mathbb{N}}$ une suite de variables aléatoires toutes définies sur $(\Omega, \mathcal{A}, P)$, X_n ayant pour fonction de répartition F_n.

Soit X une variable aléatoire définie également sur $(\Omega, \mathcal{A}, P)$ et de fonction de répartition F.

On dit que la suite $(X_n)_{n\in\mathbb{N}}$ *converge en loi* vers X si, en tout point x où F est continue, on a :

$$\lim_{n\to+\infty} F_n(x) = F(x)$$

On note : $X_n \xrightarrow{\mathcal{L}} X$.

Convergence en loi (cas discret)

Soit $(X_n)_{n\in\mathbb{N}}$ une suite de variables aléatoires discrètes et X une variable aléatoire discrète, toutes définies sur le même espace probabilisé et à valeurs dans $\mathbb{Z}$. La suite (X_n) converge en loi vers X si et seulement si :

$$\forall k \in \mathbb{Z}, \lim_{n\to+\infty} P(X_n = k) = P(X = k)$$

Loi binomiale vers loi de Poisson

Soit λ un réel strictement positif. Si $(X_n)_{n\in\mathbb{N}^*}$ est une suite de variables aléatoires telles que, pour tout entier naturel *n* supérieur à λ, X_n suit la loi binomiale $\mathcal{B}(n, \frac{\lambda}{n})$, alors la suite $(X_n)_{n\in\mathbb{N}^*}$ converge en loi vers une variable aléatoire X suivant la loi de Poisson de paramètre λ.

Théorème de Slutsky

Si (X_n) converge en loi vers X et si (Y_n) converge en loi vers une constante c, alors ($X_n + Y_n$) converge en loi vers $X + c$ et ($X_n Y_n$) converge en loi vers cX .

Composition par une fonction continue

Si (X_n) converge en loi vers X et si f est une fonction continue sur $\mathbb{R}$ à valeurs réelles, alors $\left(f(X_n)\right)$ converge en loi vers $f(X)$.

Théorème limite central

Soit (X_n) une suite de variables aléatoires définies sur le même espace probabilisé, indépendantes et de même loi, ayant chacune une espérance m et une variance σ^2 non nulle.

Si l'on note $\overline{X_n} = \frac{1}{n}\sum_{i=1}^{n} X_i$, alors la suite de variables aléatoires centrées réduites $\overline{X_n}^* = \frac{\overline{X_n} - E(\overline{X_n})}{\sqrt{V(\overline{X_n})}} = \sqrt{n}\,\frac{\overline{X_n} - m}{\sigma}$ converge en loi vers une variable aléatoire suivant la loi normale centrée réduite. On a donc :

$$\forall x \in \mathbb{R} , \quad \lim_{n \to +\infty} P(\overline{X_n}^* \leq x) = \Phi(x)$$

On en déduit :

$$\forall (a,b) \in \mathbb{R}^2 , \quad \lim_{n \to +\infty} P\left(a \leq \overline{X_n}^* \leq b\right) = \Phi(b) - \Phi(a)$$

Approximations

- On approche la loi $\mathcal{B}(n,p)$ par la loi $\mathcal{N}(np , npq)$ dès que $n \geq 20$ et p voisin de 0,5.
- On approche la loi $\mathcal{P}(\lambda)$ par la loi $\mathcal{N}(\lambda , \lambda)$ dès que $\lambda \geq 10$.

48. ESTIMATION

Présentation

On considère une variable aléatoire X dont le type de loi est connu et dépend d'un paramètre inconnu θ, réel (comme le paramètre λ d'une variable exponentielle) ou vectoriel (comme le couple (m, σ^2) d'une variable normale). L'objectif est de donner une *estimation* de la valeur d'un certain réel de la forme $g(\theta)$.
Dans les énoncés de concours, la quantité que l'on souhaite estimer est notée θ, et non pas $g(\theta)$, nous noterons donc θ la quantité à estimer.
On désigne par n un entier naturel au moins égal à 2.

Échantillonnage

On appelle *n-échantillon* de la loi de X tout n-uplet $(X_1, X_2, ..., X_n)$ de variables aléatoires définies sur le même espace probabilisé $(\Omega, \mathcal{A}, P)$, mutuellement indépendantes et ayant toutes la loi de X.

Si $(X_1, X_2, ..., X_n)$ est un échantillon de la loi de X, on appelle *réalisation* de cet échantillon (ou aussi *échantillon observé*), tout n-uplet $(x_1, x_2, ..., x_n)$, où, pour tout k de $[\![1, n]\!]$, x_k est la valeur prise par la variable aléatoire X_k.

Estimateur

Si $(X_1, X_2, ..., X_n)$ est un échantillon de la loi de X, on appelle *estimateur* de θ toute variable aléatoire fonction de $X_1, X_2, ..., X_n$, mais indépendante de θ.

Si $\varphi_n(X_1, X_2, ..., X_n)$ est un estimateur de θ, alors $\varphi_n(x_1, x_2, ..., x_n)$ est une *estimation* de θ, c'est-à-dire la valeur que le statisticien accordera à θ.

Biais

Soit T_n un estimateur de θ. On appelle *biais* de T_n la quantité :

$$b_\theta(T_n) = E(T_n) - \theta$$

On dit que T_n est un *estimateur sans biais* de θ si $E(T_n) = \theta$.

Une suite $(T_n)_{n\geq 1}$ d'estimateurs de θ est dite *asymptotiquement sans biais* si $\lim\limits_{n\to+\infty} E(T_n) = \theta$.

Risque quadratique

Si T_n un estimateur de θ et si T_n possède une variance (ou un moment d'ordre 2), on appelle risque quadratique de T_n, le réel :

$$r_\theta(T_n) = E\left((T_n - \theta)^2\right)$$

Si l'estimateur T_n possède une variance et si le biais de T_n est b, alors on a :

$$r_\theta(T_n) = b^2 + V(T_n)$$

Estimateur convergent

On dit qu'une suite $(T_n)_{n\geq 1}$ d'estimateurs de θ est convergente si la suite $(T_n)_{n\geq 1}$ converge en probabilité vers θ. Par abus de langage, on dit aussi que l'estimateur T_n est convergent.

Moyenne empirique

On désigne par $(X_1, X_2, ..., X_n)$ un échantillon de la loi de X.

La moyenne empirique de l'échantillon est $\overline{X_n} = \frac{1}{n}\sum_{i=1}^{n} X_i$.

La moyenne empirique $\overline{X_n} = \frac{1}{n}\sum_{i=1}^{n} X_i$ est un estimateur sans biais et convergent de l'espérance de X.

Condition suffisante de convergence

Pour qu'une suite $(T_n)_{n\geq 1}$ d'estimateurs de θ, ayant des moments d'ordre 2, soit convergente, il suffit que :

$$\lim_{n\to+\infty} r_\theta(T_n) = 0$$

Fonction continue d'un estimateur convergent

Si $(T_n)_{n\geq 1}$ est une suite convergente d'estimateurs de θ, et si f est une fonction continue sur $\mathbb{R}$, à valeurs réelles, alors $(f(T_n))_{n\geq 1}$ est une suite convergente d'estimateur de $f(\theta)$.

Intervalle de confiance

Soit α un réel élément de $[0,1]$ et U_n et V_n deux variables aléatoires, fonctions de $X_1, X_2,..., X_n$.

L'intervalle $[U_n, V_n]$ est un *intervalle de confiance* de θ au niveau de confiance au moins égal à $1-\alpha$ si l'on a :

$$P(U_n \leq \theta \leq V_n) \geq 1-\alpha$$

Si $U_n = \varphi_n(X_1, ..., X_n)$ et $V_n = \psi_n(X_1, ..., X_n)$, alors, en posant $u_n = \varphi_n(x_1, ..., x_n)$ et $v_n = \psi_n(x_1, x_2, ..., x_n)$, l'intervalle $[u_n, v_n]$ est l'estimation de l'intervalle de confiance.

Intervalle de confiance asymptotique

L'intervalle $[U_n, V_n]$ est un *intervalle de confiance asymptotique* de θ au niveau de confiance au moins égal à $1-\alpha$ s'il existe une suite de réels (α_n) à valeurs dans $[0,1]$, de limite α, telle que, pour tout entier naturel *n*, on a : $P(U_n \leq \theta \leq V_n) \geq 1-\alpha_n$.

&

La mathématique universelle
est une logique de l'imagination.

Leibniz

49. INFORMATIQUE : GÉNÉRALITÉS

Constantes

Deux constantes réelles : π , noté `%pi` et e, noté `%e`.
Deux constantes booléennes : *vrai*, noté `%t` et *faux*, noté `%f`.

Chaîne de caractères

Une chaîne de caractère est une suite de caractères écrits entre apostrophes (pour écrire une apostrophe, il faut la doubler).

Variable

Une variable est un emplacement de mémoire dans lequel on peut stocker un contenu (numérique, matriciel ou autre).

Affectation

L'instruction `a=4` crée la variable `a` et lui affecte la valeur 4.

ans

Le résultat d'un calcul est affecté par défaut à la variable `ans`.

Instruction input

L'instruction `a=input('texte')` affiche le *texte* écrit entre guillemets dans les parenthèses. La réponse donnée par l'utilisateur est ensuite affectée à la variable `a`.

Instruction disp

L'instruction `disp(a)` affiche le contenu de la variable `a`.
Attention : l'instruction `disp(a,b)` affiche `b` puis `a`.

Opérations sur les nombres

addition	soustraction	multiplication	division	puissance
a+b	a-b	a*b	a/b	a^b

Autres opérateurs

et	ou	=	<	>	≤	≥	≠
`&`	`|`	`==`	`<`	`>`	`<=`	`>=`	`<>`

Fonctions

$\lvert x\rvert$	$\cos x$	$\sin x$	$\ln x$
`abs(x)`	`cos(x)`	`sin(x)`	`log(x)`

e^x	$\sqrt{x}$	$\lfloor x\rfloor$
`exp(x)`	`sqrt(x)`	`floor(x)`

Définition d'un objet matriciel

- `[a,b,c]` est le vecteur ligne de composantes *a*, *b*, *c*.
  `[a;b;c;d]` est le vecteur colonne de composantes *a*, *b*, *c*, *d*.
  `[a,b,c;d,e,f]` est la matrice $\begin{pmatrix} a & b & c \\ d & e & f \end{pmatrix}$.
- `a:r:b` est le vecteur ligne de composantes $a, a+r, a+2r, \ldots$ jusqu'à la dernière valeur ne dépassant pas *b* (`r` s'appelle le *pas*). Si le pas n'est pas mentionné, il vaut 1 par défaut.
- `linspace(a,b,n)` est le vecteur ligne à *n* composantes équiréparties, commençant par *a* et finissant par *b*.
- Soit `u` et `v` deux vecteurs lignes :
  `[u,v]` est le vecteur ligne obtenu en mettant bout à bout *u* et *v*.
  `[u;v]` est la matrice de lignes *u* et *v* (avec *u* et *v* de même taille).
- Soit `u` et `v` deux vecteurs colonnes :
  `[u,v]` est la matrice de colonnes *u* et *v* (avec *u* et *v* de même taille).
  `[u;v]` est le vecteur colonne obtenu en mettant *v* sous *u*.

Matrices prédéfinies

- `ones(n,p)` : matrice de $\mathcal{M}_{n,p}(\mathbb{R})$ qui n'est composée que de 1.
- `zeros(n,p)` : matrice nulle de $\mathcal{M}_{n,p}(\mathbb{R})$.
- `eye(n,p)` : matrice de $\mathcal{M}_{n,p}(\mathbb{R})$ dont les termes sont nuls sauf les coefficients $a_{i,i}$ tous égaux à 1.

Opérations sur les matrices

$A+B$	$A-B$	AB	A^k	A^{-1}	${}^tA$
`A+B`	`A-B`	`A*B`	`A^k`	`inv(A)`	`A'`

Opérations pointées (éléments à éléments)

Pour $A=(a_{i,j})$ et $B=(b_{i,j})$	$(a_{i,j}b_{i,j})$	$(a_{i,j}/b_{i,j})$	$(a_{i,j}^k)$
Syntaxe Scilab	`A.*B`	`A./B`	`A.^k`

Fonctions de matrices

Si `A` est la matrice $(a_{i,j})$ et si f est une fonction prédéfinie de Scilab, alors `f(A)` est la matrice $(f(a_{i,j}))$.

Autres opérateurs sur les matrices

- `rank(A)` renvoie le rang de la matrice A.

Si A est une matrice d'ordre n et a une valeur propre de A, la commande

```
r = n-rank(A-a*eye(n,n))
```

renvoie la dimension du sous-espace propre de A associé à a.

- `size(A)` renvoie le format de la matrice A sous la forme d'un vecteur de composantes n et p si $A \in \mathcal{M}_{n,p}(\mathbb{R})$.
- `max(A)` et `min(A)` renvoient respectivement le plus grand et le plus petit élément de `A`.
- `lenght(A)` renvoie le nombre d'éléments de `A`.
- `sum(A)` renvoie la somme des éléments de `A`.
- `cumsum(A)` renvoie la matrice de même format que `A` dont les éléments sont les sommes cumulées des éléments de `A`, en allant de haut en bas, puis de gauche à droite.
- `prod(A)` et `cumprod(A)` sont analogues à `sum(A)` et `cumsum(A)`, mais pour le produit des éléments de A.
- `spec(A)` renvoie les valeurs propres de `A`.

Modification des éléments d'un objet matriciel

`b` contient un réel b, `L` est un vecteur ligne et `C` un vecteur colonne.

`u(k)=b` remplace la $k^{ème}$ composante de `u` par b.
`A(i,j)=b` remplace la composante $a_{i,j}$ de `A` par b.
`A(i,:)=L` remplace la $i^{ème}$ ligne de `A` par L.
`A(:,j)=C` remplace la $j^{ème}$ colonne de `A` par C.

Résolution d'un système linéaire

L'instruction `[u,v]=linsolve(A,-B)` renvoie une matrice v dont les colonnes forment une base orthonormale de l'espace des solutions de $AX=0$, puis un vecteur u solution de $AX=B$.

Fonction find

`A` contient un objet matriciel A (vecteur ou matrice)
L'instruction `find(A` *test logique*`)`, par exemple `find(A>1)`, renvoie le vecteur ligne composé des positions des éléments de A vérifiant la condition du test (dans l'exemple, ceux qui sont plus grands que 1), comptées de haut en bas, puis de gauche à droite.

Les instructions conditionnelles

« `if` *booléen* `then` *instruction* `, end` » permet d'exécuter l'instruction si le booléen est vrai (sinon, rien ne se passe).
« `if` *booléen* `then` *instruction 1* `, else` *instruction 2* `,end` » permet d'exécuter l'instruction 1 si le booléen est vrai, et l'instruction 2 sinon.

Boucle « for »

Si `u` est un vecteur ligne, « `for k=u` *instruction* `, end` » commande la répétition de l'instruction (ou des instructions, en les séparant par des virgules) pour chaque composante de `u`. Ainsi, « `for k=1:n` *instruction* `, end` » répète l'instruction n fois.

Boucle « while »

« `while` *condition* `do` *instruction*`, end` » permet la répétition de l'instruction (ou des instructions, en les séparant par des virgules) tant que la *condition* est vraie.

50. INFORMATIQUE : STATISTIQUES

Dans ce qui suit, le vecteur `x` définit la série statistique (x_i)

Fonction dsearch

Si `c` est un vecteur $(c_1,\ldots,c_n)$ définissant les extrémités des classes, `[a,b]=dsearch(x,c)` affecte à `b` le vecteur dont la première composante est l'effectif associé à la classe $\left[c_1,c_2\right]$, et les autres sont les effectifs associés aux classes $\left]c_i,c_{i+1}\right]$, $2 \leq i \leq n-1$, et affecte à `a` le vecteur de même format que `x`, dont la $i^{ème}$ composante est le numéro de la classe à laquelle appartient x_i.

Fonction tabul

- `tabul(x,'i')` renvoie une matrice dont la première colonne contient les différentes modalités de `x` rangées par ordre croissant et la seconde colonne contient les effectifs correspondants.
- `tabul(x,'d')` fait de même pour un ordre décroissant.

Effectifs, effectifs cumulés

- `sum(x)` renvoie l'effectif total de la série (x_i).
- `A=tabul(x,'i'),cumsum(A(:,2))` renvoie les modalités rangées par ordre croissant et les effectifs cumulés de la série (x_i).

Fréquences, fréquences cumulées

- `A=tabul(x,'i');A(:,2)/sum(x)` renvoie les fréquences correspondant aux modalités de (x_i) rangés par ordre croissant.
- `A=tabul(x,'i');a=cumsum(A(:,2));b=a/sum(x)` renvoie cette fois les fréquences cumulées.

Paramètres d'une série statistique

- `mean(x)` renvoie la moyenne de la série (x_i).
- `median(x)` renvoie la médiane de la série (x_i).
- `stdev(x)` renvoie l'écart-type de la série (x_i).

Diagramme en bâtons

La fonction tabul renvoie en première colonne les modalités x_i de la série et en deuxième colonne les effectifs n_i correspondants.
La commande `m=tabul(x,'i');bar(m(:,1),m(:,2))` permet de tracer le diagramme en bâtons de la série x, la longueur du bâton placé à la verticale de x_i étant proportionnelle à n_i.

Diagramme circulaire

On appelle *mod*1,...,*modp* les composantes de la première colonne de `tabul(x,'i')`. La commande :

`m=tabul(x,'i');pie(m(:,2),['mod1',..., 'modp'])`

permet de tracer la représentation en « camembert » de la série x. À côté de chaque part figure son nom `'modi'`.

Histogramme

Si `c` est un vecteur $(c_1,\ldots,c_n)$ définissant les extrémités des classes, `histplot(c,x)` commande l'histogramme de la série en $n-1$ classes $[c_1,c_2],]c_2,c_3],\ldots,]c_{n-1},c_n]$ (la surface des rectangles est proportionnelle aux effectifs des classes, la surface totale vaut 1).

Covariance

Les vecteurs `x` et `y` définissent une série statistique double (x_i,y_i).

- `corr(x,y,1)` renvoie la covariance de cette série double.
- `corr(x,y,1)/(stdev(x)*stdev(y))` renvoie donc le coefficient de corrélation linéaire de cette série.

Régression linéaire

La *droite de régression linéaire de Y en X* est la droite d'équation :

$$y=\frac{\mathrm{Cov}(X,Y)}{V(X)}(x-\overline{X})+\overline{Y}$$

La *droite de régression linéaire de X en Y* est la droite d'équation :

$$x=\frac{\mathrm{Cov}(X,Y)}{V(Y)}(y-\overline{Y})+\overline{X}$$

51. INFORMATIQUE : SIMULATION

La fonction rand

L'instruction `rand()` renvoie un nombre choisi au hasard dans l'intervalle [0,1[, c'est-à-dire que la fonction `rand` simule la valeur prise par une variable aléatoire qui suit la loi uniforme sur [0,1[(ou sur $[0,1]$, c'est "presque sûrement" la même chose).

Si n et m sont deux entiers naturels non nuls, `rand(n,m)` renvoie une matrice de $\mathcal{M}_{n,m}(\mathbb{R})$ dont les éléments sont les valeurs prises par nm variables aléatoires indépendantes qui suivent la loi uniforme sur $[0,1]$.

Par défaut, le générateur aléatoire `rand` simule une variable aléatoire suivant la loi uniforme sur $[0,1]$.

On peut lui faire simuler une variable aléatoire suivant la loi normale centrée réduite en tapant l'instruction `rand('normal')`, suivie de `rand()` ou de `rand(n,m)`, puis en appuyant sur enter.

On revient à la simulation d'une variable aléatoire suivant la loi uniforme sur $[0,1]$ en tapant l'instruction `rand('uniforme')`, suivie de `rand()` ou de `rand(n,m)`, puis en appuyant sur enter.

Simulation d'un événement de probabilité *p*

Si p est un réel de [0,1], alors « `rand < p` » est un booléen qui prend la valeur true (ou la valeur 1) avec la probabilité p et la valeur false (ou la valeur 0) avec la probabilité $1-p$.

Il simule donc un événement de probabilité p.

Simulation de variables aléatoires discrètes

Simuler une variable aléatoire discrète X, c'est écrire des commandes permettant de renvoyer une valeur de $X(\Omega)$, de telle sorte que, pour tout x_k de $X(\Omega)$, la valeur x_k soit renvoyée avec la probabilité $P(X=x_k)$.

Simulation de variables aléatoires à densité

Simuler une variable aléatoire à densité X, c'est écrire des commandes permettant de renvoyer une valeur de $X(\Omega)$, de telle sorte que, pour tout x de $X(\Omega)$ et pour tout couple (a,b) de réels tels que $a<b$, la probabilité que x soit dans l'intervalle $[a,b]$ est égale à $F_X(b)-F_X(a)$.

La fonction grand

- Loi uniforme sur $[\![a, b]\!]$, avec a et b **entiers** tels que $a<b$:

  `grand(n,m,'uin',a,b)`
- Loi binomiale de paramètres N et p :

  `grand(n,m,'bin',N,p)`
- Loi géométrique de paramètre p :

  `grand(n,m,'geom',p)`
- Loi de Poisson de paramètre λ :

  `grand(n,m,'poi',lambda)`

nm variables aléatoires indépendantes suivant la loi de Bernoulli de paramètre p sont donc simulées par : `grand(n,m,'bin',1,p)`.

- Loi uniforme sur $[a, b]$, avec a et b **réels** tels que $a<b$:

  `grand(n,m,'unf',a,b)`
- Loi exponentielle de paramètre λ :

  `grand(n,m,'exp',1/lambda)`
- Loi normale $\mathcal{N}(\mu, \sigma^2)$:

  `grand(n,m,'nor',mu,sigma)`

Loi uniforme sur [0, 1] et loi exponentielle

Si U suit la loi uniforme sur [0,1], alors $X=-\frac{1}{\lambda}\ln(1-U)$ suit la loi exponentielle de paramètre λ.

Conséquence :

La commande `x=-ln(1-rand())/lambda` simule une variable X suivant la loi exponentielle de paramètre λ.

Méthode d'inversion (variable discrète)

Soit U une variable aléatoire suivant la loi uniforme sur $[0,1]$. Si X est une variable discrète (finie ou non) prenant ses valeurs dans $\{x_1, x_2, ...\}$, avec $x_1 < x_2 < x_3 < ...$, et de fonction de répartition F, on a :

$$\begin{cases} P(X = x_1) = P(U \leq F(x_1)) \\ \forall k \geq 2, P(X = x_k) = P(F(x_{k-1}) < U \leq F(x_k)) \end{cases}$$

Conséquence, par exemple pour une variable à valeurs dans $\mathbb{N}$:

Comme $(X = k)$ est réalisé lorsque k est la première valeur pour laquelle on a $(U \leq F(k))$, on peut, après avoir déterminé F, simuler X avec les commandes :

```
k=0;u=rand();
while u>F(k) do u=rand(); k=k+1;end,
```

Méthode d'inversion (variable à densité)

Soit U une variable aléatoire suivant la loi uniforme sur $[0,1]$. Si X est une variable à densité de fonction de répartition F, on a :

$$\forall x \in \mathbb{R}, \ F(x) = P(U \leq F(x))$$

Conséquence :

On écrit l'événement $(U \leq F(x))$ sous la forme $(h(U) \leq x)$, si c'est possible, sinon la méthode ne s'applique pas. Comme $P(X \leq x) = F(x) = P(U \leq F(x)) = P(h(U) \leq x)$, alors $h(U)$ a la même loi que X et on simule X avec :

```
x=h(rand())
```

Méthode de Monte Carlo

La méthode de Monte Carlo permet d'estimer une quantité difficile (ou impossible) à calculer directement en la considérant comme la probabilité d'un événement lié à une variable aléatoire ou comme l'espérance d'une variable aléatoire que l'on sait simuler informatiquement.

Dans le cas où la quantité cherchée peut s'interpréter comme la probabilité $P(X \leq k)$, il suffit de simuler *n* variables de même loi que *X* dans un vecteur *u* et de calculer la proportion de valeurs inférieures à *k* avec par exemple :

```
sum(u<=k)/n
```

Dans le cas où la quantité cherchée peut s'interpréter comme l'espérance d'une variable aléatoire *X*, la méthode est basée sur la loi faible des grands nombres, ou, ce qui est la même chose, sur le fait que la moyenne empirique est un estimateur sans biais et convergent de $E(X)$. Il suffit alors de simuler *n* variables de même loi que *X* dans un vecteur *u* et de calculer la moyenne de *u* avec par exemple :

```
sum(u)/n
```

Chaînes de Markov homogènes

On appelle *chaîne de Markov*, toute suite $(X_n)_{n\in\mathbb{N}}$ de variables aléatoires, définies sur le même espace probabilisé et à valeurs dans un ensemble *E* (ensemble des états de la chaîne), telles que, pour tout *n* de $\mathbb{N}$, la loi de X_{n+1} ne dépend que de la loi de X_n.

Lorsque les probabilités $P_{(X_n=i)}(X_{n+1}=j)$ sont indépendantes de *n*, on les note $p_{i,j}$ et la chaîne est dite *homogène*. La matrice $M=(p_{i,j})_{1\leq i,j\leq N}$ est appelée matrice de transition de la chaîne.

La commande `grand(n,'markov',M,x0)` simule une chaîne de Markov dont l'ensemble des états est $E=[\![1,N]\!]$, de matrice de transition `M`, élément de $\mathrm{M}_N(\mathbb{R})$, et d'état initial `x0`, élément de *E*. Cette commande renvoie les *n* premiers états de la chaîne (*trajectoire*) suivant l'état initial.

52. INFORMATIQUE : GRAPHIQUES

Définition de fonctions

`function [z]=f(x),z=---,endfunction` crée la fonction f qui, à tout réel x, associe le réel z défini par l'instruction `z=---`.

`function [z]=f(x,y),z=---,endfunction` crée la fonction f qui, à tout couple de réels (x,y), associe le réel z défini par l'instruction `z=---`.

On peut omettre les crochets autour de `z` si la fonction f renvoie une seule variable (ce qui sera, dans la pratique, toujours le cas).

Nuage de points

Si $x=(x_1,x_2,...,x_n)$ et $y=(y_1,y_2,...,y_n)$ sont deux vecteurs lignes (ou deux vecteurs colonnes) de même taille, la commande `plot2d(x,y,style)` permet de représenter le nuage des points $M_i(x_i,y_i)$ si on a donné à style une valeur négative.

Ligne brisée

Si $x=(x_1,x_2,...,x_n)$ et $y=(y_1,y_2,...,y_n)$ sont deux vecteurs lignes (ou deux vecteurs colonnes) de même taille, la commande `plot2d(x,y,style)` permet de tracer la ligne brisée reliant les points $M_i(x_i,y_i)$ si on a donné à style une valeur positive.

Courbes du plan : plot2d

Pour tracer la courbe de la fonction f, on peut construire le vecteur `x` des abscisses (avec un pas assez petit pour que la ligne brisée représentée soit suffisamment proche de la courbe espérée) pour lequel on veut la représentation, on définit le vecteur `y=f(x)`, avec multiplications et divisions pointées le cas échéant, puis on utilise la fonction `plot2d(x,y)`.

Pour tracer plusieurs courbes sur le même graphique, on peut faire plusieurs appels de la commande `plot2d`.

Commande rect

`plot2d(x,y,rect=[xmin,ymin,xmax,ymax])` trace la portion de courbe pour les abscisses x comprises entre `xmin` et `xmax` et les ordonnées y comprises entre `ymin` et `ymax`.

Courbes du plan : fplot2d

Pour tracer la courbe de la fonction f, on peut construire le vecteur `x` des abscisses, déclarer la fonction `f` dont on veut la courbe, puis utiliser la commande `fplot2d(x,f)`.

Surfaces de l'espace : plot3d

Pour tracer la surface représentant la fonction f, on peut construire le vecteur `x` des abscisses et le vecteur `y` des ordonnées (avec un pas assez petit) pour lesquels on veut la représentation. Si l'on peut créer la matrice `z` dont les éléments sont définis par $z_{i,j} = f\left(x_i, y_j\right)$, avec multiplications et divisions pointées le cas échéant, alors on utilise la fonction `plot3d(x,y,z)`.

Surfaces de l'espace : fplot3d

Pour tracer la surface représentant la fonction f, on peut construire le vecteur `x` des abscisses et le vecteur `y` des ordonnées (toujours avec un pas assez petit), on déclare la fonction `f` dont on veut tracer la nappe, puis on utilise la commande `fplot3d(x,y,f)`.

Lignes de niveau d'une surface de l'espace

Ayant défini la fonction f de $\mathbb{R}^2$ dans $\mathbb{R}$, ainsi que les vecteurs x (abscisses) et y (ordonnées) la commande `contour(x,y,f,n)` permet de tracer n lignes de niveau (du plus petit niveau au plus grand) dans la portion de plan délimitée par x et y.

&

Le principe de l'évolution est beaucoup plus rapide en informatique que chez le bipède.

Jean Dion

INDEX

A

B

C

D

E

F

G

H

I

K

L

M

N

O

P

Q

R

S

T

U

V

&

L'empire de la mathématique sur la matière
est un empire de douceur

Simone Weil

Notes

Notes

Notes

Notes

Notes

Notes

Notes

Aubin
IMPRIMEUR

Achevé d'imprimer en août 2014
N° d'impression 1407.0433
Dépôt légal, août 2014
Imprimé en France